百人学术文库

社会主义市场经济的理论与实践

SHEHUIZHUYI SHICHANG JINGJI DE
LILUN YU SHIJIAN

胡 钧 / 著

经济日报出版社

图书在版编目（CIP）数据

社会主义市场经济的理论与实践 ／ 胡钧著 . —北京：
经济日报出版社，2018. 1

ISBN 978 - 7 - 5196 - 0295 - 6

Ⅰ. ①社…　Ⅱ. ①胡…　Ⅲ. ①中国经济—社会主义市
场经济—研究　Ⅳ. ①F123. 9

中国版本图书馆 CIP 数据核字（2018）第 011931 号

社会主义市场经济的理论与实践

作　　者	胡　钧
责任编辑	范静泊
出版发行	经济日报出版社
地　　址	北京市西城区白纸坊东街 2 号经济日报社 A 座 710
电　　话	010 - 63567961（编辑部）63567692（发行部）
网　　址	www. edpbook. com. cn
E - mail	edpbook@ 126. com
经　　销	全国新华书店
印　　刷	三河市华东印刷有限公司
开　　本	710 × 1000 毫米　1/16
印　　张	17. 5
字　　数	314 千字
版　　次	2018 年 1 月第一版
印　　次	2018 年 1 月第一次印刷
书　　号	ISBN 978 - 7 - 5196 - 0295 - 6
定　　价	68. 00 元

目 录
CONTENTS

一、商品关系在社会主义生产关系体系中的地位

关于全民所有制内部商品价值形式问题

在我国,目前由于还存在着两种社会主义所有制形式,所以在全民所有制经济与集体所有制经济之间及各个集体所有制经济之间还存在着商品货币关系,通过商品的交换来交换彼此的劳动,经过这种联系方式把工业与农业组成统一的国民经济,保证整个社会主义经济的迅速发展。不恰当地削弱或改变这种联系方式的做法都是不符合客观规律的,因而就一定会有害于生产的发展。

除此之外,在全民所有制内部,也有着商品关系的形式,无论是在国有企业之间的产品运动方面,或是在消费品的分配方面,都广泛地利用着商品价值形式。这种形式,卓有成效地被用来检查和监督企业的生产状况,它能使企业管理者了解到本企业的经营水平和劳动消耗状况,从而促使企业最大限度地节约劳动,提高劳动生产率。我们国家也利用价值形式有计划地分配劳动力和生产资料,以保证整个国民经济有计划按比例地发展。此外,在消费品的分配领域内,价值形式也被用来计量生产者个人在总劳动中参加的部分,从而也计量各个人在共同生产物中可以消费的部分。它是贯彻按劳分配的一个有效的工具。

我在这篇文章里,全民所有制内部商品价值形式的本质,主要是分析全民所有制内部消费品分配领域内这种形式的问题。

一、什么是商品关系

为了研究问题方便,先说明一下什么是商品和商品关系。

商品是一种社会经济关系,这种关系不能仅认为是分配关系或交换关系,它也是一种生产关系,是人们之间生产劳动的交换关系。但仅仅这样说还是极不够的,劳动交换在任何人类社会中都是必然存在的,但绝对不能认为所有的劳动交换关系都是商品关系,只有通过物与物的交换来实现劳动交换的这种关系才是商品关系,否则就不能称作商品关系。马克思曾指出:"在商品生产者社会内,一般的社会生产关系是这样形成的:他们把他们的生产物,当作商品,从而当作价值,并在这个物的形态上,把他们的私人劳动,当作等一的人类劳动,来发生相互关系。"①显然,作为一种劳动交换方式的商品关系与一切其他非商品关系的最本质的区别,就在于生产者是在物的形态上,把自己的劳动当作等一的人类劳动来进行劳动的交换,而人们借以实现其劳动交换的物品就是商品。这也正是"商品一般"的质的规定性,是商品关系与其他方式的劳动交换的本质区别所在。这种劳动交换方式是由于生产资料和产品属于不同所有者决定的,其结果就是把劳动生产物分裂为使用价值和价值,劳动的等量表现在物的等价上。

通过物的形态进行劳动的交换,交换双方所关心的就必然只能是生产物之间的比例关系,等量的同种物品就被看作是相同的等量的劳动。不管实际劳动耗费怎样,等量等质的物品就只能在市场上换得同量的其他物品,这是商品关系的最重要的特征之一。实际上,具有同等劳动能力的劳动者,在同种的等量物品内耗费的实际劳动往往是不同的,影响这一点的最重要的因素,就是由生产资料的优劣所带给劳动者劳动效率的影响。生产同样数量的产品,同等熟练程度和劳动强度的劳动者,会因技术装备的好坏而花费不同量的劳动,因而实际上在每件产品上就凝结了不同量的劳动。可是,在真正的商品关系下,即通过物的形态来交换劳动的条件下,交换双方在交换产品时根本不考虑(因为都承认对方是其生产资料的单独全权主人)也不可能考虑(因为是在物的形态上交换)这一点。这正是商品关系,即通过物进行劳动交换的关系,与直接劳动交换关系的本质区别之一。

假如一旦出现这样的情况:劳动者在交换劳动时,抛开生产资料优劣所带给劳动生产率的影响,只是根据劳动者本身的劳动的质量和数量来等量交换,相同的劳动状况,工作同样的时间,就领取相同的收入,那么就可以肯定,这里的劳动交换不会是在物的形态上进行的,而是一种直接的劳动交换关系,因为只有在这种关系中,才能抛开生产资料质量的影响,而只核算劳动本身的质量和数量。例如,在农业社中实行工分制的情况下,劳动者的收入就只是根据劳动者的劳动的数量和质量来决定,那就正是反映了由于生产资料已属于同一个主人,他们的劳动交换已摆脱了原来作为小生产者时那种物与物交换的形态,而在生产过程中直接进行劳动交换,从而也就不再是商品关系。

所以,我认为,不能把任何劳动交换关系都看作是商品关系,同样,也不是任何等量劳动的交换关系都是商品关系。只有劳动的交换是通过物与物的交换,从而劳动的等量表现在物的等价上,而交换双方的收入又是与这个交换的结果直接联系着,才是实质上的商品关系。只有体现着这种关系的物品,才是商品。

---

① 《资本论》第1卷,人民出版社1953年版,第62页。

要确定一种关系是否是商品关系以及讨论商品关系的消亡问题,是应当把握住这一点的。

二、国家与职工的关系和职工之间的劳动交换关系

从现象上看,消费品是通过买卖形式才进入职工消费中去的;职工从国家领得货币工资,然后去购买适合自己需要的消费品。

有些同志没有对这里的内部关系作深入分析,只是从这个现象出发,就肯定说这是个人与国家的商品交换关系。现在就来分析一下,看看这里是否存在真正的商品交换关系。

假如说,职工向国家购买消费品是国家与个人间的商品交换关系,那就是说双方是等价交换。可是,假若工人所创造的价值与国家供应给他的消费品所包含的价值真的是相等的话,那就是说,他取回了他贡献给社会的劳动的全部,但是,这样就成了拉萨尔式的"不折不扣的劳动所得"了,这显然是不可能的,因为工人领回的只能是扣除了为社会基金劳动的部分后的劳动部分,工人只是以这部分劳动,到社会上领取与这个劳动量相当的那么多消费品。可是这样一来,工人贡献给社会的与他所换回的就不能说是等价的了,所以,这里根本谈不到是等价关系。

又有的同志说,他们所指的就是在扣除社会基金部分后,工人实际领回的劳动部分与他们所购买的消费品是等价交换,因而与国家是商品关系。可是这也很难说得通。在这里工人所领得的货币,并不是与他的劳动所创造的价值直接相联系的,从经济关系上来说,它不是工人所创造的产品价值的一部分,在这个领域内,货币并不是作为一般等价物来衡量工人所创造的价值的。下列事实可以说明:在全民所有制内部,同质同量的同种劳动,虽然由于设备好坏的不同,会制造不同量的产品,从而创造不等量的社会价值,可是他们却得到同量的货币工资。在这里,同量的货币丝毫也说明不了工人创造的社会价值是多少和是否相等,这明显地表明:在这个关系中,货币并不是工人劳动所创造的价值量的证明,而只是劳动者贡献给社会的一定劳动量的证明。由此可见,把职工用工资去购买消费品,说成是职工与国家的等价交换关系也是不恰当的。第一,假如这种等价交换,是指劳动与消费品的价值之间是等价的话,这不合理,因为劳动不具有价值,价值只是凝结的劳动;第二,假如说货币是体现着这部分劳动所创造的价值的话,那么,这里同量的货币并不代表等量的价值,但它却能购买等量的消费品,因此,这也不是等价关系。

实际上,按劳分配中的等量劳动交换关系,是指同一所有制内部(包括全民所有制内部和集体所有制内部)劳动者之间的劳动交换而言的。这里发给工人的货

币,就是作为计量各个劳动者贡献给社会的劳动量的统一证明,每个劳动者贡献给社会等量劳动就领得等量的这种货币,因此,这里的货币显然不是表现个人与国家间的等量劳动交换关系,而是指劳动者之间等量劳动的交换关系。就是说,向社会贡献等量劳动,就会取得等量的消费品。马克思在谈到按劳分配是等量劳动的交换关系时,实际是指劳动者之间的交换说的。马克思指出:"说到消费品在各个生产者中间的分配,那么这里通行着在商品等价物的交换里也通行的那个原则,即一种形态的一定数量的劳动可以与另一种形态的同量劳动交换。"①

现在再来分析一下这里的等量劳动交换关系是不是商品关系的问题。

很明显,在这里人们并不交换生产品,马克思在说明这种关系时就曾特别指出,在社会主义制度下,"生产者并不交换自己的产品",因为这里"个人劳动已不经迂回曲折的道路,而是直接地作为全部劳动的构成部分存在着"②。既然不交换彼此的产品,那么产品怎么就会变成商品了呢?

为了较深入地阐明这一问题,我们再试着详细分析一下国家与职工及职工与职工之间关系的本质。

国有企业的每一件产品都是全体劳动者的财产,每个工人把自己的劳动贡献给全体,然后根据自己劳动的质量和数量,从代表整个劳动人民管理经济的国家取得收入。这种收入的多少,从积累与消费的关系,即从消费基金的总额多少来说,是个人与国家的关系;但就消费基金本身的分配来说,表面看来是个人与国家间的关系,实际上它首先直接是国有企业全体生产者之间的关系,是劳动者彼此之间的劳动交换关系。每个劳动者以一定形态的劳动贡献给社会,同时换取另一形态的等量的他人劳动,正由于他们都是这些产品的共同主人,他们的劳动又都直接是社会劳动,因此,他们的劳动就不需要在市场上来证明是不是一般人类劳动;他们之间劳动的交换,也不会凭借商品的交换即通过物与物的交换来实现,而是在国家统一领导下,直接在生产过程中进行的。这里的劳动者,并不是以自己的什么"商品"与国家或其他劳动者交换,来换取自己需要的消费品,而是从国家取得一个自己在生产中劳动的质量和数量的证明,这个证明是国家根据他的劳动,预先确定分配给他的消费品数量的证明,职工就以这个证明,向社会领取适合自己需要的消费品。马克思所以把这种消费品数量说成是"预先确定"的,就是因为他们的劳动质量和数量,不是将在物的等价上即在商品交换过程中被评价的,而是直接在生产过程中就被评价了的。例如两个同等的劳动力,虽然由于使用的

---

① 《马克思恩格斯文选》(两卷集),第2卷,人民出版社1958年版,第21页。
② 《马克思恩格斯文选》(两卷集),第2卷,人民出版社1958年版,第21页。

生产条件相差悬殊,因而产量差别很大,但却直接在生产中被发给大致同量的报酬,因而就确定可以取得同量的消费品,这种情况清楚地证明了他们的劳动交换不是通过其生产物的等价进行的;这里的消费品,无论以什么形式表明它包含的劳动量,它都不是这里人们劳动交换所借以实现的物品。假如在物的等价中去评价他们的劳动,那他们就不可能取得等量的收入。从这里可以明显地看出,这里作为交换根据的"劳动量",与商品交换中所根据的"社会必要劳动量"有着本质的区别,前者虽然也是指一般人类劳动讲的,但它却仅指劳动者本身劳动的质量和数量,而抛开了由于生产条件的不同所带给劳动质量的影响;而后者却包含着生产资料好坏对劳动质量的影响。在按劳分配的情况下,任何一个劳动者,都不会由于利用了较别人更为先进的设备而产生的更高的劳动生产率,来获得更多的收入,因为全体劳动者在对生产资料的占有方面,是完全平等的;而在商品交换的条件下,却不是这个样子,这显然反映了两种不同的经济关系。

由此可见,在按劳分配基础上形成的人与人的关系,与商品交换关系是根本不同的。至于劳动者在取得消费品时采取什么形式,运用怎样的经济杠杆,都不能混淆这两种不同的关系的本质。按劳分配的形式,可能是直接标明劳动时间的证书,也可以像目前实际上所采用的货币形式,也可以是其他什么形式,但无论如何,它本质上不是商品交换关系,而只能是个人从国家领取自己贡献给全社会的劳动质量和数量的证明,再凭这个证明由社会储备中领取符合自己劳动的适合自己需要的消费品。也正因为按劳分配关系与商品交换关系有这种本质的区别,所以马克思列宁主义的经典理论家们在谈到社会主义的分配原则时,为了避免混淆这两种不同的经济关系,都谨慎地避开了商品生产以及与它相联系的一些范畴。很多同志在谈到马克思论述按劳分配时未涉及到商品货币这一点时,总说这是因为马克思、恩格斯没有预见到社会主义的具体情况,这显然是一种极大的误解。

为了深入说明这种表面上存在的"商品关系"的实质,我们还可以从其最简单的形态上去探索它,这就是暂时把货币抽去。我认为,为了能在更简明的形态上探索生产关系的本质,这样做是可以的,因为货币在这里只是商品交换的媒介,交换的手段,有它或没有它,对商品关系的本质丝毫没有影响,物物直接交换同样是完全意义上的商品交换。在分析中抽去货币,绝不是忽视货币在目前经济中的巨大作用,只是为了帮助我们看清人们之间关系的本质。

我们把货币抽去后,国家和职工的关系就表现得很明显了,这就是:每一个职工给社会贡献一定数量和质量的劳动,然后向代表整个社会的国家,领取按照他的劳动预先确定分配给他的消费品。从这里,我们能够看到丝毫商品关系的影子吗?显然不能,这里根本没有商品的交换。我们再假设,如马克思、恩格斯、列宁所设想的,在能够直接用劳动时间计算劳动耗费的条件下,发给每个劳动者一个劳动量的证书——劳动券,劳动者再拿它去领取适合自己需要的消费品,显然在这里,人们也不会认为是商品关系。那么,为什么在人们还未能够立即直接用劳动时间来计算劳动耗费的条件下,利用货币形式来进行分配,就成为实质上的商品关系呢?难道利用什么形式这点,也会决定人们之间关系的实质吗?

真正商品关系存在的地方,参加商品交换的人们的收入是由交换的结果决定的,劳动的质量只能由交换来评价。但是,国有企业中工人的收入水平却与商品交换本身没有联系,这表现在下面几个方面:(1)不论同一部门各企业之间,在生产同一种产品上耗费的劳动时间,是低于还是超过社会必要劳动时间,都不会由于这些产品的销售是根据社会必要劳动进行的,而使这些企业成员中同等劳动力(包括厂长等在内)的收入有多少的差别。他们的收入只是根据他们的劳动技能、熟练程度和支出的劳动数量等决定,而根本脱离商品交换那种"等价原则"所引起的后果。企业产品的个别劳动耗费与规定的统一的出售价格的差额对生产者的收入没有直接影响。有的同志提到奖金问题,好像这会表明人们的收入与商品交换的结果有联系,这是完全不对的。奖金只是对经营好的企业的物质鼓励,与其产品销售的结果没有必然联系。由于设备条件特差或其他原因而有很大的计划亏损的企业,只要它做到有更少的亏损,这就应当受到奖励,虽然它在"商品交换"中仍然是亏损者。(2)假如由于某种原因,国家规定某种商品价格上升或下降了,它也丝毫不像真正的商品关系那样,表示着生产者间关系的变化,也就是说,这种价格变动,不会使这个企业的生产者的收入水平与其他企业发生什么新的差别。(3)假如说职工收入与商品价格有联系的话,那只是表现在职工货币收入与商品总价格水平之间的联系,因为总价格水平会影响一定的货币收入所取得的实物量。但这个联系,只不过是积累基金和消费基金间的比例关系的反映,这只是表明国家预定分配给职工的消费品的数量上的变化;这种联系并不反映劳动者之间劳动交换关系的变化。例如很多社会主义国家,就用降低价格的办法来提高劳动者的消费量,这清楚地说明,这里的"购买",实质上就是实现国家已确定分配给每个劳动者的消费品数量的形式。

从上面的分析,可以看出全民所有制内部劳动者之间是根本不存在真正的商品关系的。

为了进一步说清楚这个问题,我们还可以拿全民所有制经济与集体所有制经济之间的交换关系来比较一下。在这个交换关系中,即使把货币抽去,它不仅丝毫没有改变集体农民与国家之间原先存在着的商品关系,而且把关系表露得更清楚,这里仍然是通过物与物的交换来交换彼此的劳动。当然。这种商品交换与在私有制条件下是有本质区别的,这是社会主义的商品生产和商品交换,它不再是在私有者之间进行的,不再是盲目、竞争和自发发展的,但它却是实实在在的商品交换。集体所有制经济的生产和它与全民所有制经济进行商品交换的计划性,丝毫也没有改变通过物来交换劳动这种特点,劳动的等量交换在这里仍是通过物的等价来进行。农民的收入就直接受到这种交换结果的影响(当然国家给予农民各种巨大的帮助,但其结果除了自给性的部分外,也是通过商品的交换表现出来)。农民所关心的,从根本上来说,是他们的产品与其所换得的产品之间交换的比例关系。在这个场合,集体所有制经济的每一种产品价格的变动都会直接影响到集体所有制经济的收入,从而影响农民的收入水平。

哪里是真正的商品关系,哪里只是形式上的商品关系,这不是表现得很明显吗!

有人会提出这样的问题:同样一件产品,卖给国有企业的职工就只是实现按劳分配的形式,而卖给人民公社及其成员就体现着真正的商品关系,这不是诡辩吗?不是的。当然,我们若想从百货公司的货架子上来观察这种区别,这是荒谬的,正像要从一件物品本身确定它是商品或不是商品一样荒谬。商品本来就是通过物而建立的一种生产关系,我们不应当以表面的观察为满足,而应当具体深入到这种关系本身来分析。其实,同样物品体现不同的关系,这种事情在任何社会内都是存在的。例如在资本主义社会内,同一枚货币,可以是货币资本,也可以是一般的货币。在小农经济中也存在同样情况:生产的同样小麦,自己食用的就不是商品,而拿到市场上出售的就是商品。在我们这里也是一样,仅仅被利用来作为计算劳动时间以分配消费品的价值形式与实质的商品关系,也是有着本质区别的,抹杀这之间的区别也是不对的。

从上面的分析中可以明显看出,在全民所有制内部分配的消费品,并不是体现着人们之间的商品交换关系,因为这里人们根本不是通过它来交换彼此的劳动,这里是直接的劳动交换。假如不是把一切等量劳动交换都看作是商品关系的话,那么就不能把按劳分配这种等量劳动交换关系看作是商品关系,这二者是两种本质不同的经济关系,因而不能同时存在于一种关系之中。既然消费品这种商品形式已经不是原来的商品关系的体现者,因此,就这个意义来说,它只是具有商品的形式,或称作商品的外壳,假如认清这一点,就通俗称作商品,也是可以的。那么这种形式的内容是什么呢?就全民所有制内部的关系来说,它的内容就是劳动时间。这里所具有的价值形式,仅是作为一种劳动时间的相对的计算方式,这种形式就是以相对的方式标明它所包含的劳动量,从而可以正确贯彻消费品分配方面的按劳取酬原则。正因为它只不过是计算劳动量的一种方式,所以在同样是按劳分配的关系中,可以利用它,也可以利用别的方式。例如在农业社中和人民公社的生产队内部,按劳分配就利用工分(劳动日)的形式来计算劳动量(这是劳动时间的另一种相对计算方式)。

三、全民所有制内部保留商品价值形式的原因和这种形式的作用

从上面的分析可以看出:在全民所有制内部,人与人之间已不再存在原来那种商品关系了,这不是人为地消灭它的结果,而是生产资料转归同一主人后的一个自然结果。恩格斯说:"一旦社会占有了生产资料,那么商品生产以及与之一起的生产品对于生产者的统治就将被消除。"①这是完全正确的。因为这时人们的劳动交换不会再借助其产品的交换来进行,而只能是在生产过程中直接的劳动交换。

生产资料转归同一主人和直接的劳动交换,提供了直接用劳动时间计算劳动量的经济上的可能。马克思主义的经典理论家们正是从这种可能出发,考虑到社会主义的按劳分配原则是借助于劳动券来实现的。

为什么目前在全民所有制内部,按劳分配仍然利用价值形式来贯彻呢?这主要是由于在现阶段还存在着两种社会主义所有制形式,两种公有制形式的并存,就决定了在国有工业和集体农业之间存在着商品货币关系。国民经济是一个统一的整体,既然在国民经济的相互依赖的两大部门中存在商品关系,那么在全民所有制内部,劳动耗费也就不可能直接用劳动时间计算,而必须借助于价值形式,使整个国民经济保持统一。也正因如此,在国有经济中,不论在生产领域内或消费品分配领域内,都利用价值形式。实践告诉我们,在目前阶段中,在生产日益高度社会化的条件下,价值形式是计算劳动量的一种最好的形式。人民公社各生产队内部,随着生产的发展,随着集体所有制的扩大和向全民所有制过渡,也必将逐步用价值形式代替其他的劳动量计算方式来进行核算和分配。在这里,正像我们前面所分析的,价值形式只是作为一种计算劳动量的工具被利用;它的存在丝毫不表明这里人们之间的关系由于两种公有制形式之间关系的影响,而变成了商品关系。

在全民所有制内部,既然必须利用价值形式来计算劳动量,那么劳动时间的重大意义,也就表现为价值形式的重大意义和价值规律的重大作用。马克思曾指明社会主义制度下劳动时间的作用。他指出:"劳动时间将会有二重作用。劳动时间之社会的计划的分配,使不同的劳动机能,与不同的需要,保持适当的比例。

---

① 恩格斯:《反杜林论》,人民出版社 1956 年版,第 298 页。

另方面,劳动时间同时又当作一种尺度,来计量生产者个人在总劳动中参加的部分,从而也计量各个人在共同生产物中可以消费的部分。"①这是马克思假设已经可以直接用劳动时间计算的情况。但现实告诉我们,目前还不能做到这一点,而是仍然用价值形式来计算劳动量。因而上面马克思所指出的劳动时间的二重作用,也就必然表现为价值形式的作用。现在我们就是利用价值形式来有计划地分配劳动力和生产资料,使之建立必要的比例;同时也利用它作为尺度,来计量劳动者贡献给社会的劳动量和应得消费品的数量。既然利用价值形式,而价值是由社会必要劳动量决定的,因此,个别企业劳动耗费与社会必要劳动耗费就能进行经常比较,使企业管理者了解到本企业的真实经营状况;也正因为如此,所以必须在各种产品之间建立正确的比价关系,以确切反映产品的劳动耗费,只有这样,才能反映出企业的真正经营状况和彻底贯彻按劳分配原则。这里表明,价值形式和价值规律显然有着极重大的意义,因此,说它只是一种计算劳动量的形式,绝不意味着轻视它在目前的作用。但是,不应该把这些对生产的良好作用,理解为是价值这种特殊计算劳动量的形式本身所特有的。实际上,就全民所有制内部来说,正像马克思所说的,这是劳动时间的作用,而不是这种价值形式本身的作用。假如在建立了全面的全民所有制以后,并且又能直接用劳动时间计算劳动量,上面所说的那些良好作用同样是有的。但是在还做不到这一点时,价值形式就是最好的形式,价值规律的良好作用就应当充分地被运用起来;忽视价值规律的作用,就是忽视劳动时间的作用,这会给生产带来极有害的后果。

利用价值形式将持续很长时间。劳动差别的多样性复杂性,使得直接用劳动时间计算,即使建立了全面的全民所有制以后,在一定的技术水平下也是一件很困难的事情,但是严格计算劳动时间,又是发展生产和产品分配所绝对必需的,因此,价值形式就是一种唯一较好的形式,也是一种已经普遍利用而为人们所熟悉的形式,所以,完全没有必要在目前考虑改变这种形式。在整个实行按劳分配的过程中,它会被利用着;到实行按需分配时,由于这时在主要消费品分配领域内,不再需要以劳动为标准了,这种当作计算劳动量的一种形式,当然也就在这个领域内不存在了,不过到那时,它还会被利用在生产上。马克思、恩格斯都曾指出这一点。例如恩格斯在《政治经济学批判大纲》中就说:在私有制消灭后:"价值这个概念实际上就会愈来愈只用于解决生产的问题"②,这个分析,显然是完全符合客观发展的基本情况的。原子量的相对计算形式,既然这样长久地有效地服务于化

---

① 《资本论》第 1 卷,人民出版社 1953 年版,第 62 页。

② 《马克思恩格斯全集》第 1 卷,第 605 页。

学物理事业,为什么劳动时间的这种价值形式,就不能在需要严格计算劳动时间的场合,长久地有效地服务于生产的发展呢? 只要我们认清,这里的价值形式——不论在消费品分配方面,或者在国有经济之间生产资料分配方面——只是被当作一种计算劳动量的形式运用着,它既不表明这里人们还存在原来那种商品关系,也不会阻碍生产关系和生产力的发展,那么,就完全没有必要考虑什么时候和怎样来消灭它的问题。价值形式什么时候不再被利用,也是一个自然过程。只要出现了这样的条件:两种公有制形式变为全面的全民所有制,而且直接用劳动时间计算比这种形式更简便,这时,价值形式自然就成为多余的了。

四、对用按劳分配说明商品关系存在的意见的商榷

目前很多同志,力图从全民所有制内部生产关系的某个方面寻找价值形式存在的根据,其原因就在于他们首先肯定了全民所有制内部存在着真正的商品关系。显然,这种"商品"关系,是不能用社会分工和生产资料属于不同的生产者这一个商品生产存在的一般条件来解释的,因而就出现了很多的说法。有些同志用按劳分配来说明,有些同志用消费品个人所有制来说明,等等。既然大前提是不正确的,一切的论证和结论当然也就不可能是正确的。

不过,他们既然不是找到了别的,而是找到了这个理由,那就要说明,除了其基本前提错了以外,还必然有着其他的理论错误。下面仅论述一下按劳分配为什么不能决定商品关系的存在。

这种论点错误的理论根源,简单说来,就在于他们只表面地看到了按劳分配与商品交换共同的地方,即它们都是一种形态的劳动与另一种形态的劳动的等量交换,但却没有看到二者的本质差别。这种差别就在于:按劳分配所要求的等量劳动的交换是直接的劳动交换,而商品关系所反映的等量劳动交换是在物的形态上的劳动的相互交换,即等价交换,二者的本质的区别,正如上面所说的,就在于这个"等量劳动"中是否包含生产资料的优劣所带给劳动生产效率的影响。就这一点来说,它们反映着完全不同的两种经济关系:按劳分配所体现的等量劳动交换,是只有在公有制条件下才可能出现的;而商品交换所体现的等量劳动交换,则只能是以交换双方互相承认对方是其生产资料的全权所有者为前提的。当然,商品交换也可以看作是一种分配形式,但并不就是按劳分配。显然,谁也不能因为小商品生产者之间的交换是根据劳动进行的,而认为他们之间的关系是按劳分配的关系。

社会主义制度下实质的商品关系也是同样情况,例如,目前各个农村人民公社之间的情况就是如此。各个公社之间的土地肥沃程度不同,气候条件不同,每

年所遭遇的其他自然条件也不同,这一切就使得各个公社花费等量的劳动而有不等的收获量,从而当他们拿到市场上交换的时候,相等的真实的劳动耗费,就不能换回等量的产品。由于公社还是集体所有制,这种情况就使不同公社的社员之间在花费等量劳动的条件下会有不等的收入,从商品交换的双方的关系来看,虽然是社会主义的,但却不是完全的按劳分配关系,可是它却一点也不违背商品交换的原则,而恰恰是根据商品交换的规律(等价交换)进行交换的必然结果。因为在物的形态上交换劳动,人们只能根据社会必要劳动量来进行,由此可见,在存在实质商品交换关系的地方,是不能完全贯彻按劳分配原则的。就统一的社会范围内,即就通过商品形式交换自己产品的双方的关系来看(不是就每个集体所有制经济内部来说),是与按劳分配原则不一致的,这一情况不是足以表明用按劳分配来说明商品关系的存在是错误的吗? 他们虽然把商品生产看作是按劳分配的产物,但真正的商品的等价交换却并不总是有利于按劳分配原则的贯彻的,试图把一种关系说成既是商品关系又同时是按劳分配关系,显然是不能成立的。

　　用按劳分配说明商品生产存在的论点,主要是用要求严格计算劳动量来直接引出商品形式的必然性,这种说法的缺陷在于没有令人信服地论证,按劳分配所要求的严格计算劳动在经济上为什么必然要求商品形式,而这种形式又为什么是其他形式所根本不可能代替的。我们可以问:为什么不直接用劳动时间,而必须要用商品价值形式这种迂回曲折的办法来计算呢? 我们在具有社会分工和生产资料分属于不同的所有者这种条件时,通过商品关系来联系是一种客观必然性,不是其他形式所能代替得了的,因为这不是个形式问题,而是一定的经济关系。但按劳分配这种关系在经济上却没有这种必然要求,下列两方面可以证明:(1)马克思、恩格斯、列宁都认为,社会主义制度下按劳分配和消费品的个人占有是通过劳动券来实现的;(2)实际生活中,例如在农业社中,它的实现也不是通过商品形式进行的。

　　假如要想论证它是实质的商品关系或有商品的内容,那就必须证明它是按劳分配这种经济关系的一种必要要求,但这就必须证明人们的收入水平是与商品交换的结果直接相联系的——像真正的商品关系那样,但实际上,职工的收入是在领得工资时决定的。当他们用货币工资去买消费品时,只不过是去实现预定分给他们的那一部分(指劳动量,而不是指品种),这种交换形式本身并不决定参加交换的人的收入(这一点前面已分析过了)。既然如此,处在这种关系中的人们,为什么就必须要求利用买卖的形式呢? 还有什么特殊利益可以是在利用劳动券或其他形式中所得不到的呢? 显然没有。由此可见,这种商品形式就只不过是一种计算劳动时间的形式,正像理论上和实际生活中所告诉我们的那样,可以利用它,也可以抛掉它而利用别的形式。当然可以论证,在目前条件下,商品形式是一种较好的形式;但为什么是较好的,就不能用按劳分配来直接说明,而是要探讨其他的原因了。

另外,若说为了严格计算劳动耗费,就必须有实质的商品交换,这就不仅是按劳分配的要求,更重要的,它是生产本身的要求——生产本身永远要求严格计算劳动耗费。那么商品关系又怎样呢?

所以,这种说法是不能成立的错误的原因主要是只注意了经济现象表面上的联系,描述了这些现象,并用因果关系把它们联系起来,而忽视了从现象中探索经济关系的本质,这显然无助于人们对社会主义生产关系本质的理解。而做到这一点,却正是社会主义政治经济学的主要任务,我们必须正确阐明全民所有制内部生产关系的本质,把这种本质揭示出来,使全体劳动者都清楚地认识到,从而更自觉地在这种关系中活动,以利于社会主义生产关系的发展。

社会主义商品货币理论与现实

一

商品生产和价值规律在社会主义社会中的命运和地位问题，从社会主义建立的那一天起直至现在，经过了长时期争论仍然不能说已有了确定的结论。根据马克思和恩格斯的科学理论，当一旦社会占有生产资料之后，商品生产就将被消除；可是社会主义建设几十年的实践却表明，虽然全民所有制已经建立起来并取得支配地位，商品货币关系却仍然存在着，（在此考察的范围限于全民所有制内部的经济关系）并且在日常经济工作中日益显示出利用它的重要性。人们之间长期的争论不过是这一理论和现实之间矛盾的反映。

理论与现实之间存在矛盾并不奇怪，这是科学上通常具有的现象，问题在于要有解决这类矛盾的正确方法。按照马克思主义的科学方法应当这样对待公有制和商品货币关系存在之间的矛盾：既不要教条主义地对待马克思和恩格斯关于公有制下不存在商品的理论，人为地去消灭社会主义现实中存在的商品关系和形式；也不要只抓住现实中呈现出来的表面现象，轻率地否定马克思的科学理论。解决这类矛盾的关键在于真正弄清并坚持科学理论，然后在这个科学理论的基础上说明表面上似乎与它相矛盾的现实状况。如果不很好研究理论，只抓住表面现象并把它当作最终的东西，那必然会把思维引导到错误的方向上去。

因此，我觉得重新研究一下马克思主义经典作家关于社会主义公有制的建立将消除商品生产的理论，对正确说明这种矛盾现象和提高我们对现实中的商品货币关系的认识是十分必要的。

二

马克思谈到公有制（全社会占有制）和商品关系不会并存的问题时说："在一

个集体的、以共同占有生产资料为基础的社会里,生产者并不交换自己的产品;耗费在产品生产上的劳动,在这里也不表现为这些产品的价值,不表现为它们所具有的某种物的属性,因为这时和资本主义社会相反,个人的劳动不再经过迂回曲折的道路,而是直接地作为总劳动的构成部分存在着。"①很清楚,既然生产资料属于全体劳动者共同所有,单独的个人就不再是产品的私有者,他们之间劳动的互换也就不可能通过产品的交换来实现,这样,产品也就不再转变为商品,劳动也就不再表现为价值。这就是说,人们之间的关系已经不可能是商品价值关系了。

那么,这时劳动的互换将在什么基础上进行呢? 马克思指出:总产品中的生产资料,依旧是社会的,由社会按比例在各种劳动职能之间分配以进行扩大再生产。至于生活资料的分配,马克思认为在还存在旧社会分工的条件下,"每一个生产者,在作了各项扣除之后,从社会方面正好领回他所给予社会的一切。他们给予社会的,就是他个人的劳动量。……他以一种形式给予社会的劳动量,又以另一种形式全部领回来"。② 这就是说,各种不同具体形式的劳动,即分属于各种不同生产职能上的劳动,是在等量的基础上交换的。一种形式的一定量的劳动和另一种形式的同量劳动相交换,这是一种等量劳动交换关系,这种关系既表现了生产资料公有制已成为社会的经济基础,也反映了现阶段旧社会分工的存在这样的经济条件,所以,它构成社会主义阶段人们之间生产关系的本质特征。

可不可以把这种等量劳动交换关系与等价交换关系等同起来,从而把社会主义公有制下人们之间生产关系也看作是一种商品关系呢? 这是不可以的。等量劳动交换关系与商品生产中的等价关系是有着本质区别的。马克思在谈到公有制条件下的等量劳动交换的时候指出:"这里通行的就是调节商品交换(就它是等价的交换而言)的同一原则。内容和形式都改变了,因为在改变了的环境下,除了自己的劳动,谁都不能提供其他任何东西,另一方面,除了个人消费资料,没有任何东西可以成为个人的财产。"③价值是抽象的人类劳动的凝结,等价交换就其内容来说,就是等量劳动的交换,所以马克思说这里通行的是调节商品交换的同一原则,但是它们的共同点也就只此而已。马克思还强调了二者的区别,指出,这两种交换,无论在内容上还是在这一内容的表现形式上,都起了本质的变化。因为环境改变了,生产资料公有制代替了生产资料私有制。

首先,我们看到了由于公有制的建立,等量劳动交换中的劳动已经具有了新

---

① 《马克思恩格斯选集》第三卷,人民出版社 1995 年版,第 303 – 304 页。
② 《马克思恩格斯选集》第三卷,人民出版社 1995 年版,第 304 页。
③ 《马克思恩格斯选集》第三卷,人民出版社 1995 年版,第 304 页。

的特殊的质的规定性。大家都知道,商品价值是一般人类劳动的凝结,它是劳动的社会性在商品生产条件下的一种特殊形式。公有制条件下的等量劳动交换中的劳动,从质的规定上说,它是直接社会的,而不是像商品关系那样间接地通过一种产品与另一种产品相等的途径迂回曲折地表现它的社会性。正如马克思说的,在公有制条件下,"社会劳动日是由所有的个人劳动小时构成的;每一个生产者个人劳动时间就是社会劳动日中他所提供的部分,就是他在社会劳动日里的一份"。① 另外,等量交换的劳动的质的规定上还有一个特点,它仍然是一般的,而不是个别的自然形式上的劳动。马克思也明确指出:"一个人在体力或智力上胜过另一个人,因此,在同一时间内提供较多的劳动,或者能够劳动较长的时间;……它默认不同等的个人天赋,因而也就默认不同等的工作能力是天然特权。"② 不过这里的一般劳动已不再是私人劳动变为社会劳动的方式,而是"计量生产者个人在共同劳动中所占份额的尺度"。③ 为了表示这种劳动的特征以及它与形成价值的劳动的质的区别,我们可以把它叫作直接社会一般劳动。(为了方便起见,我们下面就用这个名词表示公有制条件下等量劳动交换和按劳分配所依据的那种劳动。)

其次,直接社会一般劳动的量的决定上也有它的特殊性。我们知道,决定价值量的是社会必要劳动时间,即"在现有的社会正常的生产条件下,在社会平均的劳动熟练程度和劳动强度下制造某种使用价值所需要的劳动时间"。④ 这里包括生产条件的因素在内,马克思特别举了机器织布和手工织布的例子来强调生产客观条件对形成价值的劳动的影响。这是由生产资料私有制决定的,生产资料既然属于私人所有,由生产资料的优良而引起的劳动生产力的提高,就被这个社会承认为倍加的劳动。直接社会一般劳动则根本不同,它只受劳动者本人主观条件的影响,而不受生产的客观条件的影响,因为生产资料已属于全社会所有。马克思在讲到直接社会一般劳动时,只说到"按照劳动的时间和强度来确定",⑤把生产条件的因素排斥在外了。

再次,决定价值量的社会必要劳动量同直接社会一般劳动量所包含的内容也是不同的。社会必要劳动量是生产上的全部耗费,包括物化劳动和活劳动,因而它影响着生产,交换和分配全部过程,是生产的动机和动力,按社会必要劳动量进

---

① 《马克思恩格斯选集》第三卷,人民出版社 1995 年版,第 304 页。
② 《马克思恩格斯选集》第三卷,人民出版社 1995 年版,第 305 页。
③ 《资本论》第一卷,人民出版社 2004 年版,第 96 页。
④ 《资本论》第一卷,人民出版社 2004 年版,第 52 页。
⑤ 《马克思恩格斯选集》第三卷,人民出版社 1995 年版,第 305 页。

行交换是再生产的条件,也是分配的最终依据。而直接社会一般劳动则不是这样,它不包括物化劳动部分,在活劳动部分中,还要扣除进行扩大再生产以及其他社会需要部分,经过这些扣除之后才属于直接社会一般劳动。所以马克思说:"每一个生产者,在作了各项扣除之后,从社会方面正好领回他们给予社会的一切。"①因此,直接社会一般劳动在这里只是作为计量生产者个人在共同产品的个人消费部分中所占份额的尺度。

以上我们比较了直接社会一般劳动同社会必要劳动之间的根本区别,不应该把二者等同起来,正如不能把方和圆等同起来一样,前者反映公有制条件下人们之间生产关系的本质;而后者则反映私有制或集团所有制之间生产关系的本质。没有在理论上把两种不同的劳动严格区别开来,可以说是把全民所有制内部人们之间的经济关系说成是商品关系这一观点的主要认识论根源。

三

我们再进一步考察直接社会一般劳动与社会必要劳动在表现形式上的区别。

商品的价值是不能直接用劳动时间来表现的,价值的本质决定了它只能通过一个商品与另一个商品之间的关系才能表现出来,也就是说价值只能通过交换价值、通过货币才能得到表现。货币是作为一般等价物的特殊商品,它是商品中所包含的社会必要劳动时间的必然表现形式。

直接社会一般劳动是否可以通过货币来表现自己呢? 显然不能。因为从概念上说货币是一般等价物,是价值的形式;而直接社会一般劳动这一概念,正如我们所分析的,同价值概念是根本不同的,怎么能用表现价值的一般等价物的货币来表现和价值根本不同的直接社会一般劳动呢? 既然公有制决定了等量交换的劳动的内容已经改变,那么它的表现形式也必然要改变,正是基于这种严格的科学性,马克思在谈到共产主义生产方式中个人消费品的分配时,只讲到证书或劳动券,而不是货币。马克思说:'他从社会方面领得一张凭证,证明他提供了多少劳动(扣除他为社会基金而进行的劳动),而他凭这张凭证从社会储存中领得和他所提供的劳动量相当的一分消费资料。"②这个证书不是货币,它要证明的既不是劳动的社会性,也不是生产者创造的价值量,而只是证明生产者个人向社会提供的直接社会一般劳动量,和他个人在供消费的那部分共同产品中应得的

① 《马克思恩格斯选集》第三卷,人民出版社1995年版,第304页。
② 《马克思恩格斯选集》第三卷,人民出版社1995年版,第304页。

份额。

有人说,现实中所有社会主义国家不是都存在着货币吗?的确如此,但现实不一定都是直接显示事物的本质,如果本质和现象是一致的,就不需要科学了。马克思上述观点是根据公有制代替私有制所必然发生的生产关系变化这一科学预见所导出的科学结论,这种根据客观规律导出的结论,往往比表面观察到的现实更为可靠,科学理论的指导意义正在于此。

在自然科学方面就有无数这样的例子。例如门捷列夫根据他发现的元素周期律曾纠正了一些原子量测算上的错误,并预示了许多尚未发现的新元素。按当时公认的铍这种元素的原子量是13.5,在元素表上应是在碳和氮之间,但是按周期律,这是不可能的,铍应是在锂和硼之间,据此,他肯定铍的原子量有问题。门捷列夫重新对铍的原子量进行测定,多次反复验证,结果测定它是9.4。原来人们所公认的13.5,是因为当时在技术上对元素的分离和提纯以及测定技术还不完善造成的错误。理论指导了实践,帮助人们更正确地认识了现实。

同样,政治经济学是一门像自然科学一样精确的科学,在公有制内部不存在商品关系和货币就是这样精确的科学预见。让我们来看看恩格斯在与杜林争论时对货币的阐述。杜林在他所设想的未来的经济公社中,认为公社和社员之间的交换的形式是货币,恩格斯指出这显然是不对的,因为在经济公社内部经济关系的本质是社员向公社尽生产义务,然后从公社分配得一定的消费资料,在这样的经济关系中,是没有货币存在的余地的。恩格斯断言说:"但是在公社和它的社员之间的交易中,这种货币绝不是货币,绝不执行货币的职能。它成为纯粹的劳动券,用马克思的话来说,它只证明'生产者个人参与共同劳动的份额,以及他个人在供消费的那部分共同产品中应得的份额',在这一职能上,它也'同戏票一样,不是货币'。因此,它可以为任何证件所代替……标明所完成的'生产义务'和从而获得的'消费权利'的尺度的证件,无论是一张废币、一种筹码,或者一块硬币,这对这个目的来说是完全一样的。"①恩格斯在这里极明确地指出了在公有制内部的关系中,即使使用了像过去的硬币这种货币形式,它也绝不是货币,而是化了妆的劳动券,因为在不存在价值关系的地方,作为价值尺度的货币就不可能存在。这是依据客观规律所做出的科学预见,它像门捷列夫预言铍的原子量不可能是13.5,而只能是在锂和硼之间一样的精确。

---

① 《马克思恩格斯选集》第三卷,人民出版社1995年版,第653页。

四

从上面的阐述中,我们可以清楚地看到,马克思和恩格斯都确认社会主义公有制条件下,人们之间的本质关系是平等占有生产资料基础上的等量劳动交换关系,而不是等价交换关系,也就是说,它本质上不能是商品关系。但是,在现实中却的确存在着商品和货币,而且商品关系越来越被人们有成效地利用来为社会主义建设服务,如何认识这一理论与现实、原则与实践之间的矛盾呢?

如果根据马克思的上述理论,主张在今天就应当人为地削弱和消灭商品生产和商品交换,那么这只能是一种愚蠢的教条主义态度,这不仅是因为当前还存在大量的集体所有制经济,在和集体农民的关系上不应消灭商品关系,而是应大力发展商品生产和商品交换,而且即使对全民所有制内部来说,主张在现阶段就取消商品货币形式也是没有根据的,对实践也是有害的。但是,认为全民所有制在本质上仍是商品经济的看法也是不对的,这种观点不是把现象仅仅看作入门的向导,而是把它当作最终的本质了;用确认表面现象的方法简单地肯定现实,代替了对社会主义关系本质的理论分析,有意无意地对马克思主义经典理论家们根据客观规律所作出的科学预见置之不顾。

克服上述理论与现实矛盾的方法应当找到理论与现实二者之间的内在联系,实际上也就是探讨等量劳动交换这一本质关系如何在现实中贯彻和实现的。

我们都知道,社会主义生产既不是孤立的个人生产,也没有达到共产主义高级阶段那种全面发展的自由人联合体的程度,在这里人们的生产活动还仍然是在由旧社会分工决定的,被固定在某种生产职能上的劳动者组成的企业这种生产单位进行的。社会主义企业,就生产资料所有制关系方面来说,已经在全社会范围内统一起来了,但旧分工却又决定了它在社会生产过程中是独具特点的,因而生产上具有相当的独立性,这种具有独立性的企业生产组织形式决定了等量劳动的交换首先只能是在企业职工集体之间进行。

如果就一个企业内部来说,等量劳动交换的实现还是比较简单的,在这里,职工的等量劳动交换是在直接的形式上进行的,人们由经验可以了解各种劳动的复杂程度和强度,通过对劳动者技能的各种方法的考核也可以确定各劳动者的技能水平,通过各种办法如工资等级表等或其他报酬形式来实现职工之间的等量劳动交换。等量劳动交换在这里可以不需要借助产品的交换来进行,因而劳动者的关系也不表现为价值关系。

但是,在社会范围内以企业集体为单位进行的交换,就不像一个企业内部职工之间劳动互换那么单纯。企业是组织生产的基本单位,因此,企业一方面要关心企业职工集体的直接社会一般劳动能在等量的基础上与其他企业相交换,也就是说交换的最终结果必须符合按劳分配原则;另一方面,它还要关心产品生产上全部劳动耗费的补偿,包括物化劳动和活劳动,也就是说交换的结果必须要保证再生产能够不断进行下去,这样,在现有的经济发展水平的条件下,在价值形式的基础上进行交换,就是唯一可能的交换方式了。这是因为:1. 处在旧社会分工中的各种劳动之间还存在着很大差别,从而还不可能直接用劳动小时来计量每一产品平均需要的劳动时间;2. 这是生产上具有独立性,在分配上要求实现等量劳动交换的企业集体所最愿意接受的方式。全民所有制内部企业之间仍然表现为价值关系,产品仍然采取商品形式的原因就在这里。很明显,这里的价值关系只是为保证企业正常的再生产的一种劳动耗费的计算方式,这丝毫不表示企业之间人们之间的实质关系是商品关系、价值关系,因为:1. 支配企业生产的根本动机并不是价值;2. 最终决定着企业职工分配水平的,也不是该企业所创造的价值量,而是企业集体的直接社会一般劳动量。

现在的问题是,等量劳动交换怎样通过等价交换这一与它在质上和量上以及作用范围上都不同的关系和形式来实现自己,使商品等价交换既保证价值决定的规律对再生产的作用,又保证等量劳动交换关系得以实现呢?

问题的提出和问题的解决是同时出现的。社会主义公有制本身就提供了解决这一矛盾的客观的经济机制,这主要是借助于代表全体人民管理生产资料的国家的调节来实现的。一方面坚持利用商品交换这种形式,让企业之间的联系建立在等价交换的基础上,使交换趋向于按照由社会必要劳动时间决定的价值量进行,以使企业的经济效益得到经常的检察和监督;同时,在企业之间等价交换之后,对企业的收入在全社会范围内加以调整,使各企业集体所得到的用于分配个人消费品方面的收入符合等量劳动交换关系。人们总是先做了,然后再去逐步理解这种做法的深刻意义的,不论哪一个社会主义国家,作为管理中心的国家实际上都在进行这种调整活动。例如在近几年,我国经济管理体制改革的试点工作中,就出现了以下一些调节形式:实行公司内部核算价格、有差别的利润留成比例、调整工商利润比例、收缴资源税、加征企业基金占用费、由国家征收收入调节税等,所有这些措施都是为了解决由于不同客观因素所造成的利润高低悬殊、苦乐不均这一现象。而就其本质来说,这些调节措施不过是为了把按商品价值交换的结果加以调整,使其最后符合等量劳动交换关系,国家在这里是作为生产过程的一个内在因素起着调节作用的。等价交换的结果,借助于国家调节这个中间环节,在实际上实现着等量劳动的交换,本来是直接社会一般劳动决定劳动者的个人收入,但在现实中却取得了按价值即按社会必要劳动量进行分配的外表。

从上面的分析也可以看到,在社会主义阶段还存在独立企业的条件下,等价交换是等量劳动交换关系实现自己必然要经过的步骤,必然要采取的形式。既然等量劳动交换关系表现为企业之间的价值关系,经过国家的调节借以实现,因此,从社会的外表看来,等价交换的结果决定着人们的实际收入。正是因为这种原因,价值关系虽然不是全民所有制的本质关系,但却依旧能在现实中起着促进提高劳动生产率和影响企业生产积极性的作用。正是在这个意义上,我们说价值规律是实践的学校,它能够教育经济工作人员学会精打细算,发现和利用生产内部潜力,推动他们不断改进生产方法,降低生产成本,提高经济效益,从而促使他们成为社会主义生产的名副其实的领导者。认为价值关系不是企业之间的本质关系,因而轻视价值规律对社会主义生产和流通的重大作用是不正确的。但是,如果看不到价值规律作用性质由于社会主义全民所有制这种新的生产关系的建立已发生的变化,仍把价值关系作为全民所有制中的本质关系,看不到它与等量劳动交换关系的区别和联系,也是不正确的。这将会使人们在处理和安排企业之间实质关系的时候发生盲目性,违背等量劳动交换原则,影响大多数企业的生产积极性,以上两种片面性都是由于对社会主义这个复杂的经济结构了解不清楚造成的。实践已经清楚地表明,只要存在全民所有制这种经济关系,等量劳动交换的规律就必然作为一种不以人们意志为转移的客观趋势来实现自己。马克思主义经典理论家科学预见的正确性,无论在理论上还是在实践上都充分得到了证明。我们依据马克思主义的基本理论真正说明了现实中呈现出来的复杂现象,我们也就能在整体上把握社会主义的经济结构,这对提高我们经济工作中的自觉性是有着决定性意义的。

马克思的经济理论和方法与社会主义
有计划的商品经济之间的关系

经济体制改革必须适应在社会主义公有制基础上发展有计划商品经济的要求,因此阐明社会主义商品经济的特点,在改革中做到既维护社会主义公有制基础,又充分发挥商品关系对增强企业活力的作用,就成为一个亟须在理论上和实践上解决的问题。我们应当运用马克思主义关于经济运动规律的基本理论,联系实际,解决这些在建设和改革中产生的新问题,推动建设,促进改革,并把马克思主义理论推向前进。

一、商品关系的一般规定

马克思是从商品开始考察资本主义生产关系的。商品经济并不是资本主义制度下才有的,在原始社会末期,在公社的尽头就产生了商品的交换,后来它逐渐渗入到公社内部。在奴隶占有制和封建制度下它都存在,并且得到相当大的发展。资本主义制度的特点不在于它内部存在商品经济,而在于商品生产成了生产的普遍形式。

商品关系既然是一个存在于极不相同的生产方式中的经济现象,这一方面表明它有自己独立的规定性,必须把这种规定与它所依附的具体的特殊生产关系区别开来;另一方面又表明,这个独立的规定性只是一个抽象,因为在现实中它从未离开特定的占有关系而独立存在过。在人类社会发展历史上,商品经济不可能构成一个独立的阶段,它总是与一定的特殊生产方式结合或融合在一起,从属于该生产方式,并为它服务。

马克思所以从商品开始考察资本主义,一个重要原因就是为了把商品关系一般从资本主义经济关系中抽象出来,并给予它严格的规定,明确它反映的关系的范围,以便于在分析资本主义关系时,不至于把商品关系一般与资本主义特殊关系混同起来。这个理论和方法对考察社会主义制度下的商品经济显然仍有重要指导意义。

马克思关于商品关系一般的规定可以简单地概括为彼此独立的私人劳动对社会总劳动的关系。在这种关系中,"生产者把他们的产品当作商品,从而当作价值来对待,而且通过这种物的形式,把他们的私人劳动当作等同的人类劳动来互相发生关系"①。上面的概括可以分解为下面三个方面:(1)生产者之间是独立的、平等的关系,交换双方是各自产品的所有者,只能靠让渡自己的产品,才能占有别人的产品;(2)处在社会分工体系中的生产者的劳动不能直接成为社会劳动,必须通过市场上物与物的交换,把私人劳动转化为社会劳动;(3)产品交换是在等量的基础上进行的,等量劳动交换等量劳动。这里的劳动包括生产产品时所花费的活劳动和过去的物化劳动,分配关系由这种交换方式决定。

有人说马克思关于商品的一般规定只是从建立在私有制基础上的商品经济中抽象出来的,其实不完全如此。马克思曾经考察过原始公社末期以公有制为基础的公社之间的商品交换,也考察过公社内部在主要生产资料土地公有的基础上社员之间的商品交换。上述关于商品关系一般的规定同样适用这些关系,因为不论是公社之间的交换,还是公社内部社员之间的商品交换,前提都是交换双方是彼此独立的、都是各自产品的平等所有者,总之,都是私人劳动和社会劳动矛盾的产物,虽然这里所说的私人劳动不一定都是由生产资料私有制决定的,但无疑这个规定也适用于社会主义社会里不同所有制经济单位之间的交换关系。

二、商品关系是生产关系系统中的表层

商品关系既然存在于许多极不相同的生产方式中,它存在的根据和特征以及它在社会生产关系系统的层次联系中的地位,可以归纳为以下几个方面。

第一,它的存在与一定特殊生产方式的深层的本质关系没有直接联系。在奴隶制和封建制度下都存在商品经济,但它的存在与所有制的奴隶占有和封建制性质都不存在直接联系。在资本主义制度下,商品经济的存在同样与所有制的资本主义性质没有直接联系,正如价值的形成只与抽象的一般人类劳动有关,而与劳动的雇佣性质无关一样。

第二,在一定的生产关系体系中,在生产关系系统的层次联系中,商品关系总是一种表面过程,是本质关系的表层。例如,在资本主义制度下,商品平等的等价交换关系就只是一种表面现象。马克思指出:"资本家和工人之间的交换关系,仅仅成为属于流通过程的一种表面现象……劳动力的不断买卖是形式。其内容则是,资本家用他总是不付等价物而占有的别人的已经物化的劳动的一部分,来不

① 《资本论》第一卷,人民出版社 2004 年版,第 97 页。

断再换取更大量的别人的活劳动。"①不仅资本家与工人之间的交换只是一种掩盖本质关系的表面现象,全部商品交换都是如此。马克思说:"在现存的资产阶级社会的总体上,商品表现为价格以及商品的流通等,只是表面的过程,而在这一过程的背后,在深处,进行的完全是不同的另一些过程"②。商品交换关系不过是掩盖深层本质关系的假象,资产阶级经济学家利用这种假象,宣扬资本主义的平等和自由。马克思深刻地揭露他们说:"还有些人错误地把这种表面关系,把这种质的形式化,把资本关系的假象看作是资本关系的本质本身,因而试图把工人与资本家之间的关系说成是商品所有者之间的一般关系,以此为这种关系辩护并抹杀这种关系的特征。"③

第三,商品关系不能现成地构成资本关系的表层,它还必须按照资本关系的要求加以改造。商品交换是一种生产关系,它不能像机器制造上的某个标准部件,可以现成地装配到任何一架机器上那样,以它现成的形式和任何生产方式机械地凑在一起。为能与资本主义关系结合在一起,为后者服务,商品交换的内容必须改变。在资本主义条件下,商品已不是简单地当作商品来交换,而是当作资本的产品来交换,资本要求同等资本获得同量利润,要求实现平均利润率,等价交换与这种关系显然是矛盾的,只有把按价值交换转化为按生产价格交换,商品关系才有可能与资本主义关系结合在一起,构成一个统一的有机整体。

第四,商品关系总是从属于某一种特殊生产关系。在资本主义制度下,它从属于资本主义关系,它的规模、作用范围和力度,以及发展趋势,都是由资本关系规定的。理解商品关系一般,并不能理解资本主义,把商品经济作为一种独立的经济制度是没有弄清楚商品关系与资本主义间的实在关系。马克思在阐明这一点时说道:"这种等价物的交换是存在的,不过,它仅仅是建立在不通过交换却又在交换假象的掩盖下来占有他人劳动这一基础上的生产的表层而已。这种交换制度是以**资本**为基础的,而且,如果把它同资本分开来考察,也就是说,像它在表面上所表现的那样,把它看作独立的制度,那么,这只是一种**假象**,不过这是**必然的假象**。"④

马克思揭示了商品关系在一定生产关系体系中的地位,指出它是资本主义关系的表层、表面过程、形式、假象等,但这绝不意味着忽视商品经济在资本主义制度中的重要作用。作为商品经济的基本规律的价值规律,对生产力的发展起着巨

① 《资本论》第一卷,人民出版社 2004 年版,第 673 页。
② 《马克思恩格斯全集》,第 46 卷上,人民出版社 1979 年版,第 200 页。
③ 《马克思恩格斯全集》,第 49 卷,人民出版社 1982 年版,第 126 页。
④ 《马克思恩格斯全集》,第 46 卷上,人民出版社 1979 年版,第 513 页。

大的推动作用。马克思曾指出:"这种为了价值和剩余价值而进行的生产……包含着一种不断发生作用的趋势,要把生产商品所必需的劳动时间,也就是把商品的价值,缩减到当时的社会平均水平以下。力求将成本价格缩减到它的最低限度的努力,成了提高劳动社会生产力的最有力的杠杆。"①

但是,应当避免对商品经济作用的一种片面性看法。有人认为,正是商品经济的发展使资本主义战胜了封建制度,造就了资本主义几百年的统治;是商品经济的发展创造了社会化大生产,从而造成了社会主义的胜利。这种说法在理论上不能成立,也不是历史事实。历史事实恰恰证明,正是资本主义生产方式才使得商品生产成为普遍的生产形式,如马克思所说的,"只有当雇佣劳动成为商品生产的基础时:商品生产才强加于整个社会,但也只有这时,它才能发挥自己的全部潜力"。②

商品经济也不是资本主义代替封建制度的决定性力量。商品经济作为一种交换方式,它本身的力量是有限的,它能对没落的封建制度起瓦解作用,但却不能最后摧毁它,代替它。真正战胜并代替建立在自然经济基础上的封建制度的决定性力量,只有从生产方式方面去找。在当时的历史条件下,只有建立在以大规模生产、实行协作分工、利用先进科学和工艺基础上的资本主义生产方式,才能战胜封建制度并用自己代替它,这才是历史事实。

三、理论与现实的矛盾

马克思依据对商品关系的科学分析,认为公有制确立后,商品价值关系将消亡,劳动不再表现为价值,作为一般等价物的货币因而也将不存在。马克思这一思想的内容大体包括以下三个方面。

第一,既然生产资料归全社会共同所有,那么产品也就属于全社会共同所有,这时人们之间的劳动交换显然不可能再通过产品的交换来进行,产品自然也就不会再变为商品。

第二,在社会主义阶段里,人们之间还必须实行等量劳动交换,实行按劳分配,但这里的等量劳动交换与商品等价交换相比,内容已经根本改变了,即发生了质的变化。(1)生产资料在任何意义上都不再作为个人收入数量的决定因素参加进来,每个人只能凭借本人的劳动获得收入;(2)生产资料不再通过交换进入个人财产范围,它总是属于社会的。这些现象在内容上都与商品关系有重大差别。

第三,等量劳动交换与商品等价交换在内容上的区别决定了它们的实现形式

---

① 《资本论》第三卷,人民出版社 2004 年版,第 997 页。
② 《资本论》第一卷,人民出版社 2004 年版,第 677 页。

上的重大差别。后者的实现形式是货币,货币作为价值尺度和流通手段实现着等价交换。等量劳动交换则不同,这里实现的形式不可能是货币。货币,如果不囿于日常用语,而是作为科学概念,它只是价值的形式,是价值的尺度,是一般等价物。在公有制下个人与社会的关系上,个人并不向社会出卖什么,因而不存在价值关系,所以也就不可能有货币存在,每个人从社会领得的,只能是贡献给社会的劳动的证书,或称劳动券。恩格斯曾明确指出,在社会与个人之间的交换关系中,标以所完成的"生产义务"和从而获得的"消费权利"的尺度的证件,无论是一张废纸、一种筹码,或者是一块硬币,"这种货币绝不是货币,绝不执行货币的职能"。① 个人既然不向社会出卖商品,他从社会得到的当然绝对不会是作为价值尺度的货币。

但是,马克思的上述理论与现实是矛盾的。社会主义建设实践一再证明,不仅在不同所有制单位之间存在商品关系,而且在全民所有制内部,也就是马克思所说的那种公有制内部,也仍然存在商品关系。在现阶段,这种关系不是在趋向消亡,而是获得更大的发展,大力发展商品关系已经成为社会主义经济发展过程中的一个不可逾越的阶段。

合乎逻辑的理论与确定无疑的现实之间存在着矛盾。

如何看待这个矛盾?有几种不同的看法。一种意见认为,商品关系消亡的理论是马克思主义的个别结论,已被实践证明是不正确的,已经过时了;一种意见认为马克思的上述理论完全正确,现在全民所有制内部存在的商品关系只是商品的"外壳",实质上已经不是商品;还有一种意见认为马克思讲的是生产力已经高度发展的成熟的社会主义的情况,现在还没有达到那样的阶段,所以还必须保留商品关系。

哪一种意见更正确些呢?

在对待理论与现实的矛盾问题上,应避免两种偏向。一是轻率地用直接经验否定科学理论,简单地确认现实并把它当作本质的东西,然后循着这条道路去探寻事物的性质和根据,这是很不可靠的方法。马克思曾说过:"日常经验只能抓住事物诱人的外观,如果根据这种经验来判断问题,那末科学的真理就会总是显得不近情理了。"②二是僵硬地用理论否认现实的客观性。即使这个现实没有确切地把本质表现出来,哪怕是歪曲地表现了本质,如果把理论与它绝对对立起来,而不是去探寻二者之间的联系,那么,即使这个理论本身是正确的,也会由于它没有

---

① 《马克思恩格斯全集》,第 20 卷,第 327 页。
② 《马克思恩格斯全集》,第 16 卷,第 143 页。

说明现实而陷于困境,甚至会在人们面前崩溃。

正确的途径应当是找到使二者产生不一致的因素,研究这些因素,然后以这些被理解了的因素作为桥梁,使互相矛盾的双方联系起来,这样就可以达到对研究对象的科学认识。

四、在理论与现实之间架起桥梁

马克思关于未来社会的生产组织形式是这样设想的:在生产资料共同占有的基础上,全国组成一个自由平等的生产者的联合体,在这个联合体内,生产者用公共生产资料按照共同的合理的计划自觉地从事社会劳动,这里社会与个人之间的关系中没有其他独立环节。

但是现实的发展却表明,在消灭资本主义私有制后,人们还不可能立即在全社会范围内直接组织在一个自由人联合体里,由于还存在旧的社会分工,企业作为一种生产组织形式仍然是必要的,企业作为一个独立的生产经营单位的存在,就使社会与个人之间的关系具体化和复杂化了。

企业是一个有机整体,企业内部工作者的协作创造了一种新的生产力,生产的效果不仅决定于劳动者个人的劳动状况,还决定于企业整体的工作水平。在这里,科学技术在生产中的运用以及与此相联系的组织管理水平起着巨大的作用,生产过程不依赖于个人劳动技巧的程度越高,作为企业集体的组织和管理水平的作用就越大,因而企业作为一个集体的作用也就越突出。

企业作为一个集体结合劳动,它的成果既包括生产者的劳动,也包括企业中管理人员和科技人员的活动,因此,社会主义的等量劳动交换要求以企业集体为单位来进行,也就是以企业集体的结合劳动总量来互相比较,实行劳动的等量交换。这种包含着极复杂内容的结合劳动的质与量在现阶段还只能通过它的产品的数量和质量来衡量,企业之间也只能在产品上看到其他企业的结合劳动的质与量。在这种条件下,生产不同产品的企业之间的劳动交换,只能借助于把产品作为商品进行交换来进行了。不同形式的有用劳动,通过产品交换还原为抽象一般人类劳动加以比较,在这个范围内存在着典型的商品关系。这种交换方式是不同生产部门互换劳动的要求,也是实行独立核算的企业补偿其资金与劳动的耗费维持再生产的正常进行的需要,也是促进企业不断改善管理和提高劳动生产率的需要。

但是,矛盾也是在这里发生的。商品交换意味着按创造的价值分配,可是按价值分配与社会主义按劳分配关系是矛盾的,甚至是对立的;因为价值的创造,就生产同种产品的各企业的关系来说,价值量与劳动生产率成正比,而劳动生产率,越来越在更大程度上受生产资料特别是技术设备水平的影响;按劳分配关系却要求在作为决定分配量的要素中抽去生产资料优劣的影响,因为公有制决定了人们在生产资料的所有上是平等的,任何个人或集团都不能由于生产资料的占有获取特殊经济利益。

等量劳动交换关系与商品等价交换关系的矛盾实际上就是商品关系消亡理论与商品关系现实存在之间的矛盾。这一矛盾在理论上和实践上必须加以解决。

为了解决理论与现实之间的矛盾,不仅需要找到理论过渡到现实之间的中介环节,还必须探寻这一过渡(也是发展)的具体轨迹。做到了这一点,就能展示出它们之间的内在联系,把矛盾解决,并由此揭示出社会主义生产关系体系的内部结构。

企业既然作为一个独立的生产单位,社会(现在是以国家为代表)与个人的单纯关系就分裂为两个过程,这样,等量劳动交换关系中的矛盾也只能通过分离为两个过程来解决,这两个过程在时间上是分开的,在性质上也是不同的。

第一,企业之间建立商品关系,实行严格的等价(或生产价格)交换,这是当前计量企业结合劳动量唯一可能的方式。这种计量是生产顺利运行所必需的,利用这种方式使企业成为独立经营、自负盈亏的经济实体,利用市场机制促进生产力的发展和社会资源的合理分配。

第二,在企业之间实行等价交换之后,进入第二个过程。社会通过某种方式把企业由于生产资料优良而获得的超额价值即级差收益提出来,在全国范围内加以使用和分配,用于满足全民的需要,这一过程实际上就把商品等价交换关系转化为等量劳动交换关系了,在全社会范围内贯彻了按劳分配原则。这后一过程显然已不属于商品交换过程,虽然在形式上它包括在统一的商品交换过程之中。

因此,矛盾解决了。

从这里可以看出,上述的理论与现实的不一致并不在于实践的社会主义改正、修订甚至"重写"了马克思创立的关于社会主义生产关系的根本特征,也不是"过时"了的马克思主义的"个别结论",在这里,预见与现实的差别在于描绘这些根本特征的抽象水平不同和社会主义基本轮廓的完整程度和具体化程度不同。马克思恩格斯的严谨的科学态度只允许他们在最高抽象的层次上指出社会主义最本质的特征,我们的任务是用创造性的实践活动去充实、丰富和发展马克思的基本理论,如果用实践中的社会主义一定阶段的具体形态对马克思的基本理论做出简单的否定,就是不对的了。

五、社会主义商品经济与经济体制改革

从上面的论述可以得出这样的结论,在社会主义阶段,必须实行有计划的商品经济制度。我国现在还处在社会主义初级阶段,从整个社会范围看,还存在着多种经济形式,除全民所有制经济外,还存在着集体所有制经济、个体经济、中外私有经济和中外合资、合作经济,在多种经济形式之间只能借助商品交换关系联系起来,这是促进全社会生产力发展的必要条件。这些商品关系虽然并不都属于社会主义性质,但它们都是社会主义经济的有益的补充。

在全民所有制内部同样存在着商品关系,在国家宏观管理和指导下大力发展企业之间的商品交换,是在全社会规模上充分发挥价值规律作用的必要前提。

价值规律是经济规律,与自然规律不同,它不是离开人们的有意识的活动而独立自在的,它是人们自己经济活动的客观规律,是生产关系的运动规律,因此,利用价值规律,不是像利用一根木棒、一台微机那样简单。利用价值规律实际上就是把追求价值作为刺激来调动生产者的积极性,只有使企业实在地处在商品关系中,价值规律才能发挥作用。

过去由于教条主义地、不正确地理解马克思的商品关系消亡理论,幻想在一个早上实现用有计划发展规律代替价值规律,用有计划的产品分配代替商品交换,在这种思想指导下建立的经济体制,使社会主义经济失去了应有的活力,社会主义经济制度的优越性没有能够充分发挥出来。

经济体制改革的一项重要任务,就是适应发展社会主义商品经济的要求,为价值规律发挥有利于社会主义经济发展的作用创造必要的经济条件。应当在全社会创立一个商品货币关系的大环境,使所有国有企业都处在这个关系的大海中接受锻炼和考验、检查和监督,推动它们为迅速发展生产力、提高经济效益、生产更多适销对路的商品、满足生产和人民生活的需要而努力改善经营,提高管理水平,这是增强企业活力的极重要的条件。

六、社会主义商品经济条件下企业的经营机制

为了适应发展企业商品关系的要求,必须改变企业过于依赖各级国家行政机构的被动地位,使企业真正成为相对独立的、自主经营、自负盈亏的经济实体,也就是说,使它们都成为商品生产者。

为了利用商品关系推进国民经济长期稳定和按比例高效益地发展,为增强企业商品生产的活力,创立外部条件固然重要,但是根基还在于企业经营机制的健全。如果企业这个国民经济细胞不健康,缺乏生机和活力,或虽有活力但不能主

动适应国家宏观政策的要求,外部条件的改革所能起的作用是有限的,弄不好还会起相反的不良作用,达不到预期的效果。

实践证明,改革的重点应始终放在改革和健全企业的经营机制上,这是体制改革成败的关键。正确的企业经营机制必须是责、权、利紧密结合的。第一位的是明确企业必须对国家完成的责任,责任内容包括对国家资产的保存和增值,对合同规定的产品任务和利润任务的完成。责任必须落实到经营者或企业领导人身上,应改变企业只负盈不负亏,只负行政责任不负经济责任的状况,因为这种体制不能使企业领导人进入商品生产者的角色,不能成为实际的商品生产者。只有使领导人、经营者负主要经济责任,才能使企业自负盈亏具有实在的内容,企业才可以称作相对独立的商品生产者,商品经济的一切规律才能发挥出影响生产的作用。

调动企业经营的积极性,主要是调动企业经营者(承包者)的积极性,通过他们的工作去调动企业内部职工的积极性。在企业承担责任的前提下,最重要的是保证企业负责人或经营者有充分的权力:经营权和对企业内部人事调动、机构设置、劳动组织和工资制度等的管理权;没有这些方面的充分权力,经营者不可能施展他们的才能,无法对经营结果负责。在完成规定任务后,经营者应得到较一般职工更高的劳动报酬,如果超额完成任务,则应得到更多的报酬。当然,他们与职工的工资差距也不宜过于悬殊,组织者的作用固然很大,但国有资产的状况和职工的素质毕竟还是基础,把增加效益的功劳都归于经营承包者,是不符合实际的,从而也不利于调动广大职工的积极性和增强他们的主人翁意识。

为适应商品关系发展的要求,建立责、权、利相结合的企业经营机制,当前的主要任务不是停留在原则号召上,而是要在所有权和经营权分开的基础上探寻恰当的企业经营机制的具体形式。所有权与经营权分开的原则包括两方面的内容:一是必须坚持生产资料全民所有制,维护国家对生产资料的所有权;一是必须保证企业应有的经营管理权。只要找到适应不同企业、不同情况的各种有效的经营责任制形式,就可以逐步走出一条既坚持和维护全民所有制这个社会主义的经济基础,使它不断巩固和发展,又使企业具有旺盛活力和生机的、有中国特色的社会主义企业经营管理的路子。

有效的企业经营责任制建立起来后,企业行为就可以趋向合理,就能把蕴藏在企业内部的巨大潜力挖掘出来,大大提高经济效益,这关系到经济体制改革的命运。在这个基础上,完善的市场体系和间接宏观管理方式将能发挥出应有的作用,既保证宏观目标和协调发展的实现,又保证企业的活力更大的增强。

七、商品关系在社会主义生产关系体系中的地位

依据马克思关于商品关系以及它与资本主义生产方式之间关系的理论,同样可以得出如下结论:在不同的生产方式下都存在着的商品关系,不可能是社会主义深层的本质关系;在社会主义生产关系系统的层次联系中,它也是处于表层的,是本质关系的表面现象,在某种意义上,它还起着掩盖本质关系的作用,譬如它掩盖了人们之间按劳分配这一本质关系,容易使人们把这两种关系混同起来。

在社会主义制度下,商品经济的规模、地位、作用、力度和发展趋势等,都是由公有制和按劳分配这一本质关系决定的。商品经济是社会主义制度利用来推动生产发展的强有力的运行机制,而不是社会主义的本质关系。

因此,我们提出适应商品经济要求进行改革,是改革经济运行机制,改革不适应这种机制的经济管理体制,而不是改变社会主义的根本制度。有人提出,为了适应发展商品经济的要求,应把全民所有制(国家所有制)改为企业所有制改为职工集体所有制,或实行把全民财产瓜分为企业或职工个人股份,甚至有人提出改为私有制。这种看法就是把商品关系看作是决定生产过程根本方面的主要关系了,这就颠倒了商品关系这种表层与社会主义的深层的本质之间的基本关系,摆错了商品关系在社会主义生产关系体系中的地位,不符合社会主义经济制度实际的内部结构。这种不正确的理论可能导致设计经济体制改革目标上的失误,使改革迷失方向。在大系统中没有各局部要素的正确组合,就不可能有全系统整体功能的最优化,社会主义制度的优越性也就不能充分发挥出来。

说商品关系是社会主义本质关系的外表形式,绝不意味着它不是社会主义的内在要素,而只是精确地规定它是什么样的要素;也绝不意味着它对社会主义经济是多余的、可有可无的、不重要的,而只是精确地规定它在生产关系大系统中的真正地位和实际作用。理论只有精确才会对实践有用,对某一现象如果笼统地描述它如何重要,对实践不会起到什么作用。我们针对过去经济管理体制上的弊病,强调发展商品关系的极端重要性,这当然是完全正确的、必要的,但是因此就把商品关系看作是社会主义的本质关系,那就是一种盲目性了。向前多跨一步,真理也会成为谬误,这是我们应当避免的。在理论上搞清楚商品关系的真实地位,可以使我们具有更清醒的头脑,一方面,放手大力发展商品关系,充分利用价值规律的一切积极作用;另一方面,在利用商品关系的时候,把握正确的方向,这样就可以更顺利地建立起一个有中国特色的生机勃勃的充满活力的社会主义经济体制。

商品关系在社会主义生产关系体系中的地位

一、问题的提出

对于当前必须大力发展商品经济的问题,人们的认识基本趋于一致,但是,对社会主义有计划的商品经济的理解实际上仍然有着很大的差别,可划分为两种基本观点。一种意见认为,商品关系不是社会主义经济制度中的本质关系,它只是作为一种运行机制和调节机制被利用来巩固和发展社会主义的本质关系的。他们认为,提出大力发展商品经济,其实质在于要充分发挥价值规律对生产和流通的积极作用,使企业的经济利益与其劳动贡献挂钩,督促企业改进技术和经营管理。另一种意见认为,商品关系是社会主义经济中的本质关系,是仅次于生产资料公有制的经济关系,所以主张根据商品关系的要求来塑造社会主义经济制度。例如,根据发展商品经济的要求,应该把全民所有制改为集体所有制,使企业成为完全独立的而不是相对独立的商品生产者;根据商品经济的要求,企业的直接生产目的不能是社会的需要,而只能是利润;人们之间的分配关系应当是按创造的价值分配,工资总额必须与企业的盈利程度直接挂钩,由自然资源和生产资料优良带来的级差收益应归企业。

这两种意见在对社会主义经济中存在的商品关系的性质的理解上显然是很不相同的。这种理解上的差别,就导致他们对计划与市场这二者在社会主义经济运行中的地位有不同的认识。前一种意见认为,社会主义经济应是计划指导的经济,经济运行应以计划调节为主;宏观管理或计划的内容主要是依据社会经济发展战略目标合理分配资源,规定投资结构;同时在计划规定的社会和经济发展目标和政府机构的指导和管理下,充分利用市场机制在提供信息、刺激企业主动了解社会需求、发展和改进生产、提高微观经济效益中的作用,以补充和修正计划之不足。后一种意见则主张,社会主义经济应该是由市场指导的经济;企业在市场供求关系的指导下进行活动;宏观管理主要是以需求管理为核心,国家计划只是对市场动向的预测并适应市场自发的供求变动在宏观上发挥协调机能,以补充市场机制之不足,实现均衡的经济增长。

这两种意见之间,如果从一些具体措施和做法上会有很多共同的东西,因为都认为当前改革的中心环节是搞活微观,充分利用市场机制的作用,调动企业的积极性和创造性,因此,不少文章往往把两种不同的观点混淆或融合在一起,由此常常出现一些相互矛盾的设想。实践告诉我们,在理论上明确这二者的差别是重要的,它可以使讨论集中到关键问题上,有助于在规划重大改革措施和经济体制模式时统一认识。

上述两种观点的重大差别,其核心就在于商品关系在社会主义生产关系中究竟处于什么地位,它能发挥的实际作用究竟在哪里,其程度如何。总之,从本质上说,这是对社会主义经济的内部结构的理解的问题。

当前,为了总结、消化、巩固、完善经济体制改革所取得的巨大成就,推动改革继续健康地向前发展,保证经济循着社会主义方向更加稳定、持续和协调地运行,要求政治经济学提高对社会主义有计划商品经济的理论探讨的认识,不限于一般地指出它与资本主义商品经济在所有制、生产目的、运行方式、包罗范围的不同,也不是限于笼统地说明社会主义公有制经济与商品经济在运行机制方面不是对立的,是可以结合的,而是要科学地说明在极不相同的生产方式中都存在着的商品经济,是怎样与社会主义经济有机地结合在一起的,也就是说需要精确地指明商品关系在社会主义生产关系这个大系统中的真实地位和实际作用。

马克思总是强调政治经济学是一门精确的科学。提到科学的精确性,人们往往就想到量的考察或制定数学模型,实际上,从经济体制改革需要来说,要求于政治经济学的,首要的还是质的规定的精确。精确的理论可能对实践有更大的指导作用。

这里所说的社会主义经济是指全民所有制经济,这不仅因为全民所有制经济在我国是占主导地位的经济形式,决定我国社会主义的基本面貌,而且因为弄清它可以为考察不同经济形式之间的商品关系及其特点提供一个更坚实的科学基础。

二、商品关系在资本主义经济结构中是表层关系

为了说明商品经济与社会主义公有制经济的关系,有必要先对商品关系一般与特殊生产方式的基本关系作一下简略考察,这可以给我们提供思考问题的观点和方法。

一定的社会生产关系体系,一般都包括两个方面,即横的网络联系和纵的层次联系。对揭示一种经济制度的内在基本结构来说,层次联系的考察具有首要的意义。

一个社会生产关系系统,从大的方面看,在层次上可划分为表层关系、中间层关系和最深层的本质关系。商品生产本身也是一个生产关系体系,它在一个特殊的社会的生产关系体系的层次中处于怎样的地位呢?

商品生产和商品流通存在于各个极不相同的生产方式中,由此表明它有两个特点:1. 作为商品关系一般,它有自己独立的质的规定性,这可简单概括如下:处于统一的社会分工体系中的人们,是通过产品的交换,即通过物与物交换这种方式来彼此互换自己的劳动,满足各自的需要,在商品关系体系中起作用的基本规律就是价值由劳动时间决定的规律。2. 商品关系一般是一个抽象,它从来没有脱离某种特殊的生产关系而独立存在过,它总是与不同的生产方式有机地结合在一起,形成统一的特殊的社会生产关系体系。

关于第 1 点是比较清楚的,对我们当前的研究来说,重要的是对第 2 点做出正确的解释。商品关系一般与一定的特殊生产方式,不是互相独立并机械地结合着,而是水乳交融般有机地联系在一起的,所以,它不能像一辆载重汽车那样,可以被现成地拿来运载这一种或另一种特定的生产方式,为后者使用和服务。商品经济本身既然也是一个生产关系体系,那么它要能与某种特定的生产方式融合在一起,适应后者的要求,就必须采取能与后者的内容统一起来的具体形式。政治经济学理论的任务在于弄清商品关系一般与特定的生产方式这二者之间的区别和联系,精确地阐明商品关系经过怎样的具体形式变化,从适应一种特殊生产方式到适应另一种特殊生产方式的要求,精确地阐明它们是怎样有机地结合在一起的。不做到这一点,我们就既不能理解特种的商品关系本身,也不能理解它活动于其中的那种特殊的生产方式,也就是说,不能对这种特殊生产关系的整体有真正的理解。

商品关系一般所表现的仅仅是彼此独立的平等的买者和卖者、彼此独立的生产者之间的关系。至于买者和卖者、独立的生产者是些什么性质的经营主体和经济实体,它们又有怎样的特殊经济利益要求,一般商品关系本身并不回答这个问题。经营主体都是一定的特殊生产关系的承担者,是具有特殊内容的经济利益和当事人,随着生产关系的改变,生产当事人也改变了,要求的经济利益的内容也随之改变,商品交换关系则必须使自己适应这种特殊经济利益的要求,为实现这种利益服务。

例如,在小商品经济中,由于经营主体本身是私有者,又是直接生产者,劳动和所有权是直接结合着的,因此,交换的依据只能是他们凝结在产品中的社会劳动时间,等价交换就是这里交换的客观规律。他们生产价值,按价值交换,从而也按创造的价值分配。在资本主义生产关系中,情况就不同了,在这里,经营主体改变了,资本家成为实际的商品生产者和经营者,因而交换者要求的经济利益的内容也必然发生变化,资本家不是要求从交换中取回本企业生产的价值,他要求从社会剩余价值总量中,取得与他的资本量成比例的一份,--定资本在一定时间内生产的商品的总价格必须满足这种要求。

显然,等价交换原则,与资本家这种特殊利益要求发生了矛盾,甚至可以说是格格不入的。在这里,虽然从价值形成过程本身看,价值由劳动时间决定的规律本身不会发生变化,但是,从交换过程看,商品交换的原则却必须改变。适应特殊利益的要求,交换不再能按价值进行,而必须改变为按生产价格进行。

从这里我们可以得出如下结论:1. 商品关系一般,虽然有自己独立的质的规定性,但它必须随着特殊生产方式的改变而改变自己的具体形式。例如,是等价交换的商品关系,还是不按价值交换而按生产价格交换的商品关系,不能把等价交换关系与商品关系简单地直接等同。这一点往往被人们所忽视,这是造成某些人把商品关系与资本主义关系混淆起来的一个重要原因。2. 商品关系的变化和发展,不是由其本身的规律决定的,而是由它在其中活动的特殊生产关系决定的。只理解商品关系一般,不可能理解资本主义生产方式,而只有理解了资本主义生产方式,才能理解存在于资本主义制度中的商品关系及其变化和发展。正是资本主义关系改造了商品关系,把等价交换关系改造为等生产价格交换关系,只有经过这种改造,商品关系才能与资本主义关系有机结合起来,共同构成统一的生产关系系统。3. 对资本主义生产来说,商品关系只是一种表面过程。商品交换过程,只是资本主义深刻的本质关系的表面现象。从层次联系方面来说,资本主义制度最深层的本质关系是剩余价值的生产,中间层次的关系是同等资本获取同等利润,而商品关系则属于最表层的关系,从这个意义上说,商品关系只是一种形式,其实质内容则是另外的本质上根本不同的关系。资本家与工人之间劳动力买卖关系,显然只是一种表面过程,深层的本质关系是资本家无偿占有工人的剩余劳动创造的剩余价值。"资本家和工人之间的交换关系,仅仅成为属于流通过程的一种表面现象……劳动力的不断买卖是形式,其内容则是,资本家用他总是不付等物价而占有的别人的已经物化的劳动的一部分,来不断再换取更大量的别人的活劳动。"①不仅资本家与工人之间的商品交换只是一种表面现象,而且这里的全部商品交换关系都是如此。"在现存的资本主义社会里,就其总体而言,商品生

---

① 《马克思恩格斯全集》第46卷上册,人民出版社1979年版,第640页。

产、流通等,都是一种表面的过程,而在这一过程背后,在深处进行的完全是不同的另一些过程。"①在深处进行的是生产、实现和在剥削集团之间重新分配剩余价值或利润的过程。马克思明确指出:商品交换制度"是以资本为基础,而且,如果把它同资本分开来考察,也就是说,象与在表面上所表现的那样,把它看作独立的制度,那么,它只是一种假象,不过这是必然的假象"。②

马克思这样精确地阐明了商品关系在资本主义关系体系中的真正地位、作用,由此,资本主义的内部结构才被揭露得清清楚楚。

正因为如此,虽然资本主义经济中商品关系占统治地位,马克思却不简单地把它概括为商品经济,因为商品关系只是一种表面过程,从经济属性上把资本主义规定为商品经济,丝毫无助于理解资本主义经济制度。马克思强调说:"资本主义生产的直接目的不是生产商品,而是生产剩余价值或利润。"③马克思在指明资本主义生产方式是一个商品生产占统治地位的生产方式这一特点时,总是立即指出,这一状况不是由于商品经济本身的力量造成的,而是由资本主义生产方式造成的。

上述观点显然丝毫不意味着马克思忽视了商品生产、价值规律在资本主义经济中的作用。如果根据说商品关系只是资本关系的"形式""表面过程",而认为这是忽视商品关系在资本主义中的作用,那是对"形式"概念的一种肤浅理解。

从以上的分析,我们得出一个考察商品经济与特殊生产方式之间关系的方法论启示。这就是,商品关系一般不是独立的生产方式,它不是独自发展的,它的发展和变化都是由占统治地位的生产方式决定的;它在一定的生产关系体系的层次中,只是一个表层,是一种表面过程,它必须适应特殊的生产关系决定的特殊生产目的改变自己的具体形式,以使能为这一生产目的的实现服务。我们应当运用这一观点和方法来探索社会主义制度中商品关系与社会主义所有制关系之间的关系。

三、商品关系在社会主义生产关系体系中的地位

马克思揭示资本主义生产关系的内在结构的方法告诉我们,为了确定商品关系在资本主义经济结构中的地位和作用,"需要弄清资本主义生产过程的全貌"。依据这一方法,为了能够精确确定社会主义关系中商品关系的地位和作用,首要

---

① 《马克思恩格斯全集》第46卷上册,人民出版社1979年版,第200页。
② 《马克思恩格斯全集》第46卷上册,人民出版社1979年版,第513页。
③ 《资本论》第三卷,人民出版社2004年版,第217页。

的前提也是要先弄清社会主义生产过程的全貌,也就是说,需要先揭示社会主义经济的最深刻的本质关系。把握了最深刻的本质关系,才有可能揭示商品关系是怎样与社会主义经济的本质关系结合在一起,共同组成一个社会关系的有机整体。

社会主义经济制度最深刻的本质关系是什么呢? 列宁曾把它简单地概括为生产资料公有制和按劳分配。马克思在《哥达纲领批判》里所概括的"等量劳动交换"关系,实际就体现了这种本质关系。它既体现了生产资料公有制的性质,又决定了个人消费品的分配关系,等量劳动获得等量报酬。等量劳动交换关系的上述特征是大家都清楚的,但是它的另一个重要方面,即,它与商品等价交换关系的区别,至今还没有引起人们足够的重视,常常把二者混淆或等同起来。从当前需要来说,彻底把这二者严格地区别开来,就具有重大的现实意义。正如区别价值形成过程和价值增殖过程是区别一般商品经济与资本主义经济的关键所在一样,区别商品等价交换关系与劳动者之间等量劳动交换关系这两种不同的关系,是区别商品关系与社会主义关系的关键所在,是阐明社会主义商品经济特点的关键问题之一。赵紫阳总理曾在《关于第七个五年计划的报告》中关于社会主义商品经济的特点的论述中特别指明了这一点。

公有制内部的等量劳动交换与商品等价交换的区别何在,又是怎样一种性质的区别呢?

为了说明这一点,首要的是弄清楚等量劳动交换中的"劳动"与等价交换中形成价值的"劳动"之间的本质区别。这两种"劳动"的区别可以简要地概括如下: 1. 质的规定不同。等价交换中形成价值的劳动是抽象的人类劳动,它不仅是产品生产上劳动耗费的计量尺度,它首先是私人劳动转化为社会劳动的唯一方式。等量劳动交换关系中的劳动,虽然也是社会一般劳动,但从本质上说,它不是私人劳动转化为社会劳动的唯一形式了,也不是产品生产上劳动耗费的尺度,它只是作为个人给予社会的劳动的计量尺度发挥作用。2. 量的规定不同。等价交换所依据的劳动量是社会必要的劳动时间,它的规定,包含生产资料要素的作用。如果个别生产者先使用了优良的生产资料,造成劳动生产力的提高,这时的劳动就被社会承认为高级的劳动或自乘的劳动。等量劳动交换中的劳动在量的规定上则不同,它把生产资料优劣对劳动生产力的影响这一因素排除在外,只要劳动水平和经营管理水平相等,不管由生产资料优劣引起了劳动生产力怎样的变化,都被承认为同等的劳动,从而依照这种劳动领取相同的报酬。3. 内涵不同。等价交换中的价值量包括产品生产上耗费的全部物化劳动和活劳动,而等量劳动交换关系所包括的劳动是扣除为各种社会基金所进行的劳动之后剩余的劳动部分,所以这种交换只涉及个人消费品的分配问题。4. 分配关系不同。商品等价交换决定着生产者之间按他们创造的价值来分配,等量劳动交换关系则不是根据创造的价值量来分配,而只是按个人或集体本身所提供的劳动量进行分配。

以上关于等量劳动交换与等价交换之间区别的论述表明,它们的区别是一种本质区别,反映着两种不同的经济关系。一是同所有制关系内部劳动者之间劳动交换关系;一是不同产品所有者之间的在物的形式上进行的劳动交换关系。现在的问题是,这一对互相矛盾的有本质区别的关系怎么能够在社会主义制度中结合在一起呢? 在资本主义制度下我们已经看到,商品等价交换关系与资本主义的平均利润关系之间矛盾的解决,是通过把商品按价值交换改造为按生产价格交换。在社会主义公有制下的等量劳动交换与商品等价交换之间的矛盾又是通过什么途径来解决从而结合在一起的呢?

首先我们会看到,这里的矛盾与资本主义制度下那对矛盾具有不同的性质。按价值交换虽然与按生产价格交换是矛盾,但生产价格毕竟只不过是价值的转化形式,总价值与总生产价格是相等的,因此,不论按哪一种价格交换,都能保证生产要素的补偿和资本积累的进行,不会损害生产和再生产过程,它影响的只是剩余价值在资本家之间的重新分配。社会主义制度中的商品等价交换关系与等量劳动交换关系之间的矛盾就不同了,实际上它们是属于不同领域的问题。如果只从生产和交换领域来说,为了使具有相对独立的全民企业能够通过交换,使生产资金得到补偿并不断增大,保证扩大再生产正常进行,当然要求它们之间的产品交换必须按价值(或生产价格)进行。从国家对企业的管理来说,也需要利用这种交换关系使企业的经济活动受到市场的经常的检查和监督,促使它们更好地使用公有的生产资料,努力提高经济效益,只有坚持等价交换原则,才能充分发挥商品经济和价值规律对生产和流通的积极作用。这正是我们提出大力发展社会主义商品经济的实质所在。

可是等量劳动交换关系中的劳动所涉及的,只是分配给个人用于消费的价值或产品部分,不包括补偿生产中的耗费和进行积累的用于生产过程的部分。在这里,总价值中的劳动量不会等于等量劳动交换中的总劳动量,因此,这一矛盾就不可能通过改变商品交换关系的具体形式来解决了。如果在企业之间的产品交换关系上取消或削弱等价(或等生产价格)原则,企图使交换过程直接实现等量劳动交换关系的要求,这是不可能的,那势必会破坏生产的发展。

这一矛盾将如何解决呢? 这里解决的途径是这样的:在交换过程中,贯彻等价原则,充分发挥它促进提高劳动生产力的作用,但同时阻断它伸入分配领域,即不让它像在私有制商品经济中那样直接决定人们的收入水平。在个人消费品分配上,国家通过行政的和经济的手段,无论在企业之间或者个人之间,贯彻等量劳动交换原则,具体办法就是企业生产的产品在按价值交换后,由生产条件优良带来的级差收入归全社会统一支配。

通过以上的考察,我们也就比较精确地阐明了商品经济与社会主义这一特殊生产方式之间的区别和联系,据此,我们也可以比较精确地规定商品关系在社会主义生产关系体系中的地位了。商品关系地位的确定在理论上实践上都有重要的意义。

譬如,对资本主义商品经济的认识,当我们只是描述了它是私有制的、无所不包的、无政府状态的、目的是为了利润的等这些重大特征时,并不表明我们已经全面深刻地理解了它的特点。只有当马克思阐明了价值到生产价格的转化,解决了等价交换与获取平均利润的矛盾时,我们才能说真正把握了资本主义商品交换关系的特殊内容,弄清楚了它是怎样与资本主义关系有机地结合在一起的,从而揭示出资本主义经济制度的内部结构。同样,对社会主义商品经济的认识也是这样。当我们还只是从所有制不同、目的不同、运行方式和包围范围不同等方面来阐述社会主义商品经济的特点和它与资本主义商品经济的区别时,也同样是不够的,根据马克思的研究方法,只有当我们阐明了商品等价交换与等量劳动交换的区别和联系时,才可以说我们更深刻地把握了社会主义商品经济的特点和社会主义经济制度的内部结构,才能为我们利用商品关系提供理论基础。

关于商品经济在社会主义生产关系体系中的地位,可以具体说明如下。

1. 在社会主义全民所有制内部关系中,商品关系同样不是一种"独立的制度",它在社会主义经济中同样是处于表层的地位,因此它不是自我独立发展,它的存在、特点和作用范围以及发展趋势,都是直接由社会主义深刻的本质关系决定的,这是不依人们的主观意志为转移的客观规律性。当前的经济体制改革针对过去计划管理体制中存在的弊病,突出强调商品经济和市场机制的作用是完全必要的、正确的,过去我们已为没有认识到这一点付出了不小的代价,但是,不能因此而模糊它与社会主义经济之间的基本关系和它的实际地位,不能认为现在是商品交换关系的要求决定着社会主义生产关系的发展方向,不应当把商品关系(由于现实中不存在抽象的商品经济,所以很容易把历史上存在的商品经济当作商品经济一般)的要求作为基本依据来规定社会主义的根本制度和人们之间实际利益关系。譬如,有人提出,为了适应商品经济发展的要求,应当把全民所有制改为集体所有制,或其他什么形式,这是把商品关系看作比社会主义所有制关系更为本质的关系,这就把实际关系弄颠倒了。所有制关系的产生、变化和发展,从规律性上说,只受生产力水平的制约,商品经济发展的程度则是直接由所有制关系决定的。譬如,我们适应生产力发展的要求,把一些原属全民所有制小型企业转为集体或个人所有,商品关系因之也就进一步发展起来。又譬如,有人说为了适应商品经济的要求,必须使企业生产的目的只能是本身的利益,只能是利润,而不能是满足需要。社会生产目的,包括企业生产目的,不是由商品经济存在不存在决定;正相反,商品关系必须适应它活动于其中的社会主义生产关系所决定的生产目的,这也是不依人们意志为转移的客观规律,是马克思主义考察经济制度的基本观点和方法。这些例子表明,不精确地规定商品关系在社会主义生产关系体系中的地位,就不利于正确规定经济体制改革的目标模式,也不利于社会主义精神文明的建设。

2. 商品等价交换关系由于只是社会主义本质关系的表层,所以它并不是直接把本质关系显示出来。商品交换的结果要通过国家作用这一中介的调节,才能实际地确定职工个人收入水平,使分配大体上与等量劳动交换关系相适应,不看到这一点就会在制定分配改革措施方面违背社会主义的实际利益关系。下面的事例清楚地显示了这一点。

某段时间少数企业试行了工资总额同企业经济效益挂钩的办法,从大方向上看,这当然是对的,但这一措施没有带来预期的效果,产生了新的矛盾,影响了很多企业的积极性,原因在于没有对这里所说的经济效益做明确的决定。如果效益是限于企业结合劳动主观努力所取得的成果,这完全符合社会主义的本质关系,使它们直接联系起来,必定会产生积极的结果。但企业经济效益一般是指创造的价值量和盈利程度,这就是与商品关系相联系的范畴了。把工资总额与这样的经济效益直接地而不是经过折算地挂钩,那就等于把商品等价交换关系看作是社会主义的本质关系,这就违背了等量劳动交换关系,它当然地被职工认为是不公正的,这就是矛盾产生的根源。

公正还是不公正,是由经济关系决定的一种权利关系。工资总额与以盈利程度为尺度的经济效益挂钩的分配办法所以在全民所有制内被认为是不公正,是因为影响效益的因素不完全是劳动水平和管理水平。影响经济效益的因素中,除去目前价格体系不合理这一偶然因素(通过改革可以消除)外,主要是由于企业的客观条件不一样,根据中国体制改革研究所对 27 个城市 429 家企业的调查可以清楚地看到这种情况。这些企业人均拥有固定资产的最大值与最小值竟相差 200倍,这就造成以下的结果:企业的劳动生产率不仅不能准确反映劳动者本身的劳动的质量和数量,而且与利润的变化基本无关,利润增长率在 -15% 以下的 56 个企业,劳动生产率平均增长到 10% 以上;利润增长率超过 120% 的 43 个企业,劳动生产率的平均增长率却是负值(参考《经济研究》第 11 期)。工资总额与这样的经济效益挂钩显然不是公正的分配。企业生产的客观条件是全民的财产,不是属于使用它的企业的,因此,由此获得的效益也当然地应当属于全社会。

不符合等量劳动交换规律的分配,成为导致企业之间不是在劳动上比赛,而是单纯在职工收入上进行不正常攀比的一个重要原因。如果这时的宏观管理薄弱,就会导致消费基金的过度膨胀,使分配关系陷于混乱。结果是,职工收入增加了,但不公正的因素却可能造成更大的不满情绪,劳动积极性反而可能降低。

3. 由以上两点还可以得出这样的结论:全民所有制内的商品交换关系的实际作用,是被社会利用来对国民经济和企业进行管理的一个重要的经济机制。这是我们提出在全民所有制经济内部企业间大力发展商品关系的实质所在。恩格斯曾经说过,"在决定生产问题时,上述对效用和劳动花费的衡量,正是政治经济学的价值概念在共产主义社会中所能余留的全部东西"。① 这一预言在全民所有制关系中已经具有萌芽状态,价值关系在这里的确已开始不再是决定交换双方本质关系的直接因素了,不把握社会主义商品关系这一重要特点,在经济工作中就可能带有一定盲目性。

同时也可以看出,揭示商品等价交换是属于表面过程,不等于说把它看作是社会主义的外在力量,更丝毫不意味着低估它对社会主义生产、流通的巨大的不可替代的作用,但把二者区别开来却有很大的现实意义,它使我们在考虑经济体制改革和一切工作中(包括经济工作、思想工作等),时刻把社会主义本质关系作为根本前提置于面前。这样就不会在充分发挥市场机制作用的同时迷失前进的大方向,同时又使我们在充分利用商品关系方面有更坚实的理论基础,保证经济工作沿着社会主义方向健康顺利地进行。高层次的深刻理论才能导致高水平的实践。

明确地弄清社会主义商品关系与私有制商品经济的本质区别,精确地规定商品关系在社会主义生产关系体系中的地位和作用,既是政治经济学中的一个重要理论问题,也是与当前经济体制改革密切相关的问题,还是有关建立社会主义精神文明是否存在坚实的经济基础的问题。这充分表明,从社会主义制度建立以来,商品关系的地位和命运总是成为讨论的中心之一,不是没有原因的。

---

① 《马克思恩格斯全集》第20卷,人民出版社1971年版,第335页。

商品关系是社会主义经济的表层关系

(一)深入探讨商品经济性质的重要意义

中共中央《关于经济体制改革的决定》提出了社会主义经济是有计划的商品经济,在这一思想指导下,否定了那种把计划经济与商品经济绝对对立起来的观念,肯定了二者的统一性。随着经济体制改革的深入发展,要求在理论上对商品经济作进一步地考察。"七·五"计划报告中指出改革的基本方向必须符合发展商品经济的要求,并且对社会主义商品经济的特点作了进一步论述,除了指出它是以公有制为基础的,是有计划有控制的之外,又增加了一条,即强调它是实行按劳分配原则的。这就给理论工作者提出了新的任务,要求对社会主义商品经济的特点有更精确的论证,以便进一步提高实际工作者的自觉性,减少大的失误,及时发现和解决工作中的问题。

至少有两个问题需要在理论上做深入的探索。

第一,前一阶段关于商品经济的理论讨论比较偏重在经济运行方面,着重讨论了调节机制问题。计划经济与商品经济、计划规律与价值规律、计划调节与市场调节的关系成为争论的重点。这些讨论是极重要的,取得了很大成果,在许多方面统一了人们的思想。但是在经济关系本质这一理论层次上的探讨,还没有引起足够的重视。比如,社会主义经济与商品经济究竟是一种什么关系? 如果还只限于说商品经济不是社会主义的异己力量,而是它的组成部分,就是不够的了,改革实践要求进一步精确说明,二者是怎样结合在一起并构成一个统一的生产关系体系的。例如,当我们说资本主义与商品经济的关系,只说它们是结合在一起的时候,这只是经验式的表述,它还不能使我们对资本主义商品经济有深刻的了解,只有当揭示了资本主义是怎样改变商品交换关系的内容,使它与资本主义关系有机地结合在一起,组成统一的生产关系体系时,才算真正把握了资本主义商品经济的特征。同样,我们对社会主义与商品经济之间关系的理论探讨,也不能长久停留在指出二者不是对立的,商品关系是社会主义生产关系的组成部分这种一般说明上,而必须阐明商品经济怎样构成了社会主义经济结构的组成部分,只有做到这一点,才能说我们对社会主义商品经济的特征有了真正的理解。只有被我们理解了的东西,我们才能自觉地把它管理好,这是不言而喻的。

第二,既然明确提出了改革的基本方向必须符合发展商品经济的要求,这就更加迫切地要求理论上精确地阐明社会主义商品经济的特征。因为这里所说的符合发展商品经济的要求,不是指抽象商品经济一般,而是社会主义商品经济,在这种情况下,如果现在还只一般地说改革要符合商品经济的要求就不够了,而应考察这种符合是在经济运行的调节机制范围内,还是也包括本质关系方面。总之,改革的深入对理论提出了新要求,这需要我们对商品经济进一步作深层次的考察。

(二)社会主义经济中的商品关系是本质关系还是表层关系

有一种看法认为,商品关系是社会主义经济中的本质关系,或主要经济关系,把这种认识作为根本出发点,主张在调节机制上应该是市场调节为主,市场调节是基础性调节,计划调节是协调性调节,只是弥补市场调节之不足。在这一认识基础上,他们提出指导经济体制改革的原则应以商品经济的原则为主。就看法的推论本身来说,是合乎逻辑的,问题在于它的根本出发点是否正确。

推论的根本出发点是"社会主义经济是商品经济"这一论断,现在我们来考察这一论断的科学性如何,或者说,在什么意义上可以把社会主义经济叫作商品经济。

这里首先引起我们疑问的是,商品经济是许多不同生产方式所共有的经济现象,而社会主义是与以往所有生产方式有本质区别的特殊生产方式,把具有极特殊规定的社会主义经济直接定义为各社会共有的一个一般现象,这显然不可能使我们理解社会主义经济的本质。正如我们说金子是黄色的,不能使我们了解金子本身一样,商品经济只不过是社会主义经济的一种表面特征。

为了说明这个问题,这里首先举资本主义社会的例子。资本主义生产方式的一个重要特征,是商品生产成为占统治地位的生产形式。正因为如此,一些资产阶级经济学者们对之停留在表面的观察上,把资本主义生产当事人之间的关系,归结为是商品流通所产生的简单关系,而否定资本主义所特有的矛盾。正是针对他们把资本主义关系与商品关系混淆起来的谬误,马克思才说了如下一段话:"商品生产和商品流通是极不相同的生产方式都具有的现象,尽管它们在范围和作用方面各不相同。因此,只知道这些生产方式所共有的抽象的商品流通的范畴,还是根本不能了解这些生产方式的不同特征,也不能对这些生产方式作出判断。"①

---

① 《资本论》第一卷,人民出版社 2004 年版,第 136 页。

马克思之所以在考察资本主义生产方式时,先把商品关系抽出来单独考察,其原因之一,就是为了避免把资本主义关系与商品关系一般混同起来,只看到表面呈现的令人目眩的广泛的商品关系,而忽视在它掩盖下的资本主义特殊关系。

马克思不仅揭开了在商品关系掩盖下的资本主义关系的本质,而且具体阐明了商品关系在资本主义关系体系中的确切地位。

1. 商品关系只是资本主义关系的表层。马克思指出:"这种等价物的交换是存在的,不过,它仅仅是建立在不通过交换却又在交换假象的掩盖下来占有他人劳动这一基础上的生产的表层而已,这种交换制度是以资本为基础的,而且,如果把它同资本分开来考察,也就是说,像它在表面上所表现的那样,把它看作独立的制度,那么,这只是一种假象,不过这是必然的假象。"①

2. 商品关系不能简单地并入资本主义关系体系,而必须经过资本主义的改造,即按照资本获取平均利润的要求,把按价值交换改变为按生产价格交换。商品交换只有经过这样的变化,它才能为资本主义服务,才能成为资本主义生产关系体系中的有机组成部分。

以上所述,可以给我们考察商品关系与社会主义关系(暂限于全民所有制内部)之间的真正关系,以极其重要的方法论的启示。

首先,它给我们提出这样的问题:商品生产是资本主义占统治地位的生产形式,一切都表现为商品,尽管如此,尚且不能说商品关系是资本主义的本质关系或主要经济关系,那么怎么能把商品范围受到了限制的社会主义制度下的商品关系说成是本质关系和主要经济关系呢?

其次,既然在资本主义制度下得到最高发展程度的商品关系只是资本主义经济的表层关系,那么,对社会主义经济来说,不管它得到多么广泛的利用,它仍然只能是社会主义本质关系的表层。

此外,商品关系同样不能简单地并入社会主义生产关系体系,它必须按照社会主义的要求加以改造。只有经过改造,才能适应社会主义本质关系,并为发展本质关系服务,从而才有可能成为社会主义生产关系体系的有机组成部分。在社会主义经济中,商品交换改造的内容,就是使它有利于实现社会主义公有制关系和按劳分配原则。小私有者之间的商品关系是按价值交换和按价值分配。资本主义经济中的商品关系是按生产价格交换,按预付资本量分配剩余价值。社会主义经济中的商品关系,为了生产的利益,尽管在交换领域中必须坚持按价值或按生产价格交换,但当最后实现职工个人实际的经济利益的分配时,就既不能按价

---

① 《马克思恩格斯全集》第46卷上,人民出版社1979年版,第513页。

值分配,也不能按预付资金量分配,而是按劳分配。否则,商品关系就会与社会主义关系发生抵触,就不能成为社会主义生产关系体系的有机组成部分。

可见,是社会主义本质关系(公有制和按劳分配)决定着商品关系的存在及其面貌和发展,而不是商品关系本身成为社会主义的本质关系或主要经济关系。

因此,从本质关系来说,"社会主义经济是商品经济"的论断是缺乏科学根据的,不符合社会主义实际的,容易导致混淆社会主义与商品经济之间的本质区别。

(三)在什么意义上可以说社会主义经济是商品经济

是不是根本不能说"社会主义经济是商品经济"呢? 这不能绝对化。在我们明确了商品关系只是社会主义本质关系的表层现象的前提下,为了突出强调社会主义经济必须利用商品货币关系和市场机制时,这种说法也是可以的。正如明确了交换价值只不过是价值的表现形式的前提下,为了方便可以把价值和交换价值互相通用一样。但是,如果把交换价值看作是事物的本质,那就必须明确地加以反对。同样,对"社会主义经济是商品经济"的说法也应一样对待。

实际上,在社会主义制度下,商品关系(全民内部)是被当作一种经济运作机制被利用来为发展社会主义经济服务的。下面就谈谈调节机制的问题。近几年来,关于计划经济与商品经济关系的讨论,实际上是在这个层次上进行的。

如果把社会主义公有制看作是社会主义最深刻的本质关系,自然就会认为应该以计划调节为主。计划调节,包括指令性计划和指导性计划,是公有制实现自己的必然形式,问题只在于客观条件允许哪些方面必须有计划地安排,哪些现在还不可能,只能创造条件逐步去做到。

在这个问题上目前所以还存在着很大的争论,我认为首先是由于对我国经济发展全过程的经验教训全面总结不够。在经济体制改革初期,针对过去旧体制的弊端,特别强调利用市场机制的重要性,这是完全必要的;近几年由于在强调放活微观的同时,放松了宏观的管理和控制,又发生了资金分散、投资失控和方向混乱的现象,这使人们有了更全面的认识,提出放活微观是改革,加强和完善宏观管理也是改革,微观放活的程度应当与宏观控制的程度相适应,否则就会一放就乱,这一点现在大家的认识基本上一致了。

其次是由于没有区别开影响全局的战略性比例和适应市场需求的日常生产中的具体比例。前者包括社会总需求与社会总供给的平衡、积累与消费的比例,积累中生产性积累与非生产性积累的比例,基础设施、基础工业与一般加工工业之间的比例等;后者包括再生产过程中日常生产的具体比例,例如一般加工工业之间的比例,消费品结构与市场需求结构之间的比例等。

这两种比例中,前者显然属于基础性的影响全局的比例,可是这些比例在当前社会化大生产已高度发展的条件下,有些已不是市场机制可以调节的,如总需求与总供给的平衡;有的根本不属于市场调节的范围,如积累与消费的比例,这个比例在社会主义制度下只能通过有计划地安排来调节;至于像基础设施和基础工业与一般加工工业之间的比例,虽然可以通过市场机制的调节来实现,但那样就等于重新走一遍资本主义走过的老路,经过漫长的首先从轻工业开始进行建设的路子,在当前的形势下,这样的时间我们是花不起的。计划调节则使我们有可能自觉地按照生产力本身的发展规律,把资金集中到最必要的重点建设上去,使整个国民经济协调地高效益、高速度地发展。

关于这一点,"六·五"计划的执行情况提供了很好的说明。"六·五"期间,由于国家财力过快削弱,资金过于分散,投资主体多元化,结果使我们原来安排的加强基础设施、基础工业的发展计划没有实现,物质生产部门的投资比例中,能源、交通、通信、原材料等工业不仅没有按计划规定的那样增大,反而缩减了,结果使我们本来就不合理的产业结构状况进一步恶化,这就必然影响整个国民经济的宏观经济效益。由于缺电、物资压站、压港和原材料缺乏,工厂设备闲置状况更加严重,每年为此损失工业产值数百亿元。

由于计划规定的重点建设缺少资金,影响了投资效益,1981 年,我国全民所有制单位基本建设的固定资产投资交付使用率为 86.6%,1984 年下降到 71.8%,1985 年进一步下降到 70%;同时,一般加工工业的投资大大膨胀,造成不少盲目建设,重复建设,这一切都使国民经济的整体效益进一步降低了。宏观比例失调,微观效益也难以提高,这不仅表现在没有完成"六·五"计划规定的降低产品成本的任务,反而成本中的物耗比重不断增加,产品质量连年下降,不易扭转。

这些事实都证明了,基础性的、战略性的比例只能实行计划调节,只有在客观上大的比例关系基本协调的前提下,放活微观,增强企业活力,才不会一放就乱;否则,不要宏观管理的"活",不仅达不到提高效益的目标,而且也不可能持久,因为现实会迫使国家不得不把一些本来可以放给企业的权力收回来,防止经济生活的进一步紊乱。

(四)经济体制改革的主要理论根据是什么

既然社会主义的本质关系和计划调节是基础性的调节都明确了,那么,经济体制改革所依据的主要原则也就清楚了,它不应是商品经济,而是社会主义本质关系和完善计划调节机制。

那么,商品经济和市场机制是不是不重要呢?绝对不是。马克思把商品关系看作是资本主义的表层关系,绝不意味着轻视它在资本主义经济中的作用。同样,社会主义经济也是那样,当前的问题是要弄清它重要在什么地方。不能一说重要,一旦强调它的作用,就非得把它说成是主要经济关系不可;我们强调发挥市场机制的作用,是为了充分发挥价值规律对生产的促进作用,充分重视在经济工作中贯彻物质利益原则,使人们的实际经济利益与他们的劳动贡献挂钩,以调动全体职工的积极性;但是,绝不是让它代替社会主义的本质关系。

关于这一点,可以举一个例子加以说明。某一段时间,一些企业试行了工资总额与企业经济效益挂钩的办法,这从方向上说,当然是对的。但却没有带来预期的效果,反而产生了新的矛盾,影响了很多企业的积极性。为什么呢?原因就在于这里的经济效益是指企业创造的价值和由此带来的盈利,如果完全按这个原则做,那就是按创造的价值来分配,这就等于把商品关系作为我们企业之间的本质关系了。而这却是不符合社会主义按劳分配原则的,因为在价值创造过程中,物质生产条件的优劣是起着作用的,可是社会主义制度中生产资料不是属于企业的,而是属于全民的,因此,由生产物质条件带来的好处,也应属于全民,在全民中间按劳分配,而不能只属于直接使用它的企业和职工。正因为如此,国家领导人提出停止扩大这种试验,这表明,经济体制改革所遵循的主要原则,应当是社会主义的本质关系,而商品关系只有在为实现本质关系服务时,才能发挥它应有的作用。

对公有制和商品经济兼容问题的思索

笔者认为,公有制和商品经济无论在深层的本质利益关系上还是在表层的经济运行关系上,都存在着矛盾,二者不可能天然一致。同时,公有制和商品经济的矛盾也并非不可克服,在一定条件下,商品经济可以成为公有制经济的有机组成部分,成为公有制的实现形式,正像商品经济的作用在资本主义社会受到资本主义私有制的改造一样,它在社会主义社会也要受到公有制的修正。商品经济和市场机制处于社会主义公有经济的表层地位,改革的目的在于更好地贯彻社会主义等劳交换的原则,促进社会生产力的发展,而这是社会主义公有制的本质要求。

一、问题的提出

经济改革的起步和发展以经济理论的突破和发展为基础,十一届三中全会带来的思想大解放也不可逆转地冲击传统经济思想。这样,20世纪70年代末、80年代初的中国经济理论界开始主要从批判"四人帮"的极左理论,逐步转向对传统计划经济模式本身缺陷的批判和认识,提出了计划经济和商品经济的兼容问题。对表层的进一步认识,必然触及对深层本质的再认识。原因也是显而易见的,不理解一个社会经济的内部结构,就不能深刻理解其表层的运行机制,看不清楚外部的经济运行如何反映和实现内部的经济本质。因此,计划经济和商品经济能否兼容的问题必然引发出公有制和商品经济能否兼容的问题。争论的结果得出了肯定的回答。在十二届三中全会做出的关于经济体制改革的决定中专门有一节《建立自觉运用价值规律的计划体制,发展社会主义商品经济》,其中写道:"改革计划体制,首先要突破把计划经济同商品经济对立起来的传统观念,明确认识社会主义计划经济必须自觉依据和运用价值规律,是在公有制基础上的有计划的商品经济。"①

---

① 《中共中央关于经济体制改革的决定》,人民出版社1984年出版,第17页。

在这一结论指导下,以城市为中心的经济体制改革从 1984 年起在全国全面展开。到 1987 年党的十三大,总结几年改革,进一步得出"社会主义经济是公有制基础上的有计划的商品经济。这是我们党对社会主义经济作出的科学概括,是对马克思主义的重大发展,是我国经济体制改革的基本理论依据。"①

一般说来,对这一概括,人们都是同意的,大部分人都认为,计划机制和市场机制、有计划按比例发展规律和价值规律、公有制和商品经济并不是截然对立的,它们可以兼容在同一经济体系之中。但对问题的理解却存在歧见,因为"公有制基础上的有计划的商品经济"这一论断本身,没有明确阐明商品经济在社会主义经济中的地位和作用。

十年改革取得了世人瞩目的成就,也带来了许多问题,有人认为中国改革较早地陷入了举步维艰的困境。1987 年、1988 年连续出现了物价大幅度上涨,人们的通货膨胀预期促成了 1988 年 8 月份的全国规模的抢购风潮。国民经济的宏观失控和倾斜发展,市场价格的扭曲,市场主体的苦乐,全民经商的困惑,官倒、私倒的作梗,都给中国经济蒙上了一层阴影。

这一切的一切,迫使人们对十年改革进行冷静的反思,促使人们把注意力再度引向社会主义公有制与商品经济能否兼容上。当然这并不是经济理论的不幸。

公有制和商品经济能否兼容一再被提出,表明它不是一个可以简单地做出结论的问题。简单地用现实经验去否定科学理论,或者简单地用理论去否定现实经验都不是科学的态度。用对现实经验的观察代替科学的理论分析去做出肯定或否定的回答不能令人信服,因此,不回避矛盾,只是问题的一个方面,另一方面则是具体分析矛盾,弄清矛盾的内在机理,然后,有的放矢,寻求解决矛盾的可行途径。这里尝试对社会主义公有制和商品经济进行矛盾分析,具体考察兼容和不兼容各自存在的合理条件,寻找从不兼容到兼容的可能轨迹。

二、等量劳动相交换和等价交换的矛盾

要分析社会主义经济问题,就必须先弄清社会主义生产过程的全貌,这主要是指弄清社会主义生产过程中人们之间经济关系的本质。也就是说,社会主义制度下,人与人之间的本质利益关系是什么? 人们往往用社会主义存在"不同经济利益"来说明社会主义商品经济有关问题,但却对这里的经济利益的具体内容不作分析。譬如说,资本主义企业主之间,也存在着不同的经济利益,问题在于把握这种利益的具体内容。

---

① 《中国共产党第十三次全国代表大会文件汇编》,人民出版社 1987 年出版,第 26 页。

资本主义企业主之间不同经济利益的具体内容是按投入的资本量分取剩余价值总量中的相应部分,弄清了这一点,才能理解平均利润率的形成和商品按相等价值交换到按相等生产价格交换的转化。为了理解公有制和商品经济之间的关系,也必须首先弄清不同企业之间要求的经济利益的具体内容,找到这个实质性的东西后,然后再进一步考察它与日常经验表现出来的商品交换关系是怎样联系在一起的,二者有无矛盾,如果有矛盾,本质利益关系又是怎样通过商品交换关系表现自己的。

公有制就本来意义讲,相当于我们所称的全民所有制。公有制的特点是生产资料属于全社会所有,人们在生产资料占有上完全平等,这种平等表现在没有人再通过占有生产资料而获得更多的私人利益,每个社会成员只能靠他对社会的贡献来领取符合其贡献的收入。每个人所能贡献给社会的只能是他的劳动,除了劳动之外,他不能再提供其他的东西,因此,在这样的社会里,人们只能凭劳动领取报酬和收入,同量劳动获得同量收入。这是劳动者之间的一种等量劳动互换的关系,一定形式的一定量劳动换取另一种形式的同量劳动。等量劳动互换关系就是社会主义公有制条件下人们之间的本质利益关系,是不同经济利益的具体内容,它是生产资料公有制的实现形式,只有在生产资料占有上完全平等的条件下才能产生的具体利益关系。

为了说明社会主义公有制和商品经济的关系,首先必须弄清楚公有制下的等量劳动互换与商品经济中的等价交换在经济利益关系上究竟是一种怎样的关系,二者能否兼容。

商品关系的一般规定是彼此独立的私人劳动对社会总劳动的关系,在这种关系中,"生产者把他们的产品当作商品,从而当作价值来对待,而且通过这种物的形式,把他们的私人劳动当作等同的人类劳动来互相发生关系"。① 在这里,生产者之间是独立的、平等的关系,交换双方是各自产品的所有者,只能靠让渡自己的产品才能占有别人的产品。而处于社会分工体系中的生产者的劳动不能直接成为社会劳动,必须通过市场上物与物的交换把私人劳动转化为社会劳动,产品交换的基础是劳动,包括生产产品时所花费的活劳动和物化劳动,凝结在商品中的劳动形成商品价值。商品经济的本质内容可以概括为:生产的直接目的是价值,按价值交换,从而也按价值分配。

从等量劳动交换和商品等价交换这两者体现的经济利益的角度考察,它们之间有没有本质差别呢? 二者是同一的,还是对立的呢?

① 《资本论》第一卷,人民出版社 2004 年版,第 97 页。

就价值不过是凝结在商品中的社会劳动来说，等价交换也是一种等量劳动交换。根据这一点，许多人把等价交换与社会主义的等量劳动互换直接等同起来，认为等价交换能够直接反映和实现社会主义的本质利益关系，声称贯彻等价交换原则就是贯彻按劳分配原则，也只有贯彻等价交换原则，才能真正贯彻按劳分配原则。这样就把商品经济直接与社会主义经济等同了起来，这种关于二者关系的认识是肤浅的，或者说是不正确的。关于社会主义商品经济内部结构理解上的混乱似乎都与这种混淆相联系，因此，弄清等价交换与等量劳动互换二者的区别，就成为科学地回答公有制与商品经济之间能否兼容这一问题的关键。

揭明等价交换与等量劳动互换之间的本质区别，关键点就是要弄清等价交换中体现为价值的"劳动"和等量劳动互换中的"劳动"的区别。通过分析，将表明它们是两种具有不同内涵的劳动，这可以从以下几个方面得到说明。

首先，从质的规定性上看，形成价值的"劳动"是抽象的一般人类劳动，这里的劳动不仅是价值计量的尺度，它首先是私人劳动转化为社会劳动的唯一可能的形式；价值是商品中耗费的社会劳动的物的形式，即物化、凝结于商品中的抽象劳动。公有制下的等量劳动互换中的"劳动"则是直接社会一般劳动，它不再是私人劳动转化为社会劳动的形式，从本质上说，劳动时间在这里只是计量贡献的尺度；它也不是个别的特殊的劳动，而是一般人类劳动，但这里的劳动不再是在物化的形式上来表现其社会性，而是在直接的形式上表现出来。

其次，从量的规定性上看，等价交换中的价值量决定于物化在商品中的社会必要劳动时间，这就是说，同质同量产品就代表同质同量的劳动。这种规定的关键就在于它承认由于生产条件优劣不同引起的劳动生产率的差别，由于生产条件优良而引起的高的劳动生产率就被承认为是高级劳动，从而，同样时间可以形成更多的价值；劳动生产率低的劳动则在同样的时间内只能形成较少的价值。在等量劳动互换关系中，劳动则只限于本人主观条件在产品生产上的作用，在评估和计量劳动者本人的劳动的质与量时，要剔除由生产条件优劣对劳动生产率带来的影响。如果劳动者本身在生产中付出的劳动是同质同量的，即使由于使用的生产资料的优劣不同，劳动生产率不同，从而带来不同量的产品和不同量的价值，在这里也仍认作是同量的劳动，对社会的贡献是同等的，这是因为生产资料是公有的，个人或小集团不能由于使用公有的生产资料而获取特殊经济利益。

再从劳动所包括的内容看，等价交换中的劳动是指产品生产上所花费的全部劳动，这些耗费需要通过交换得到补偿，包括转移部分和新创造的部分，即"C + V + m"，这是再生产得以顺利进行的必要条件。等量劳动互换中的劳动则不是指生产上的全部耗费，在生产上耗费的全部劳动中要扣除生产资料耗费部分，也要扣除归社会消费的部分(包括社会积累在内),余下的部分,才能在劳动者之间实行等量劳动的互换。这就是说,等量劳动互换所涉及的只是"V"的部分。

再从分配关系上看。交换方式的不同,决定着分配方式的不同。等价交换决定了要按生产者创造的价值进行分配;等量劳动互换则决定了直接影响个人消费品分配的,只是个人向社会提供的劳动,而不是依据物化在产品中的抽象劳动即价值来分配。

最后,从它们借以实现的形式上看。等价交换的实现形式是货币,因为货币是一般等价物,是价值的独立形式。等量劳动互换的实现形式则是劳动证书或劳动券,而不是货币。这是因为在社会与个人之间不存在个人向社会出卖商品的关系,从而也不会存在实现商品价值的一般等价物——货币;从劳动者之间的互换来说,由于这里用来互换的劳动是已作了各种扣除的剩余部分,所以在他们之间也不存在等价交换问题,因此,就科学含义来说,这里也不存在货币关系。有的人囿于表面的观察,看到人民币在现实经济交易中,起着计量尺度和流通手段的作用,每个社会成员的报酬都是采取了货币工资的形式,就把劳动证书的货币形式当作了真正意义上的货币,这不能不说是一种肤浅的认识,没有看到劳动收入的货币形式的劳动券实质。谁又能承认自己得到的工资中包含自己创造的价值的全部,同时也包括自己使用的生产资料的价值耗费呢?谁又能承认自己向社会出售什么商品从而获得了该商品价值的一般等价物呢?这是一个日常观念和科学概念之间的矛盾问题,二者之间出现不一致是正常合理的,但如果不是局限于表面观察,而是对事物进行本质的科学分析,就必须剥开表面,探索事物内在的本来面目。

从上面的分析中,我们就会理解为什么马克思、恩格斯一再说一旦生产资料公有制确立后,就不再存在商品货币关系。当然,马克思在这个问题上并没有真正展开论述,而主要是从直接社会性质上来说明,没有做更细致的分析。但他们的这一思想已经在《哥达纲领批判》中指了出来,在那里指出了公有制下的等量劳动互换与商品等价交换相比,无论在内容上还是在形式上都发生了质的变化。

应当指出,我们这里所说的一切,都是从本质和抽象的层次上考察的,我们要探寻的是事物发展的规律和趋势,并不否认现实世界中有反趋势的现象。

从上面的分析我们可以清楚地看到,如果不是囿于经济的表面过程,而是着眼于生产关系的深刻本质的话,社会主义全民所有制所要求的等量劳动互换关系与商品经济的等价交换关系显然是完全不同的。社会主义公有制下人与人之间的经济利益关系,按其本质来说,是非商品关系,是对商品货币关系的否定,当然也是对等价交换关系的否定,商品关系与私有制一起被否定了。所以,并不像有些人所说的,公有制下不存在商品货币关系只是马克思的主观设想,是旧传统观念,要加以突破。实际上,就公有制内部的本质利益关系来说,马克思这一科学推断今天恰恰被证明是完全正确的,而且正在从理论变为现实。社会主义的按劳分配原则确实不同于商品关系的等价交换原则。可见,就本质利益关系说,公有制和商品经济是不能兼容在一起的。从这个意义上说,认为社会主义的本质关系就是商品经济所要求的等价交换关系这一说法是不正确的。

当我们在处理社会主义制度中人与人的本质利益关系时,如果不实行等量劳动的互换,而是实行等价交换,不实行按劳分配而是实行按价值分配,就必然会破坏公有制关系,伤害绝大多数人的积极性,从而必然要受到客观经济规律的惩罚。

现实已经无情地向我们昭示了这一点。我们要求职工收入与企业经济效益挂钩,这本是天经地义的,可为什么总是做不到这一点呢？问题就在于我们没有严格区分生产资料的优劣和企业自身经营的好坏分别对经济效益的影响。企业的高效益可能来源于它所拥有的生产资料的技术水平较高,而不是厂长的经营艺术和职工的勤奋劳动,这种由于公有的生产资料的优良而带来的较高个人收入就造成了这样一种怪现象:效益好的企业中的消费基金膨胀,效益不好的企业中的消费基金也以同样的速度在膨胀。由于生产资料低劣而导致效益相对低下和个人收入减少的企业对增加消费基金的这种权利要求,也同样是正常的、合理的。因为职工评判工资收入的标准只能是劳动的质和量,由于企业职工都是生产资料的平等所有者,在这种关系中不允许任何个人和团体利用所使用的全民的生产资料享有特殊的经济利益,你认为效益差的企业中的职工收入的提高是不合理的,他同样认为你凭借生产资料的优良条件获得较高的收入也是不合理的,在公有制条件下,人们不允许按价值分配取代按劳分配。在这里,人们要求竞争机会的均等,只有在这种均等下,才可能谈得上公平的存在。

三、理论与现实的矛盾及其解决

以上,我们从社会主义的本质关系考察中,得出了社会主义公有制经济和商品经济之间存在对立和矛盾,二者不能兼容。然而现实则迫使人们承认商品关系在社会主义条件下的存在,重视它在社会主义经济中的作用。社会主义是有计划的商品经济这一论断就是人们对发展着的现实的一种确认。但是无论从理论上或从实践上来看,一些人对这一论断的内涵都还没有真正搞清楚,这主要表现在没有弄清商品经济在社会主义经济体系中的真正地位。因此,我们必须还要说明,在本质利益关系上不能兼的二者为什么会在现实上兼容在一起？商品经济的精确地位到底怎样？

大家知道,商品关系可以存在于许多不相同的生产方式中,原始公社末期的共同体中有其萌芽的存在;奴隶社会、封建社会的自然经济中也可看到商品关系的迹印;建立在社会化和机器大工业基础上的资本主义雇佣劳动的生产方式中,商品生产发展成为占统治地位的生产形式;已有 72 年历史的社会主义经济中(苏联),商品经济尽管屡遭磨难和压抑,它还是顽强地从未在经济中消失。

商品关系存在于极不相同的社会经济关系体系中,这就表明商品关系在一定特殊社会关系系统的层次联系中不能处于最深层的地位。我们可以把它的这一特征归纳为如下几个方面:

第一,它的存在与一定特殊生产方式的深层本质关系没有直接联系。在奴隶占有制和封建制度下存在商品经济,并不是由该制度特有的所有制形式所决定的。资本主义制度下的商品经济同样与所有制的资本主义性质没有直接联系,正如价值的形成只与抽象一般人类劳动有关而与劳动的雇佣性质无关一样。

第二,在一定的生产关系体系中,在生产关系系统的层次联系中,商品关系总是一种表面过程,是本质关系的表层。在资本主义制度下,商品平等等价交换关系是一种假象,是一种表面现象,其内容则是资本家用他总是不付等价物而占有的别人的已经物化的劳动的一部分,来不断再换取更大量的别人的活劳动。正如马克思所说:"在现存的资产阶级社会的总体上,商品表现为价格以及商品的流通等等,只是表面的过程,而在这一过程的背后,在深处,进行的完全是不同的另一些过程"。①

第三,商品关系不能现成地构成本质关系的表层,它还必须按照本质关系的要求加以改造。在资本主义社会,商品不是简单地当作商品来交换,而是当作资本的产品来交换,商品交换的内容已经改变了。资本要求等量资本获得等量利润,要求实现平均利润率,等价交换与之显然相矛盾;只有把按价值交换转变为按生产价格交换,商品关系才能构成资本关系的表层,成为它的有机组成部分。

第四,商品关系总是从属于某一种特殊的生产关系,其规模、作用范围和力度,以及其发展趋势都是由本质关系决定的。理解商品关系一般并不能理解特殊本质关系,如果把商品关系作为一种独立的经济制度来理解,就不可能理解商品关系与资本主义之间的真实关系。

上面是对商品关系与一定特殊生产关系体系之间的关系的一般考察。既然商品关系的存在与特殊生产方式的本质关系不是同一层次的东西,我们就不能因为在本质关系上公有制和商品经济不能兼容而简单地否定在表层关系上二者兼

---

① 《马克思恩格斯全集》46 卷(上),人民出版社 1979 年版,第 200 页。

容的可能性。这就为我们的分析选择拓宽了余地，这就要求我们不能简单地用前者否定后者或者用后者否定前者，而是应该继续做深入具体的分析。

我们首先来分析一下，在社会主义条件下，商品经济依然存在的依据在哪里？

商品经济一般说来它是彼此独立的私人劳动对社会总劳动的关系，这种私人劳动的社会性质只有借助于把产品作为商品在市场上交换才能实现，至于这个"独立的私人劳动"是小商品生产者，还是资本家，是与问题无关的。因此，商品关系就其一般含义来说，它的本质内容是由社会分工结合在一起的各分散独立的生产者之间的关系，它反映单个生产者对全部生产者总体的关系。

我们这里要考察的是全民所有制范围内的商品关系。根据前面所述，为说明其存在的原因，无须涉及全民所有制的本质关系，因为商品关系只是涉及全民所有制的表面过程。

现实的发展表明，人们不可能在消灭私有制后，像马克思所设想的那样，立即组织在一个自由人联合体里。由于在社会主义阶段，旧的社会分工依然存在，企业，作为一种资本主义社会遗留下来的生产组织形式，仍然需要被利用来为发展社会主义生产服务，就是说，生产还需要以企业为单位来独立进行。因为生产力还没有达到全社会的生产由统一的控制中心加以直接操纵和管理的完全自动化的水平，劳动者的劳动也不是人们生活的第一需要，而仍然只是人们谋生的手段，这就要求以企业为代表的局部职工的物质利益上的差别必须得到承认。

企业作为一个独立的生产和经营单位的存在，使得社会与个人的关系具体化和复杂化了。

企业是一个有机的整体，企业内部工作者的协作创造了一种新的生产力，生产的效果不仅决定于各个劳动者本身的劳动的质和量，还决定于作为一个企业整体的工作水平。在这种情况下，由社会主义劳动的性质决定的等量劳动交换，要求以企业集体为单位来进行，也就是以企业集体的结合劳动总量来互相比较。这种结合劳动的质与量，在现阶段还只能通过它的产品的数量和质量来衡量，企业之间也只能在产品上看到其他企业的结合劳动的质和量，在这种条件下，生产不同产品的企业之间的劳动交换，便只能通过产品的交换进行了，也就是通过物与物的交换来进行劳动的互换，同量的相同的产品就代表同量的劳动，不同形式的有用劳动，通过产品的交换还原为抽象的一般人类劳动的支出而加以比较、相等。这里存在着商品价值关系。

这种商品价值关系，不仅是为计量企业的结合劳动从而为实现社会主义的等量劳动互换提供依据，而且也是为了使独立核算的企业能够通过交换补偿其劳动和资金的耗费，保证再生产的正常进行，并使企业不断提高劳动生产率。

因此,社会主义之所以存在商品关系,就在于还存在这样的经济条件,即存在"彼此独立的私人劳动",在这里,生产是分散独立进行的,又有在交换中实现个人利益的特殊要求,这就需要通过商品交换的形式,使劳动得到核算和计量。

从上面的分析,我们又可以看到,商品经济在社会主义条件下仍然有其存在的现实土壤,不管如何对其加以压抑,都不能人为地强制地取消它,在社会主义经济关系的表层上,它和社会主义经济融合在一起,共同构成社会主义的有机体。

我们知道,本质和现象的关系是极其复杂微妙的。要想真正弄清社会主义商品经济的全貌,只理解其本质的内部结构还是不够的,还需要弄清表层关系如何在现实中把本质关系表现出来。我们的结论是,商品关系以其自然必然性成为等量劳动互换的社会主义本质关系的实现形式。下面试探其实现的具体轨迹。

资本主义生产关系与等价交换的商品关系的矛盾,是用把后者变为按生产价格进行交换的办法得到解决的,在交换过程中,实现了资本主义生产关系的等量资本获得等量利润的要求。社会主义的本质关系与商品等价交换关系的矛盾却不能像资本主义那样,通过使交换过程直接适应自己的要求来解决。因为社会主义是建立在公有制基础上的,体现人们之间本质利益关系的等量劳动互换,其内容不包括生产上的物质消耗部分,无论按什么原则进行的商品交换过程都不可能同时实现等量劳动互换关系,不能实现按劳分配关系,它必须经过一个特殊的中介环节。

企业既然作为一个独立的生产单位,社会(现在是以国家为代表)与个人的单纯关系,也就分裂为两个过程。作为一般的商品生产者,企业要求按照等价的原则交换商品,取得利润,同时,这也是对企业的生产状况进行经常考核和监督的唯一可行的形式;通过市场上的商品交换过程,让各个企业在这一市场的交换过程中互相评判各种商品的劳动耗费和同一类商品的社会必要劳动耗费,以及它们是否是社会所必需的劳动。

然而上述交换过程的结束,并没有解决我们提出的矛盾,因此还需要进入第二个过程。这时,国家的收入分配政策这一中介开始发挥功能,因为生产资料社会主义公有制和按劳分配决定了企业劳动者除了个人劳动收入外不能再享有其他的利益,企业不能把利润直接作为自己的经济利益;因为这里有属于全民的生产资料的作用包含在内,社会(国家)必须通过某种方式把企业由于生产资料优良而获得的超额价值即级差收益提取出来,在全社会范围内加以分配和使用,满足全社会成员的需要。通过这一调节过程,就实现了商品等价交换关系向等量劳动互换关系的转化,在全社会范围内贯彻按劳分配原则。这后一过程虽然在形式上包括在统一的商品交换过程之中,但实质上显然已不再属于商品交换过程了。这后一过程也正是所有社会主义国家都在努力做的,都在寻找简便易行的最佳方式来实现的,虽然这一过程的具体操作会因时而异,但这一过程还是不能缺少的,这是由社会主义本质关系与表层关系的矛盾所决定的。在社会主义商品经济条件下,这一工作完成得好坏,直接关系到等量劳动互换原则在现实中的实现程度。现在出现的比较严重的分配不公平,从全民所有制内部来说,一个重要方面就是这第二个过程的宏观失控。

以上的分析表明,商品等价交换关系与社会主义本质利益关系的对立性和它在社会主义经济中存在的必然性这一矛盾现象,经过国家调节这一中介得到了解决,从而社会主义生产关系与商品关系是否兼容的问题也就得到了科学的解决。

上面我们是从本质利益关系层次上分析商品经济与公有制的兼容,下面再从运行层次上谈这个问题。

四、计划与市场的兼容

理解一个社会的内部结构,是理解运行的基本前提,运行机制就是这个结构的各个组成要素及其相互联系和联系中的运动规律,如何通过不断地运行来维持和发展结构。

社会主义下的经济运行问题主要是计划机制和市场机制的关系。这实际上是等量劳动互换和等价交换这一对本质关系在运行层次上的表现,是本质关系的具体实现。

我们首先从一般抽象理论上说明计划和市场之间的关系,然后再从社会主义商品经济的运行结构上说明二者的兼容。

任何一个社会为要维持自身的存在,都必须把社会劳动、生产要素按比例分配于不同的生产领域,以便生产出满足人们各种需要的产品;任何一个社会为使自己得到不断的进步,都必须实行时间的节约,以便以同样的劳动耗费生产出日益增多的产品,推动社会经济的不断发展,所以,时间节约和按比例分配劳动是人类社会存在和发展的共同规律。这一共同规律在不同的社会经济条件下,有着不同的实现形式,但基本上有两种:一种是直接对劳动时间进行自觉的有意识的安排,一种是迂回地通过市场机制来实现。时间节约和按比例分配社会劳动规律是生产的自然规律,与社会经济形态的具体形式无关;有计划发展规律和价值规律则是生产一般规律在不同形态下采取的具体形式,它们也同样是客观规律,但不是生产的自然规律,而是经济规律。两个规律所反映的客观内容是相同的,所不同的只是同一内容所表现的形式。实现这两个经济规律的机制是计划机制和市场机制。既然等量劳动交换关系从全社会范围来说还只能通过商品的等价交换实现自己,这两个机制就有可能不存在对抗性的矛盾,而有可能兼容在一起。但这也绝不是说二者之间不存在矛盾,只是矛盾的性质不同于在本质利益关系上所表现的那样。在那里之所以存在根本对立,是因为等量劳动互换和等价交换所要求的物质利益的内容根本不同;而在这里,两种机制要达到的目的,所要实现的内容则是一样的,不同的只是形式。

既然社会主义公有制和商品经济之间对立的利益关系能够通过商品关系(社会中介)来实现,那么社会主义商品经济的存在也就成了必然,计划机制和市场机制也就必然同时发挥作用。

计划机制与市场机制在具体发挥作用时,会不会发生矛盾?如果有矛盾,又是通过怎样的方式来解决呢?

计划机制是实现有计划发展规律的经济机制。马克思针对资本主义私有制与生产社会化这一基本矛盾必然带来的弊病——生产无政府和生产无限扩大趋势与劳动者消费水平相对低下所导致的周期性生产过剩危机,提出把生产资料转归全社会集体占有,对社会生产实行自觉的计划管理。社会主义公有制赋予国家一个重要职能,就是代表全社会管理全部生产资料,管理企业全体,推动各个企业的经济活动围绕着一个共同目的而按比例地发展。国家的管理主要表现在计划管理上,制定整体发展目标和计划,并组织实施,这是实现有计划发展规律要求的最基本的机制。

市场机制是价值规律发生作用的机制。价值由社会必要劳动时间决定的规律是通过市场上多角的竞争确立起来的,这种多角的竞争是在两个不同的范围里进行的:一个是生产同种商品范围内的竞争,它使生产者的个别劳动耗费平均化为社会必要劳动耗费,竞争迫使他们按同一市场价格出让自己的产品;另一个是不同种商品范围的竞争,即部门间的竞争,它使市场价格平均化为市场价值,即在不同种商品之间建立起符合它们的抽象的社会必要劳动时间的比价关系。前一竞争起着促进节约劳动时间的作用,后一竞争则起着在不同生产部门分配社会劳动的作用,两种范围的平均化过程,都是通过价格的波动完成的。促使商品价格波动的直接原因是商品的供求关系。市场机制发挥作用的要素就是供求变动、价格波动、竞争。

在市场机制作用下,每个商品生产者都以企图在商品交换过程中获得最大利益为目的。由于每个生产者生产的产品只有符合其他生产者的需要,同时又是社会平均的劳动耗费,才能实现其价值,获得相应的利益,为了私人利益,生产者自然要关注市场,尽量节约各种生产要素,合理加以利用。计划机制作用的目的之一也是如此。国家制订和组织实施计划,是为了能够掌握生产力发展规律,从而最大限度地节约时间,促进生产力的发展。市场机制的另一作用就是调节生产资源在各部门之间的分配,通过竞争驱使在各部门间流动,最终使各部门的利润率大体相等,达到资源的优化配置。当然,这只是作为一种趋势存在。计划机制是为实现按比例发展规律服务的,它的目标当然是资源在社会主义经济各部门之间达到优化配置,使各部门协调发展。可见,计划机制和市场机制在功能上有一致的方面,然而二者的矛盾也很突出,这主要是由市场机制的界限决定的。

市场机制对关系全局性、长远利益性资源的合理配置难以发挥作用。如果说不是绝对不可以的话,那也正如资本主义发展过程那样,需要一个漫长的过程。在现代生产力这样迅速发展,国际竞争空前激烈的时期,企图依靠市场机制来实现重大资源的合理配置,无异于自取灭亡。人类文明发展到今天,人们对生产力的发展规律有了更为深刻的认识,有可能自觉地按照生产规律分配资源,放弃这种努力而迷信于市场机制的自发调节,难说是科学的态度。考察一下日本和其他一些新兴工业化国家的发展史,是不无益处的。在那里,国家对经济的强有力干预起了至关重要的作用,市场机制的作用主要是短期的,因为市场主体所关心的不可能是全国范围的长远利益,其重点很自然地在利润的赚取上,并且追求获利周期的最短化。就我国当前的情况看,与这种机制相吻合的恰好是那些价高利大的一般加工工业,而不是经济发展迫切需要的那些投资多、见效慢、周转期长的基础设施和基础工业。计划机制则不然。制订和组织实施计划的主体是国家,国家作为全社会的管理中心和全体人民利益的总代表,其短期行为受到了强大的约束,它能够也应该使其行为长期化,因此,在计划机制导向的资源配置中,比较容易避免产业的轻型化发展,使国民经济在强大物质基础上协调运行,而不至于出现众多的瓶颈产业,拖经济发展的后腿。

市场机制还易造成经济运转的不稳定性。例如一些重要产品,生产周期长,而需求弹性却很小,这种产品即使其价格猛涨也不可能立即把足够的商品提供到市场上来,同时,需求也不会因价格的上涨而相应地明显缩小;如果发生相反的情况,其价格大幅度下跌,需求也不会因之增加多少,而供给也不能做出立即缩小的反应,这类产品只要稍微出现供大于求或供不应求的情况,就会导致该商品价格的急剧下跌或上涨,造成市场的激烈动荡。农产品就属于这一类产品,市场机制在这里也与计划机制发生冲突,二者作用的方向发生偏差。在计划机制下,有计划地严格调控这类产品的生产,调节供给适应需求,目的是谨防其冲击市场。许多发达资本主义国家认识到农产品这类产品市场的特点,都对农业的发展采取了一定市场组织、限制生产、财政补贴或价格干预等措施,从宏观上加以管理或控制,缩小市场供给及价格波动的幅度,以保证农民收入和生产的稳定性。我们在

1984 年获得农业丰收后,由于没有认识到市场机制会引起的价格波动,采取了与支持相反的措施,促成了以后连续几年的农业生产滑坡,这表明,市场机制在这里不能自动地去实现计划的要求,且会违背计划的初衷。

就一般加工工业的发展来看,计划机制和市场机制的作用是否完全一致呢?实际上也不尽然。在这里,市场自发调节作用往往表现出滞后性,在这些产品生产上,往往出现另一个极端,只有市场上出现了过度的供求不平衡时,才会在价格上得到反映,然后方才影响到企业生产方向的调整,可这时生产资源已经发生了很大的浪费。这在有计划的商品经济中,显然也违背了计划经济的原意。

市场机制和计划机制的不一致,还表现在一些市场机制不起调节作用、但对社会经济的发展又是非常重要的领域。例如,保持生态平衡、消除环境污染等,这些都是涉及整个社会利益和人类长远利益的事情,单个企业在市场机制的支配下不可能考虑这一类问题;计划则不然,在安排国民经济重点发展项目,制订国民经济和社会发展计划时,必须把这一类问题考虑在内。市场机制在这里不能配合计划机制达到计划所规定的经济和社会发展目标,它可能起着相反的作用。

从上面的分析,我们可以看出,从经济运行的层次上考察,计划机制和市场机制之间尽管存在矛盾,但并非完全对立,二者所要实现的目标,即再生产过程的正常进行,是一致的,从而在一定条件下,二者可以兼容在一起。那么二者的兼容方式和相互地位如何呢?

在社会主义阶段,全民所有制存在双重形式——国家所有制和具有相对独立性的企业,这决定了社会主义经济运行主体的双重化,即国家和企业。社会主义国家是经济运行的积极因素,而且是总体经济运行的出发点,在社会主义商品经济中,计划机制无疑是调节经济的主要机制,市场机制从总体说则只能是为实现计划的意图服务。我们这样说绝不是忽视市场机制的重要作用,而是力图精确弄清计划机制和市场机制的关系,摆正各自的地位,只有这样,才能真正找到计划机制和市场机制相结合的纽带,找到计划机制过渡到市场机制的中介环节。这个中介环节就是国家利用各种经济手段对国民经济的组织和调控,特别是国家制订的产业政策的导向作用。

既然国家是经济运行的主体之一,而且是重大经济活动的出发点,在整个经济活动中,国家就处于主导地位,是经济调节的主体。国家的调节体现在以下几个方面:制订经济总体发展战略和为实现战略目标的一定时期的产业政策;确定符合产业政策的产业结构,使其合理化和逐步高级化;安排重点项目投资,安排基本建设规模和消费基金规模,保持社会总供给和总需求的总量平衡;在整个经济活动中,运用各种手段保证正常的经济秩序,使整个再生产协调高速发展,达到预期的目标。市场机制主要是围绕计划规定的任务发挥作用。市场本质上是盲目无政府的,它不可能自动实现计划所规定的目标,但是,加入国家力量对市场的调控之后,就有可能避免市场机制的缺陷,发挥其竞争带来的高效优势。在这里,国家计划不是市场自发活动的消极反映,也不能只把计划看作是市场自发调节的补充,更不能看作是各个企业根据市场供求做出的个别计划的简单汇总,在这里,计划成为发动整个国民经济的第一推动力和持续的动力。

合理的产业政策是市场机制实现计划机制要求的关节点。产业政策的目标是经济的增长和发展,正确的产业政策只能这样来制订:在深刻把握本国国情的基础上,按照生产发展的自然规律,按照生产本身的运动规律来制订,而不是主要根据市场行情。如果主要根据市场行情,把市场上的自发活动看作是国家经济决策和计划的依据,就体现不出计划经济的主导地位了,社会主义计划经济和资本主义市场经济的区别也就模糊了。

国家把制订好的产业政策输入市场,变成各种市场信号,刺激市场主体做出反应,市场机制也就反映了计划机制的要求,做到了为实现计划目标服务。我们认为,这就是国家调节控制经济,把计划建立在商品交换和价值规律基础上的真正含义。

当然,为了实现国家对国民经济的计划调节,还需要有一个完善的宏观调节系统。首先,要有能体现科学化、民主化,法制化的决策体系。计划的科学性是国家正确调控经济的根本前提,计划必须正确反映生产力本身发展的规律,主要指时间节约和按比例分配社会劳动规律。其次,要有一个能够协调各种经济杠杆,综合配套运用的调节体系。为此,必须转变国家职能,改革国家机构,同时进行政治体制改革。

国家对经济生活的干预并不单是社会主义本质利益关系所要求的,这也是历史发展到一定阶段的必然趋势。为了避免交易费用的昂贵超过经济活力带来的益处,国家作为社会管理中心,理应担负起协调经济发展的责任,至于协调能达到什么程度,则因各国的具体情况不同而有所差别。

这样,通过国家的调节,主要是产业政策的导向,计划和市场兼容在一起了,计划经济和市场调节结合起来,共同推动经济向前发展。

(合作者:侯孝国)

正确认识商品经济的作用，打破商品经济的"神话"

有人反对公有制的一个重要的理论依据就是认为公有制与商品经济和市场机制是矛盾的，只有私有财产制度才适应发展商品经济的要求，在这类论述中，商品经济俨然成了判断一种所有制形式命运的最高裁判。这就在尖锐地提出了一个重要理论问题，商品经济的含义究竟是什么，在经济体制改革中如何处理商品经济与公有制之间的关系，弄清这个问题不仅有理论意义，还有重要的政治意义。

一、商品经济的一般规定

决定一种经济制度兴衰的是生产方式而不是交换方式。

商品经济本身所能显示的只是一定的特殊交换方式。

对商品经济一般，只能这样加以规定：它是一种通过产品的交换来互换劳动的经济，它最本质的特征就是通过物与物的交换来实现人们之间劳动的互换。商品经济是一个极抽象的范畴：(1)它本身表现不出是怎样的一种生产资料所有制关系，在不同的所有制形式下它都可以存在，有小私有制商品经济，有资本主义私有制商品经济，还有社会主义公有制的商品经济。(2)从生产的目的看，它本身并没有特定的目的，小商品经济生产的目的实际上是满足生产者的需要，它与自然经济的不同之处，只在于这个目的不是直接实现的，而是通过把产品变为商品，劳动表现为价值来换取生产者需要的消费品。资本主义商品经济的生产目的则迥然不同，这里生产的目的则是价值本身，是剩余价值的占有。社会主义商品经济的目的则是最大限度满足人们的物质和文化需要，价值生产则是实现这一目的的手段，所以，同是商品经济，由于所有制关系不同，生产目的可以截然不同。正如抽象的商品经济不存在一样，一般的商品经济生产目的也是不存在的。(3)从生产力方面看，商品经济本身不显示它是怎样一种生产力和生产方式(指生产技术方式)。从生产方式上看，小商品经济与自然经济可以是一样的，它们都是使用手工工具的独立的个体劳动方式，二者的区别只是交换方式不同。但是，自然经济可以是大规模的集体协作劳动，如奴隶社会、封建社会中建设金字塔和万里长城时那样的集体劳动方式，在这个意义上，奴隶制下的集体劳动方式比当时的小商品经济的劳动方式有更大的优越性，靠以个人劳动方式为基础的小商品经济是不可能创造出像埃及金字塔、罗马水道和万里长城那样灿烂的古代文明的，所以不能一般地说商品经济比自然经济优越。关键不在交换方式，而在生产方式。正因为如此，尽管在原始社会末期，已经产生了商品生产和商品交换，但代替原始社会的，不是商品经济制度，而是建立在自然经济基础上的奴隶制度。在奴隶制度末期，商品经济有了进一步的发展，但它仍然不能成为推动生产力发展的重要力量，代替奴隶制度的仍然是建立在自然经济基础上的封建制度。在封建制度末期，商品经济有了更大的发展。它虽然在瓦解封建制度自然经济方面起了很大的作用，但它仍然没有成为一种独立的经济制度代替封建制度。因为决定一种经济制度兴衰的是生产方式，而不是交换方式。

关于这一点，马克思曾这样讲道："商业对各种已有的、以不同形式主要生产使用价值的生产组织，都或多或少地起着解体的作用。但是它对旧生产方式究竟在多大程度上起着解体作用，这首先取决于这些生产方式的坚固性的内部结构。并且，这个解体过程会导向何处，换句话说，什么样的新生产方式代替旧生产方式，这不取决于商业，而是取决于旧生产方式本身的性质。……但在现代世界，它会导致资本主义生产方式"①，"商人资本的发展就它本身来说，还不足以促成和说明一个生产方式到另一个生产方式的过渡。"②

从以上的分析可以明显地看出，商品经济如果脱离开一定的所有制关系、生产目的和一定的生产技术方式，它本身所能显示的只是一定的特殊的交换方式。人们总是把它作为自然经济的对立物，也正是着眼于二者是以交换方式不同而互相对立的。

二、大力发展社会主义商品经济

商品经济存在于各种不同的社会形态之中，商品关系不可能成为任何一个经济制度的本质关系。社会主义的本质关系是生产资料公有制基础上的等量劳动互换关系即按劳分配。

用计划经济代替商品经济，是社会主义公有制代替资本主义私有制的经济根据和必然结果。这是马克思和恩格斯的科学社会主义的一个基本原理。在马克思

---

① 《资本论》第三卷，人民出版社 2004 年版，第 370 页。
② 《资本论》第三卷，人民出版社 2004 年版，第 364 页。

看来,生产资料公有制的建立,个人的劳动直接作为社会劳动存在,不再需要经过迂回的道路转化为社会劳动,这样,生产者就不再交换自己的产品,从而耗费在产品生产上的劳动,也就不再表现为这些产品的价值,商品货币关系也就不可能存在。

马克思这里讲的是未来社会的必然趋势和目标,至于具体要经过怎样的过程,通过哪些必经的中间阶段达到这一目标,马克思以他严谨的科学态度避免对此做详细的设计。在他看来,这是应由后来实践中的人们根据具体条件去解决的问题。

有的人把马克思关于随着公有制的建立商品关系将消亡的理论说成是具有空想性质的个别结论。他们是怎样证明这一理论的空想性质呢?他们不是就马克思的上述理论本身去评论、检查这一结论哪些方面缺乏科学根据,或者,推理得出此结论在逻辑上有哪些地方存在缺陷,从而影响结论的正确性,而是把目标和必然趋势与现实存在作简单的对比,用当前现实不是那个样子,来否定马克思提出的规律的科学性。这种思考问题的方法显然是错误的,它混淆了目标与达到这一目标的过程之间的区别。如果用这种方法看待问题,那就会得出荒唐的结论,即在科学上不允许做出预见,因为预见、假设等总是一种超前的主观活动,因而都会被认为是一种不符合实际的空想。实际上,正是由于超前于现实,它才成为争取实现的目标。

把目标与过程混淆的错误思维方法的另一个表现,就是把马克思关于未来社会成熟形态的目标当作现成的建设方案。持这种错误看法的人没有估计到公有制囊括全部生产资料不可能在革命后立即实现,也没有考虑公有制本身还有一个从不成熟到成熟的发展过程,更没有估计到实现理想目标是一个从实际出发经历在实践中不断探索具体前进途径的复杂过程,他们以为照着目标的"图纸"就可以把社会主义制度的大厦建立起来,这是一种简单化的教条主义的看法。

正是在这种教条主义的影响下,一个相当长的时期里,在社会主义国家发展问题上,我们把社会主义计划经济与商品经济对立起来,把商品货币关系看作与社会主义不相容的事物,在经济管理体制上实行了排斥利用商品货币关系的高度集中的计划体制。这种僵化的管理体制的一个最突出的弊端就是社会经济活动缺乏生机和活力,只重视产量、产值,而不重视经济效益,企业只是作为一个生产单位,直接听命于国家的指令性计划,这就使企业职工的积极性、主动性受到压抑,由于排斥市场机制的作用,社会需要及其变化的信息,不能及时反馈到计划机构,往往使计划脱离实际,造成比例失调和资源的浪费。

党的十二届三中全会通过的《关于经济体制改革的决定》,做出社会主义经济是公有制基础上的有计划的商品经济的论断,它的实质就是在发扬社会主义计划经济优势的同时,克服计划管理体制上僵化的过于集中的弊端。其主要内容就是在整个国民经济的管理中充分利用商品货币关系和市场机制,来改善我们的计划管理体制,以调动企业的积极性和主动性,使企业真正成为具有强大活力的细胞,据此,在改革中提出了大力发展商品经济的政策。

大力发展商品经济都包括哪些内容呢?应当区分两种情况:一种是不同所有制经济之间的商品关系。我国现阶段还存在多种所有制形式和多种经济成分,在它们之间存在着典型的商品关系,在这个领域里,经济的发展同时就是商品经济的发展。在农村里更具有特点。我国农村在进行改革之前基本上属于自给或半自给性的自然经济,在这里大力发展商品经济就意味着变自然经济为商品经济,把更多的产品吸引到商品流通领域里来,包括在农业中发展多种经营,发展社会分工,建立各种专业户,以促进商品交换范围的扩大和加深,从而促进生产的发展。

另一种是全民所有制内部的情况。这里不存在不同所有者之间的交换关系,也不存在变自然经济为商品经济的问题,因为社会主义国有经济从来就是社会化大生产而不是自然经济。从全民所有制经济领域来说,大力发展商品经济就是大力发展企业之间的商品交换关系,把原来的只是作为计算工具利用的价值形式变为实在的等价交换关系。具体说,它包括以下内容:

(1)使社会主义国有企业都成为相对独立的商品生产者和经营者,实行独立核算,自主经营,自负盈亏,成为市场的主体。

(2)绝大部分产品都以商品形式进入流通过程,包括大部分生产资料,大大缩减以实物形式直接分配的物资部分,大力发展商品流通以及与之相联系的各种要素。

(3)完备市场体系,不仅发展商品市场,还应逐步发展资金市场。另外,技术、信息、劳动力等也模拟商品的形式进入市场,这是发挥企业自主经营的能力所必需的。

(4)充分发挥价值规律、市场机制的作用。在大的方面仍要由计划机制起主要作用,发挥计划的导向作用,例如发展战略、产业政策、产业结构的制定。在重点基本建设投资方向的安排和实施,最重要的产业部门的生产,最主要的原材料和一部分农产品的分配,积累与消费的比例关系,等等,这是为了自觉地按照生产力发展规律的要求,从根本上保证资源配置合理化。在这个意义上,我们仍然是以计划为主导,当然,在实施计划过程中也必须考虑价值规律的作用和企业的经济利益。但其他方面,包括企业日常的生产和流通,在有条件时,应避免国家直接插手干预,充分发挥市场机制的导向作用,以调动企业的主动性和积极性,以利于一般产品结构的合理调整和资源的合理配置。当然,在这方面也应当加强国家的宏观管理,防止商品经济自发性的破坏作用,同时要通过税收及其他政策防止商品交换必然会带来的收入差别过大等消极现象。

以上我们阐述了实行有计划商品经济的内容,它的含义是很清楚的。但是有的人对这一论断做了片面的解释,不正确地理解了它的真正含义。他们极度放大了商品经济在社会主义经济中的地位和作用,有的人提出"社会主义经济是有计划的商品经济"这一观点"是社会主义经济本性的认识的一大飞跃",认为"商品关系是在社会主义经济发展的全局范围内起中心作用的经济关系,是社会主义制度下最基本的社会关系";有的人甚至明确断定"商品经济是社会主义经济的本质","商品关系是社会主义的本质关系"。

这些说法的谬误是很明显的。商品经济、商品交换是许多社会形态中都存在的现象,因此,"只知道这些生产方式所共有的抽象的商品流通范畴,还是根本不能了解这些生产方式的不同特征,也不能对这些生产方式作出判断"。① 所以,商品经济、商品关系不可能成为任何一个经济制度的本质关系。在历史上最发达的商品经济是资本主义制度,商品生产在这里成为占统治地位的生产形式,但是没有任何一位有经济学知识的人论证商品关系是资本主义的本质关系,为什么它竟然会成为社会主义的本质关系或社会主义经济的本性了呢?谁都清楚,社会主义的本质关系是生产资料公有制基础上的等量劳动互换关系即按劳分配,这是与商品等价交换关系本质不同的一种崭新的经济关系,不应当把已经很清楚的问题重新弄糊涂。

三、打破商品经济的"神话"

商品经济的作用一度被夸大为人类历史发展的决定性力量,从而演化出商品经济的"神话",其谬误在于把商品经济直接等同于资本主义经济,直接等同于社会生产力。

关于社会主义制度下的商品经济问题,本来是一个理论问题,但是今天在社会主义国家里有人利用夸大商品经济的地位这一片面看法为反对公有制、发展私有制做理论依据,这是商品经济问题研究中的一个新现象。针对这一不可忽视的现实,从理论上澄清这一思想混乱就具有了新的意义,这是政治经济学理论研究和教学工作者不容推卸的责任。

---

① 《资本论》第一卷,人民出版社 2004 年版,第 136 页。

让我们先看看下面引用的两段话,一段是:"资本主义生产方式所以能促进生产力以前所未有的速度和规模发展,除了生产关系发生变化外,还因为资本主义用发达的商品经济取代了自然经济……在其后期,资本主义之所以成为社会生产力发展的桎梏,是因为它的陈旧和腐朽与发达商品经济的发展相矛盾……是因为商品经济进一步发展的要求使资本主义走向反动。"[①]另一段是:"在历史上商品经济跨越几种社会经济形态,对社会生产的进步起着巨大的推动作用。在奴隶社会和封建社会的漫长岁月里,自然经济占统治地位,生产力发展很慢。在社会分工和商品生产发展逐步冲破自给自足的自然经济以后,生产力迅速发展,使小生产走向社会化大生产,造就了资本主义几百年的统治。在商品经济形式中社会化大生产的进一步发展,超出私有制所能容纳的范围,又为社会主义提供物质基础。历史事实是没有商品经济的发展就没有社会化的大生产,而没有社会化的大生产也就不可能有社会主义的胜利。"[②]

分析这两段话所包含的内容,我们看到它们把商品经济的作用夸大到它似乎是人类历史发展的决定性力量了,因此,在此把它称作商品经济的"神话"。

首先,所引语句作者认为奴隶社会和封建社会的生产力所以发展缓慢是因为是自然经济而不是商品经济占统治地位。这种观点是不成立的。正如前面已经论及的,商品经济早在原始社会末期就产生了,为什么它没有发展成占统治地位,而是自然经济占统治地位了呢? 如果不陷入历史唯心主义所说的是历史犯了错误这种谬论,那么只能有一个解释,那就是在当时的生产力状况和生产关系现实的条件下,自然经济更有利于推动生产力的发展,因此它才成为占统治地位的经济形式。至于说当时生产力发展缓慢,只能相对于后来的资本主义时代来说才有意义。生产力发展缓慢的原因,一方面是奴隶占有制和封建制度的生产关系(特别从它们占统治地位的后期来说),一方面是生产力发展本身的规律性。生产力本身是有自己的发展规律的,不是人为地可以改变的,例如生产力只能从石器时代逐渐发展到铜器时代到铁器时代。商品经济也不可能会使生产力从石器时代、铜器时代跃进到蒸汽机时代或计算机时代,把当时生产力发展缓慢归罪为自然经济占统治地位,缺乏历史的公正性。

其次,以上引文中说,"资本主义生产方式所以能促进生产力以前所未有的速度和规模发展"是"因为用发达的商品经济取代了自然经济",或者说"商品生产发展……造就了资本主义几百年的统治",这些说法更是不符合历史实际的。

① 《光明日报》1985 年 8 月 10 日。
② 《经济研究》1986 年第 10 期,第 31 页。

为什么资本主义能促进生产力以前所未有的速度发展并最后战胜封建制度了呢？不是像他们所说的，是因为用发达的商品经济取代了自然经济；发达的商品经济只是资本主义经济制度的历史前提，它作为一种交换方式，不可能对经济的发展起着决定性作用；资本主义生产方式战胜封建制度的决定性力量是生产技术方式的变革，创立了新的劳动方式，即协作、分工和大机器工业。在当时的历史条件下，为了推动生产力的迅速发展，必须把许多分散的独立的个体劳动者集中起来进行协作、分工，以及在分工发展的基础上，进行生产工具的革命，建立大机器工业，而劳动方式的这些变革在当时只能在资本主义关系下才能发生，正如马克思所说的："工场手工业的分工作为社会生产过程的特殊的资本主义生产形式，——它在当时的基础上只能在资本主义的形式中发展起来"①。马克思还指出："整个社会内部的分工，不论是否以商品交换为媒介，是各种社会形态所共有的，而工场手工业分工却完全是资本主义生产方式的独特创造。"②。很清楚，资本主义制度正是靠使广大小生产者破产，把货币和生产资料集中在少数资产者手里，建立起资本主义所有制关系，创立了与个体的手工劳动方式相区别的新生产技术方式，才推动生产力比以前更高的速度发展的。特别是到了大机器工业阶段，资产者大规模地利用先进工艺和把自然科学成果自觉运用到生产中去，这才是生产力得以迅速发展的真正的决定性的因素，正是依靠先进的生产方式，才创造出了远远超过封建制度和行会手工业的更高的劳动生产率，从而战胜它们，形成一个新的独立的经济发展阶段并占据了统治地位。当然，商品交换方式也起着不可忽视的作用，但毕竟不是生产力发展上起决定作用的力量。

为什么一些人把商品经济吹嘘得那么脱离实际呢？主要是因为他们把商品经济与资本主义经济直接等同起来。资本主义是历史上最发达的商品经济，尽管商品经济不等于资本主义，但在资本主义生产关系体系中，二者有机地融合在一起，商品经济作为资本主义关系实现自己的一种机制起着巨大的作用。在这样一个复杂系统面前，一些人缺乏通过思维把二者分离开来的能力，从而就把资本主义关系在经济发展上的革命作用错误地移到了商品经济这样一个流通方式上来，一个典型的例子可以说明这个问题。《共产党宣言》中有这样一段话："资产阶级在它的不到一百年的阶级统治中所创造的生产力，比过去一切世代创造的全部生产力还要多，还要大"，有的人在运用这段话时却把"资产阶级"换成了"商品经济"，这段话本来是表明资本主义制度的历史作用，却被改为鼓吹商品经济的神奇

———————————

① 《资本论》第一卷，人民出版社 2004 年版，第 422 页。

② 《资本论》第一卷，人民出版社 2004 年版，第 415－416 页。

力量了,这是对马克思的理论的一种不严肃态度。

既然把商品经济与资本主义经济等同起来,那么,为了大力发展商品经济,要求用私有制代替公有制,就是题中应有之义了。

再次,上述引文中对商品经济作用片面夸大的一个更极端的表现是把资本主义走向反动和社会主义必然胜利看作是由商品经济的发展决定的。这种看法不仅在理论上不正确,而且也不符合历史事实。说没有商品经济的发展,就没有社会主义的胜利,如果这是在讲历史发展顺序的话,倒也并没有什么错误,这正如说没有奴隶制,没有自然经济,没有资本主义制度的发展,就没有社会主义一样,在理论上说明不了什么问题。至于说商品经济的发展决定着资本主义走向反动和被否定,则是根本不对的了。理论和历史事实都表明,决定资本主义必然灭亡的是社会生产力的发展,是资本主义生产关系与在它推动下发展起来的生产力之间的矛盾,是资本主义私有制与生产社会化这一资本主义基本矛盾决定的。怎么把这样一个很清楚的问题搞糊涂了呢?看来上述引文的作者是把商品经济与社会生产力等同起来了,在这种混淆的基础上,把发展商品经济当成社会主义的根本任务,说否定资本主义生产关系"正是为了使商品经济得到进一步发展",就不奇怪了。

综上所述,关于商品经济的一切混乱观点都源于对商品经济概念缺乏准确的理解和对它在一定的生产关系体系中的地位和实际作用的误解。为了坚持社会主义公有制,驳倒主张全民财产私有化的谬论,坚持经济体制改革中的社会主义方向,继续深入学习马克思主义关于商品经济的理论,关于历史唯物主义的基本原理,仍然是我们的一项重要任务。

以科学的态度正确理解党的方针政策

——再谈正确认识商品经济的作用

十三届七中全会通过的《中共中央关于制定国民经济和社会发展十年规划和"八五"计划的建议》(以下简称《建议》)中指出,今后十年经济体制改革的目标"是要消除过去在一定历史条件下形成的经济体制的弊端,初步建立社会主义有计划商品经济的新体制"。这一结论是社会主义国家经济发展的历史经验,特别是我国十年来改革实践经验的深刻总结,它是科学的、正确的,已经指导了而且必将继续指导我们的经济体制改革沿着正确的方向前进,促进社会生产力迅速发展,保证现代化建设第二步战略目标的顺利实现。因此,科学地论证和正确地宣传建立这一新体制的必要性和重要性是经济理论工作者的责任。

但是我们看到,有些同志在论证党的这一方针政策的正确和重要时,出现了一些非科学的观点,主要表现在对商品经济作用的认识上。这些非科学观点的传播不利于人们正确地理解建立有计划商品经济新体制这一科学决策,也不利于在经济体制改革实践中正确地贯彻这一方针,同时也容易在思想理论上造成某种混乱,因此在理论上澄清是非,就成为我们理论工作者和教学工作者的迫切任务。

一、某些非科学观点的表现

根据我接触的材料,在论证实行有计划商品经济新体制的必要性时,对商品经济认识上显露出来的一些非科学观点,主要有以下一些:

1. 把马克思关于公有制一旦建立,商品关系将消亡的科学论断说成是具有空想性质的个别结论。这是一个较为流行的观点,它把党在建设社会主义的实践中的方针政策与马克思主义的基本原理对立起来,用前者否定后者。公有制下商品关系将消亡的理论是科学,还是空想,这是一个原则问题。

马克思和恩格斯做出在公有制下商品关系将消亡的论断,主要有以下两点理由:一是从本质利益关系上来考察。随着社会主义公有制的建立,人与人之间的利益关系将是一种等量劳动互换关系,这一关系与商品等价关系相比,虽然在表面上二者都是同一原则,即一种形式的一定量劳动可以和另一种形式的同量劳动相交换,但是,马克思强调指出,它在内容和形式上都改变了。就内容来说,公有制的建立意味着人们对生产资料占有关系已经是平等的,人们能向社会提供的只是自己的劳动。因此,使用的生产资料的优劣虽然会影响劳动生产率,但却不再影响人们之间的利益关系;在这里,影响利益关系的只是自己的劳动,实行的是按劳分配。在商品关系中,交换所依据的是价值,它是由社会必要劳动时间决定的,而在影响社会必要劳动时间的因素中,除了生产者自己的劳动外,还包含生产条件优劣的因素。生产条件好的,同样的劳动会有较高的劳动生产率,在同样时间会创造更多的价值,从而通过商品交换可以分配到更多的收入,因此,如果承认在公有制下必然要实行按劳分配的话,那么按价值分配的关系当然地会消亡。这是一个合乎逻辑的必然结论,是科学的,这一结论实际上已由社会主义实践所证明。譬如,在社会主义实践中,当生产同种产品的各国有企业按价值在市场上出售其商品之后,代表全民的国家总是要通过多种形式和多种渠道把由于生产资料优良而在交换中获得的更多的级差收益,收归全民统一分配,以使各个企业的职工收入大体符合他们本身实际的劳动耗费。这就证明了,生产资料公有制建立后,人们已经在用按劳动分配的利益关系代替商品等价交换关系中的按价值分配的利益关系。

另外,从运行层次上来考察。公有制的建立,决定了个人的劳动已是直接地作为总劳动的构成部分存在着,全体成员都自觉地把他们许多个人劳动力当作一个社会劳动力来使用,即通过社会统一的有计划的安排,也就是说,他们劳动的互换是直接进行的,不需要再迂回曲折地通过产品的交换,通过把人与人的关系表现为物与物的社会关系这种艰难途径,劳动都具有了直接的社会性质。显然,这个理论也是合乎逻辑的,科学的,从基本方面看,它也由社会主义建设实践所证明。譬如,在社会主义国家里,一些影响经济发展的决定性的重大比例关系,如总量平衡、建立和优化产业结构、积累和消费的比例等,都是由国家直接根据按比例发展的客观规律制定计划并组织实施来实现的。十三届七中全会通过的《建议》中提到的大力发展和加强农业、加强基础工业和基础实施、抓好原材料工业结构的调整、地区经济的合理分工、发展科技教育事业,等等,这些对现代化真正起决定作用的资源配置,只能由国家计划自觉地进行安排,才能保证国民经济持续、稳定、协调地发展和现代化事业的实现,这一切都证明了在一些重要领域中,劳动已具有了直接的社会性,从而证明了马克思的有计划发展代替自发商品经济的运行机制的预见的科学性、正确性。至于脱离现实条件,企图立即实行由计划包罗一切,排斥利用商品货币关系,那是实践中的人们的工作失误,与马克思的基本理论无关。

从以上两个方面看,马克思的商品关系消亡理论不是什么"空想",而是科学预见。表面看来,马克思的上述理论是与社会主义实践相矛盾的,在社会主义实践中,按劳分配是借助商品交换关系进行的;现实也一再表明商品经济在国民经济运行中起着积极的不可替代的作用;提高企业经营者商品意识还是当前搞活经济的一个重要方面。但是,如果深入地考察,我们会看到,这些现象都不能否定马克思的基本理论的科学性。这里的矛盾只不过是本质与现象、理论与现实之间的矛盾。

我们知道,理论与现实存在矛盾并不奇怪。无论是自然科学还是社会科学发展的历史都表明,理论与现实存在矛盾是一般规律,科学正是在解决这种矛盾的过程中发展的。我们不应简单地用科学理论否定现实,也不应简单地用现实否定科学理论,应当是努力在它们之间找到内在联系,在二者之间架起理解的桥梁。从理论与现实存在矛盾出发否定商品消亡理论的科学性,是同用科学理论否定商品关系当前存在的合理性一样,都是一种简单化的错误,同样阻碍科学的发展。科学的任务是探索这一矛盾存在的原因和解决矛盾的现实途径。

列宁为我们在这方面作出了榜样。他曾用马克思的商品关系消亡的理论论证战时共产主义政策的正确性,但当他改正这种错误政策,实行新经济政策时,只是承认自己没有从当前现实条件出发而犯了错误,却从未轻率地宣称马克思的理论具有空想性质。这是应有的科学态度。

2. 对自然经济和商品经济在生产力发展不同阶段中的作用采取了非历史主义态度。这主要表现在撇开一定的历史条件,把自然经济说成绝对不利于生产力发展,把商品经济看作是生产力发展的绝对的永恒的巨大推动力。这是一种形而上学观点。自然经济和商品经济是作为两种不同的交换方式互相区别的,哪一种交换方式更能促进生产力发展,从而占支配地位,不是由其本身的性质决定的,而是由生产力水平和生产关系的性质决定的。在原始公社、奴隶制和封建制下,由于生产力低下,这时大规模的集体协作劳动只能使生产者处于人身依附或半依附地位时才能组织起来,这就决定了自然经济成为占统治地位的交换方式,成为当时促进生产力发展的基本经济形式。在前资本主义的各种社会形态中,新的社会生产力和具有历史意义的许多伟大工程,正是在自然经济和人身依附关系的基础上获得的。

强调这一点,不是要用玫瑰色描绘自然经济,而是要说明我们不应因为今天强调商品经济的作用而改写历史事实。我们不能把人类经济发展的历史描绘成商品经济发展史,看作是商品经济依靠本身的力量不断扫除前进道路上一切不利于自己发展的障碍的历史。用这种非历史的方法看问题,自然经济就不是生产力发展一定阶段的必然形式,而是一种历史错误,似乎它一开始就作为阻碍生产力迅速发展的交换方式存在着的。这显然不是历史唯物主义的观察问题的方法。商品经济也只是在一定历史条件下才成为占统治地位的生产形式并对生产力的发展起着巨大推动作用的,如果脱离历史条件观察问题,很容易把商品经济的作用绝对化,从而把思维引到歧路上去。

3. 过分夸张了商品经济在资本主义生产方式的产生及该生产方式巩固和发展中的作用。在封建制度末期,生产力的发展,市场的扩大和人身依附关系的逐渐瓦解,导致商品经济的进一步发展,市场的迅速扩大对生产力的发展起着巨大的刺激作用,但它无论如何不能成为生产力发展的决定性因素。这里真正起决定作用的是生产本身,这就是从根本上改变劳动方式,把分散的个体生产转变为运用协作劳动的大规模生产。在当时劳动者已获得人身自由的条件下,为了组织大规模的协作劳动,只有通过剥夺小生产者为自己劳动的生产资料,然后通过劳动力商品的购买,强制地把劳动者组织在一起,实行简单协作和分工,才能实现向劳动社会化过程转变,这是当时发展生产力的唯一可能的方式。正如马克思所说:"工场手工业的分工……它在当时的基础上只能在资本主义形式中发展起来。"①资本主义生产方式由此成为历史的必然,资产阶级也因此取得了它历史存在的合理性,可见,比较发达的商品经济只是资本主义生产方式产生的历史前提,而不是资本主义关系产生的决定性因素。

在资本主义生产方式确立后,商品经济无疑对资本主义下生产力的发展起着巨大的推动作用,但它仍然不能成为生产力发展的决定性力量,决定的作用还是应从生产过程本身去找。马克思特别地对协作、分工、机器生产作了很详细的考察,以它们为标志把资本主义发展划分为三个阶段,这清楚地表明,决定着生产力以前所未有的速度和规模发展,从而最终战胜封建制度,巩固了自己的力量的,主要不是由于"用发达的商品经济代替自然经济",而是资本主义生产关系下发展起来的劳动过程日益社会化、生产方法的改进、科学在生产和技术上的自觉运用。

因此,说商品经济冲破自然经济,"使小生产走向社会化大生产,造就了资本主义几百年的统治",这是一个没有真实历史根据的臆断。历史的实际是,使小生产走向社会化,造就了资本主义几百年统治的是资本主义生产关系和它推动着社

---

① 《资本论》第一卷,人民出版社 2004 年版,第 422 页。

会生产力的迅速发展,商品经济只是资本主义生产方式利用来推动生产力发展的一种经济手段。

4. 把社会主义必然代替资本主义看作是商品经济进一步发展的要求。这一非科学观点认为,"资本主义之所以成为社会生产力发展的桎梏,是因为与发达商品经济的发展相矛盾"。这种说法更是与历史实际相悖的。我们都知道,商品经济本身既不具备摧毁一种旧制度的力量,更不具备创造一种新生产方式的力量,相反,它本身的发展却是仰赖它所依附的特定的生产方式,只是由于资本主义所有制关系和劳动力成为商品,才使商品生产成为占统治地位的生产形式的。公有制的建立消灭了劳动力成为商品的条件,只这一点就大大削弱了商品经济的影响,怎么能说因为社会主义更能促进商品经济的发展才得以代替资本主义的呢?说"没有商品经济的发展,就没有社会化大生产",倒也并非不可,但是反过来说,"没有社会化大生产,就没有商品经济的发展",同样是对的,而且是更准确表现了二者的基本关系。社会化大生产对商品经济的发展是起决定性作用的因素,后者对前者则是起着重要的反作用,至于只强调前一个方面,并由此把商品经济的发展看作是社会主义胜利的决定性因素,则显然是一种失真的夸张,理论上不能成立,也没有真实的历史事实作为根据。

5. 还有一个更突出的表现,这就是用修改马、恩的原话来论证商品经济在生产力发展上的决定作用。马、恩在《共产党宣言》中说:"资产阶级在它的不到一百年的阶级统治中所创造的生产力,比过去一切世代创造的全部生产力还要多,还要大",这里要说明的是资本主义经济制度在人类历史发展中的作用。但有些同志为了强调商品经济的作用,把这句话中的"资产阶级"改为"商品经济",这怎么可以呢?这不是把商品经济与资本主义等同起来了吗?如果仅仅是自己的一种看法,是可以讨论的,但以修改马、恩的原话来加强自己的论点,总是不可取的吧。

二、非科学地论证的危害

用非科学的观点来论证党的方针政策有很大的危害性。

1. 非科学的论证不利于引导人们正确地理解党的方针政策的实质。提出建立有计划商品经济新体制,其实质本来是为了强调在发挥公有制计划经济的优势的同时,应当切实注意充分发挥市场机制的作用,自觉地利用价值规律,使整个国民经济更具有生机和活力,而上述那些非科学的论述却不利于人们在实践中正确地贯彻党的方针政策。例如前些年在改革中片面强调放权让利,认为只要把生产交给市场机制去支配,就能解决企业活力、动力、效率问题,忽视了同时加强国家的宏观调控,削弱了必要的政治思想工作和社会主义精神文明建设,这些偏差的发生与片面地过分夸张商品经济的决定作用是有密切关系的。

2. 近乎神话般地夸张商品经济的作用,违背了马克思主义的基本原理,这种偏差不利于坚定人们对社会主义公有制和计划经济的信念。例如有的同志要求按发展商品经济的要求改革公有制,变全民所有制为集体所有制,变按劳分配为按劳动力商品价值分配等,一些热衷于搞资本主义的"精英"们也利用这些非科学的观点公开宣扬搞私有化。

3. 不利于广大学生和实际经济工作者通过学习党的方针政策进一步提高马克思主义理论水平。这种非科学地论证的做法,违背马克思主义的基本理论,无助于提高全社会的马克思主义理论水平,甚至会导致人们对马克思主义的怀疑以至否定。事实上,曾有过这种例证,有些人从把马克思的商品关系消亡理论说成是具有空想性质的个别结论开始,一直发展到把马克思关于全民所有制、计划经济、按劳分配等理论,全部说成是空想社会主义,声称社会主义从空想到科学的过程还远远没有完成。

4. 如果我们实行的有计划商品经济新体制只能靠那些非科学的东西来支撑、论证,那么人们就会有理由怀疑党的方针政策本身。因此,如果真心维护党的正确的方针政策,就必须对之进行科学论证,任何为短暂效果而牺牲科学性的做法,都会产生相反的结果。只有理解了党的方针政策的科学基础,才能达到真正理解政策本身,才能正确地贯彻执行,才能运用自如,不逾矩,不"左"右摇摆。

三、商品经济是社会主义经济的实质吗?

最近晓亮同志连续在辽宁的《理论内参》(1991 年第 1 期) 和《经济研究》(1991 年第 2 期) 上发表文章对我在《教学与研究》1989 年第 6 期发表的《正确认识商品经济的作用,打破商品经济的"神话"》一文提出了批评意见,他提出的许多问题,我在前面的论述中实际上已做了回答。下面就商品经济在社会主义经济中是"外壳"还是"实质"这一问题,谈谈我的看法。

晓亮同志认为"社会主义商品经济是同公有制、按劳分配等一样,都是社会主义经济的实质所在"①。其理由有三:(1)没有一个国家能够消灭了商品关系;(2)谁越承认和发展商品经济,谁的经济发展越快;社会主义公有制从生产、交换、分配到消费,都是通过商品货币关系进行运转的;(3)社会主义社会人们之间、各单位之间有不同的利益关系。前述三点都是社会主义经济中的现实情况,是无可怀

---

① 《经济研究》,1991 年第 2 期。

疑的,但是把它们作为商品经济是社会主义经济的"实质"的理由,则不是不容置疑的,因为这些理由只是说明了商品经济在社会主义公有制下存在的必要和起着重要作用,但却不能说明它是社会主义的"实质"关系。我们都知道,"外壳"的说法是斯大林在《苏联社会主义经济问题》中提出来的。仔细阅读一下这本书就会看到,晓亮的三点理由是斯大林在该书已经阐明了的。正是斯大林第一次从理论上论证了商品关系在社会主义公有制范围内包括全民所有制内部存在的客观必然性,也正是他第一次提出了价值规律是一个很好的实践的学校,可以教育我们的经济工作人员不断地改进生产方法,降低成本,使企业能够赢利。如果不承认社会主义经济的各个环节都是通过商品交换进行的,也就不会提出存在"商品的外壳"的问题了。所以"外壳"还是"实质"的焦点并不在于晓亮同志所提到的那三点,关键在于对商品关系在社会主义生产关系体系中的地位如何估价,它是"实质"关系,还是社会主义实质关系的"外壳"或"形式"。斯大林说生产资料只具有"商品的外壳",理由是在交换中所有权不发生变更,它的生产不受价值规律的调节。可是晓亮同志在批评"外壳"论时恰恰回避了这些基本方面,因此批评就变成没有针对性;而上述三点理由又没有超越斯大林已阐明过的问题,实际上是同"外壳"论站在同一的基础上,这样的"批判"当然是无力的。

在如何理解商品关系与一定的特殊生产方式之间的关系上,马克思给我们提供了理解这个极复杂问题的钥匙和方法。资产阶级经济学家总是把资本主义生产看作商品生产一般,其目的是用商品关系的"平等"掩盖资产阶级对雇佣劳动的剥削关系。针对这种论证上的混乱,马克思强调指出,无论资本家与工人之间或资本家之间,商品交换关系只是一种"表面现象",是"形式",其"内容"是不付等价而对剩余劳动的无偿占有。[①] 马克思说"还有人错误地把这种表面关系(指商品关系),把这种质的形式化,把资本关系的假象看作是资本关系的本质本身,因而试图把工人与资本家之间的关系说成是商品所有者之间的一般关系,以此为这种关系辩护并抹杀这种关系的特征。"[②] 我认为马克思对商品关系与资本主义关系之间相互联系的性质所做的深刻的科学分析,为我们提供了理解商品关系与社会主义关系之间实际联系的指导思想和方法。我在1989年第6期的《中国社会科学》上曾就这个问题做了较详细的阐述,这里就不再细谈了。

总之,商品关系与社会主义经济关系之间的联系,以及前者在后者中所处的地位,是一个深层次的理论问题,关系到如何认识我国经济体制改革目标的重大

① 参阅《马克思恩格斯全集》第46卷上,人民出版社1979年版,第200页。

② 《马克思恩格斯全集》第49卷,人民出版社1982年版,第126页。

现实问题,是应当探讨清楚的。十三届七中全会通过的《建议》中把有计划商品经济作为"经济体制",而不是作为"实质关系"提出的,我认为这更清楚地表达了商品经济在社会主义经济中的地位和作用。希望通过讨论,大家能在马克思主义的基本理论和党的方针政策的基础上取得共识。

关于社会主义商品经济的几个认识问题

笔者认为,在阐释社会主义商品经济理论中存在着几个"非科学的观点",它们是:(一)我国当前发展社会主义商品经济的政策否定了马克思关于商品关系消亡理论的观点;(二)错误地估计和片面地夸大商品经济在生产力发展和生产关系变革中地位与作用的观点;(三)把商品经济说成是社会主义经济实质的观点。作者强调指出,应当科学地阐述党的方钟政策,不能为了论证商品经济在社会主义制度中有巨大作用,就把商品经济抬高到不当地步,希望通过讨论,就上述问题取得共识。

社会主义公有制和商品经济能否并存与有机地结台在一起,这一直是人们关注的重大理论和实践问题。从历史发展的角度说,社会主义建设的历史本身就是对这种关系不断重新认识,以及根据这种认识不断完善经济管理体制和发展社会生产力的历史。在我国,以往11年多的经济体制改革和社会主义现代化建设的实践,把研究解决这一问题的重要性和迫切性突出起来。事实已经证明,实行旨在建立社会主义有计划商品经济新体制的改革和大力发展社会主义商品经济的决策,是完全正确的。理论界在研究阐释社会主义商品经济理论上,也已取得很大的进展。

但是,我们也不能不看到,有些同志在论证解释发展社会主义有计划商品经济的正确性与重要性时,自觉不自觉地宣传了一些非科学的观点,主要表现在对商品经济在社会主义经济中地位与作用的认识上。这些非科学的观点的传播,不利于正确解决建立有计划商品经济新体制和发展商品经济的复杂问题,也不利于人们正确理解和坚持建设有中国特色的社会主义事业,同时也容易在思想上和理论上造成某种混乱。因此,有必要通过开展学术观点的批评讨论来澄清是非。

那么,在阐述实行有计划商品经济新体制和大力发展社会主义商品经济上,有哪些非科学的观点呢?根据我接触的材料和我的认识,我认为主要有以下几点:

一、用我国当前发展社会主义商品经济的政策否定马克思关于商品关系消亡的理论

这是一个较为流行的观点。这几年,不少人在他们的著述中都把马克思关于商品关系在公有制下将消亡的理论,说成是"旧的传统观念",是"具有空想性质的个别结论",应该加以"突破""否定"。果真如此吗?马克思和恩格斯的这一论点是科学真理呢,还是空想?这是一个应该弄清楚的理论原则问题。

马克思和恩格斯对生产资料公有制一旦确立后,人们之间的生产关系必将发生的变化做了科学的分析,得出了在公有制下商品关系将会消亡的论断。他们做出这一论断的根据有以下两个方面。

1. 从深层的本质利益关系上来考察。随着公有制的建立,全体社会成员在生产资料的占有方面已处于完全平等地位,这表现在任何个人或集团都不能在生产资料的占有和使用上享有特权和由此获取特殊经济利益,这时人们能向社会贡献的只是个人的劳动,因此,在这种共同占有制下,在社会主义阶段,人与人之间的本质利益关系必然是在根本利益一致的基础上实行等量劳动互换。这里所说的等量劳动互换与商品等价交换关系相比,虽然在表面上是受同一原则支配,即一种形式的一定量劳动和另一种形式的同量劳动相交换,但是正如马克思强调指出的:它在内容和形式上都改变了。就内容来说,这里人们对生产资料占有关系已经是平等的,人们能向社会提供的只是自己的劳动,因而只有劳动才是决定人们权利的尺度,他们使用的生产资料的优劣虽然会影响劳动生产率,但却不再影响人们之间的利益关系。商品交换所依据的是价值,它是由社会必要劳动时间决定的,而在影响社会必要劳动时间的因素中,除了生产者自己的劳动外,还包含生产条件的优劣。生产条件好的,同样的劳动会有较高的劳动生产率,因而这种劳动就被看作是较高级的劳动,同样的时间会创造更多的价值,从而通过商品交换可以分配到更多的收入。在这里,我们看到按劳分配的利益关系同按价值交换或按价值分配的利益关系是根本不同的两种利益关系,二者是有矛盾的,因此,如果在公有制下实行按劳分配,那么按价值分配的关系当然地就会消亡,这是一个合乎逻辑的科学的结论。

从社会主义实践经验看,所有社会主义国家机构,都力图依据按劳分配这一客观要求行事。当生产同种产品的各国有企业按价值在市场上出售其商品之后,代表全民的国家总是要通过多种形式和多种渠道把由于生产资料优良而获得的更多收入或级差收益,收归社会统一支配,以使各个企业的职工实际利益大体符合企业结合劳动的质和量。这就证明,生产资料公有制建立后,人们用按劳分配的利益关系代替商品等价交换关系中的按价值分配的利益关系,已经成为社会主义经济生活中的现实。

2. 从运行层次上来考察。公有制的建立,决定了全体成员都自觉地把他们许多个人劳动力当作一个社会劳动力来使用,个人的劳动已直接地作为总劳动的构成部分存在。换句话说,他们的劳动是通过社会统一计划安排的,他们劳动的互换是直接进行的,不需要再迂回曲折地通过产品的交换,通过把人与人的关系表现为物与物的关系这种艰难途径。显然,这个论断也是合理的、科学的,并且也基本上由社会主义建设实践证明了。譬如,在社会主义全民所有制范围内,一些影响经济发展的决定性的重大比例关系,如总量平衡、建立和优化产业结构、积累和消费的比例等,都是由国家直接根据按比例发展规律制定并组织实施的计划来决定。中共十三届七中全会通过的《中共中央关于制定国民经济和社会发展十年规划和"八五"计划的建议》(以下简称《建议》)中提到的大力发展和加强农业,加强基础工业和基础设施,抓好原材料工业的调整,搞好地区经济的合理分工,大力发展科技教育等等,这些对现代化建设起决定作用的资源配置,都只能由国家计划来安排。这一切证明在一些重要领域中劳动已具有了直接的社会性,马克思的用有计划发展代替商品经济自发运行机制的预见是科学的、正确的。至于脱离现实条件,实行由计划包罗一切和排斥利用商品货币关系的经济体制,那是实践中人们工作上的失误,同马克思的上述理论无关。

总之,理论和实践都证明,马克思关于商品关系消亡的理论不是"空想",而是科学预见。用当前我国发展社会主义商品经济的政策否定这一理论,是不正确的。

为什么会产生把一种科学预见看成具有空想性质的个别结论而加以否定的认识呢?主要有以下两个原因。首先是因为有的人对马克思关于商品关系将要消亡的科学理论尚未充分把握,对公有制下的等量劳动交换同商品关系下的等价交换之间的区别没有理解,另外对我国的经济建设实践缺乏认真研究,特别是对马克思的理论在社会主义国家的实践中正在付诸实施的一系列实际的方针、政策和措施缺乏深刻的认识,他们没有看到在公有制范围内按劳分配已经在取代按价值分配这一现实。

其次是对理论与现实之间的矛盾缺乏正确认识。表面看来,马克思的上述理论是与当前社会主义实践相矛盾的,在社会主义实践中,按劳分配是借助商品交换关系进行的,现实也一再表明商品经济在国民经济运行中起着积极的不可替代的作用,提高企业经营者商品意识是当前搞活经济的一个重要条件。但如果深入考察,我们会看到,这些矛盾现象都不能作为否定马克思理论的根据,它们只不过表明理论与现实之间存在着矛盾而已,而理论与现实之间存在矛盾并不奇怪。无论是自然科学或社会科学的发展历史都表明,理论与现实存在矛盾毋宁说是一般规律,科学正是在解决这种矛盾的过程中发展的。我们不应简单地用科学理论否定现实,也不应简单地用现实否定科学理论,应当努力在它们之间找到内在联系,在二者之间架起沟通的桥梁。从理论与现实存在矛盾出发否定商品消亡理论的科学性,是同用科学理论否定商品关系当前存在的合理性一样,都是一种简单化的错误,都阻碍科学地探索这一矛盾的原因与途径。

马克思和恩格斯关于商品关系消亡的理论,同社会主义商品关系仍然存在并发挥着极重要作用的现实之间的矛盾,主要是由以下因素产生的。一是本质与现象的差别。一个事物的本质只有在没有任何外在因素干扰的情况下才能纯粹地显现出来,但是现实世界是不具备这种纯粹环境的,任何一个事物都处在周围环境的多种因素影响之下,因此,本质都不可能直接以人们表面观察到的形式表现,本质与现象总是不一致的。理论是揭示事物本质的。社会主义公有制关系是本质,商品关系是这一本质关系的表面现象。关于这个问题,下面再作专门论述。二是目标与实现过程的差别。理论只是指出事物发展的必然趋势和目标的基本特征,而这一目标的实现却必须经历一个或长或短的过程,不可能一蹴而就。商品关系的消亡是公有制建立后的必然趋势,至于这个目标的实现需要经历怎样的过程和具备哪些必要的条件,这是一个实践问题,要由从事社会主义建设实践的人们根据社会历史的实际条件加以解决。如果看到理论目标与现实不完全一致就断定该理论是空想性质的,那就很可能把现实当目标,如果这样看问题的话,也就等于否定了理论研究的意义,因为理论的任务就在于把握事物发展变化的必然趋势。

我们不应忘记否定商品关系对社会主义建设事业造成的危害。但是,总结历史经验也要采取正确的态度,不能够把我们不从实际出发而照搬马克思关于商品关系消亡理论的错误,说成是马克思这一理论本身的错误。列宁为我们在这方面做出了榜样。他曾用马克思的商品关系消亡的理论论证战时共产主义政策的正确性,但当他改正这种错误政策实行新经济政策时,他承认自己的错误在于没有从当前现实条件出发。他说:"我们犯了错误,决定直接过渡到共产主义的生产和分配。"①列宁从未轻率地宣称马克思关于商品关系消亡的理论具有空想性质。这才是我们应取的实事求是的科学态度。

---

① 《列宁全集》第42卷,人民出版社1987年版,第182页。

二、错误地估计和片面地夸张商品经济在生产力发展和生产关系变革中的地位和作用

商品经济在人类历史发展中,特别是在资本主义生产方式的发展中起着很重要的作用。但是有的人为了论证商品经济在社会主义制度中的巨大作用,对它在人类历史发展上的作用作了极度的夸张,把它的作用抬到了不适当的地步。这种倾向主要表现在以下 4 个方面。

1. 用非历史主义态度对待自然经济和商品经济在生产力发展不同阶段上的作用。这主要表现在撇开一定的历史条件,把自然经济说成是绝对不利于生产力发展的,把商品经济说成是生产力发展的绝对的永恒的巨大推动力。例如有的同志是这样论述的:"在历史上商品经济跨越几种社会经济形态,对社会生产的进步起着巨大的推动作用。在奴隶社会和封建社会的漫长岁月里,自然经济占统治地位,生产力发展很慢。在社会分工和商品生产发展逐步冲破自给自足的自然经济之后,生产力迅速发展"。① 这是一种片面的观点。

自然经济和商品经济是作为两种不同的生产形式和交换方式互相区别的,哪一种方式更能促进生产力发展,从而占支配地位,不单纯是由其本身的性质决定的,而是由生产力水平和生产关系的性质决定的。在原始公社、奴隶制和封建制下,由于生产力低下,这时大规模的集体协作劳动只能使生产者处于人身依附或半依附地位时才能组织起来,这就决定了自然经济成为占统治地位的交换方式,成为当时促进生产力发展的基本经济形式。在前资本主义的各种社会形态中,新的社会生产力和具有历史意义的许多伟大工程,正是在自然经济和人身依附关系的基础上获得的。当时的商品生产形式是不可能具有这样巨大力量的。

强调这一点,不是要用玫瑰色描绘自然经济,而是要说明我们不应因为今天强调商品经济的作用而改写历史事实,我们不能把人类经济发展的历史描绘成商品经济发展史,看作是商品经济依靠本身的力量不断扫除前进道路上一切不利于自己发展的障碍的斗争史。用这种非历史的方法看问题,自然经济就不是生产力发展一定阶段的必然形式,而是一种历史错误,似乎它一开始就是作为阻碍生产力迅速发展的生产形式存在着的,这显然不是历史唯物主义的观察问题的方法,如果这样的话,那就不能解释这一段历史:为什么代替原始社会的不是商品经济而是建立在自然经济基础上的奴隶经济和封建经济。可见,商品经济也只是在一定历史条件下才有可能成为占统治地位的生产形式并对生产力的发展起着巨大推动作用,如果脱离历史条件观察问题,很容易把商品经济的作用绝对化从而得

---

① 《经济研究》1986 年第 10 期,第 11 页。

出错误的结论。

2. 对商品经济在资本主义生产方式的产生和它在该生产方式巩固和发展中的作用,做了不真实的过分夸张。例如有人说:在商品生产发展逐步冲破自然经济以后,"使小生产走向社会化大生产,造成了资本主义几百年的统治"①。实际的历史并不是这样的,对这一段经济发展史做这样的描绘是不真实、不确切的。在封建制度末期,生产力的发展,市场的扩大和人身依附关系的逐步瓦解,导致商品经济的进一步发展。但是,为什么必然导致资本主义生产方式的产生并使它最后巩固了自己,商品经济本身的发展是根本解释不了的。发达的商品经济是资本主义产生的历史前提,但真正决定资本主义生产方式产生的根源,应从生产过程的变化中去找,这就是劳动方式的根本改变,即把分散的个体生产转变为运用协作劳动的大规模生产这个条件。在当时的历史条件下,为了组织大规模的协作劳动,只有通过剥夺小生产者自己的生产资料,使劳动者成为获得人身自由的无产者,然后通过劳动力商品的购买,强制地把劳动者组织在一起,实行简单协作和分工,才能实现向劳动社会化过程转变,这是当时发展生产力的唯一可能的方式。正如马克思所说:"工场手工业的分工⋯⋯它在当时的基础上只能在资本主义形式中发展起来。"资本主义生产方式正是由此成为历史的必然,资产阶级也因此取得了它历史存在的合理性。可见,比较发达的商品经济只是资本主义生产方式产生的历史前提,而不是资本主义关系产生的决定性因素。

在资本主义生产方式产生之后,是什么力量决定生产力获得了巨大发展呢?有的人归结为是商品经济的力量。有的同志说:"资本主义生产方式所以能促进生产力以前所未有的速度和规模发展,除了生产关系发生变化外,还因为资本主义用发达的商品经济取代自然经济"。② 这种解释是不确切的。

在资本主义生产方式确立后,商品经济无疑对资本主义社会生产力的发展起着巨大的推动作用,但它仍然不能成为生产力发展的决定性力量,决定性力量应从生产过程本身去找,为此马克思特别对协作、分工、机器生产作了很详细的考察,并以此为标志把资本主义发展划分为三个阶段。这清楚地表明,决定着生产力以前所未有的速度和规模发展从而最终战胜封建制度、巩固了自己力量的,主要不是"用发达的商品经济代替自然经济"的因素,而是资本主义生产关系下发展起来的劳动过程日益社会化,是生产方法的改进,是科学和技术在生产上的广泛运用。

①　《经济研究》1986 年第 10 期,第 11 页。
②　见《光明日报》1985 年 8 月 10 日。

因此,说"商品经济冲破自然经济""使小生产走向社会化大生产,造就资本主义几百年的统治",这是一个缺乏历史真凭实据的判断。实际的历史,是资本主义生产关系和它推动下的生产(技术)方式的根本变革,使小生产走向社会化大生产并造就了资本主义几百年的统治。我们拿英国与荷兰发展的历史作一个比较,就可充分证明这一点。17 世纪荷兰的强盛主要建筑在商业霸权上,这时期荷兰工场手工业的发展在很大程度上也是依靠其商业霸权取得的。到 18 世纪,英国发展了强大的工场手工业,荷兰经济却日趋衰落,它在西欧的经济地位被英国取代,沦为世界第二流国家。马克思概括两国历史发展的这个过程时说:"荷兰作为一个占统治地位的商业国家走向衰落的历史,就是一部商业资本从属于工业资本的历史。"①商品经济实际的历史地位就是如此。实际上,不管商品经济在资本主义生产力发展中起多大的作用,它毕竟只是资本主义利用来推动生产力发展的一种生产形式或运行方式。

3. 把社会主义必然代替资本主义说成是商品经济进一步发展的要求。这一非科学观点认为,"资本主义之所以成为社会生产力发展的桎梏,是因为与发达商品经济的发展相矛盾"。还有人这样说:"历史的事实是没有商品经济的发展就没有社会化大生产"②,"而没有社会化大生产也就不可能有社会主义的胜利"。③这就把商品经济拔高为资本主义必然灭亡和社会主义必然胜利的决定力量了。商品经济果真具有这种神奇的力量吗? 历史证明并非如此。我们都知道,商品经济本身既不具备摧毁一种旧制度的力量,更不具备创造一种新生产方式的力量,相反,它本身的发展反而仰赖它所依附的特定的生产方式。在资本主义社会中,只是由于资本主义所有制关系和劳动力成为商品,才使商品生产成为占统治地位的生产形式的。公有制的建立消灭了劳动力成为商品的经济条件,只就这一点来说,就大大削弱了商品关系的范围和影响,怎么能说因为社会主义更能促进商品经济的发展才得以代替资本主义的呢? 说"没有商品经济的发展,就没有社会化大生产"并非不可,但是反过来说,没有社会化大生产就没有商品经济的发展同样是对的,而且更准确地表现了二者基本关系。社会化大生产对商品经济的发展是起决定作用的因素,后者对前者则起着重要的反作用。如果只强调前一个方面,并由此把商品经济的发展看作是社会主义胜利的决定性因素,则既不能正确理解客观经济过程的相互关系,也无法证明社会主义代替资本主义的真正原因。

---

① 《资本论》第三卷,人民出版社 2004 年版,第 372 页。

② 《光明日报》1985 年 8 月 10 日。

③ 《经济研究》1986 年第 10 期。

4. 还有一个表现，就是用修改马克思的原话的办法来证明商品经济对生产力发展的决定作用。马克思在《共产党宣言》中说："资产阶级在它的不到一百年的阶级统治中所创造的生产力，比过去一切世代创造的全部生产力还要多，还要大。"①这里要说明的是资本主义经济制度在人类历史发展中的作用。但有些同志为了强调商品经济的作用，把这句话中的"资产阶级"改为"商品经济"，这怎么可以呢？这不是把商品经济与资本主义等同起来了吗？殊不知，这一修改正是"失之毫厘，差以千里"了。

三、把商品经济说成是社会主义经济的实质

斯大林在《苏联社会主义经济问题》一著中，提出了社会主义制度下生产资料已不是商品的著名论断。他虽然仍承认生产资料还采取商品形式，但他认为这只是事情的形式方面，"仅仅保持着商品的外壳"。他的这一论断的根据主要是认为生产资料在国有企业间的交换，并不发生所有权的转移；另外，他认为生产资料的生产和流通已脱出价值规律作用的范围。斯大林的错误在什么地方呢？我认为，从一般理论和方法来看，说商品在公有制经济中只是"形式""外壳"，这本身并没有什么错误，如果我们熟悉马克思关于商品关系在资本主义生产关系体系中的地位的论述的话，就会认为斯大林这些概括也同样是能成立的。尽管商品生产在资本主义制度下成为占统治地位的生产形式，但马克思只是把它看作一种"生产形式"，而不是生产的实质，马克思一再强调商品关系只是资本主义经济的"形式""表层""表面过程""假象"，是"质的形式化"，等等。商品关系在资本主义生产关系体系中尚且如此，在社会主义经济中当然更应是如此了。

那么斯大林的"外壳"说法错在哪里呢？不在于"外壳"的提法本身，而是在于他所建立的体制和政策措施，这主要表现在两个方面：(1)不允许生产资料进入商品流通，宣布价值规律对生产资料的生产和流通不再起调节作用；(2)认为商品流通已开始阻碍社会主义向共产主义发展的前途，在这种思想的支配下，人为地用产品交换代替商品流通。这样的体制和政策显然是不适应当时经济发展要求的，失之于僵化。在这个意义上，为避免"外壳"的说法与当时政策与体制联系起来，我不主张起用"商品的外壳"的提法。

但是有的同志未能对斯大林的论点进行实事求是的客观评价，而是一概否定，以致走到了另一个极端，用"实质论"顶替"外壳论"。他们做出了"商品经济是社会主义经济的实质"的论断，认为"社会主义商品经济同公有制、按劳分配等

---

① 《马克思恩格斯选集》第1卷，人民出版社1995年版，第256页。

一样,都是社会主义的经济实质所在"①。他们的理由有三:(1)没有一个国家能够消灭了商品关系;(2)谁越承认和发展商品经济,谁的经济发展越快,社会主义公有制从生产、交换、分配到消费,都是通过商品货币关系进行运转的;(3)社会主义社会人们之间、各单位之间有不同的利益关系。这三点的确是社会主义现阶段的现实情况,是毋庸置疑的,但用它们证明商品经济是社会主义经济的"实质",则是难以成立的。因为提出的这三点理由只能说明商品经济在社会主义公有制下存在的必要和重要,却不能说明它是社会主义经济的"实质"关系,也没有划清与"外壳"论的界限。我们都知道,"外壳论"是斯大林在《苏联社会主义经济问题》中提出来的,但就在这部书中,他第一次从理论上论证了商品关系在社会主义公有制范围内包括全民所有制内部存在的客观必然性,第一次提出了价值规律是一个很好的实践的学校,强调指出经济工作要按照价值规律办事。须知,如果不承认社会主义经济的各个环节都是通过商品交换进行的,"外壳"论也就没有意义了,因而也就用不着提出"商品的外壳"的问题了,所以是"外壳"还是"实质"分歧的焦点并不在于商品关系是否有必要存在和是否起重要作用,而在于对现实存在着的商品关系在社会主义经济中地位的估价。上面提到的文章在批评"外壳"论时恰恰回避了对这个问题的论证,因此未能告诉人们商品经济为何成为社会主义经济的本质,也因而使得他们对"外壳"的"批判"从理论上看变得苍白无力。

把商品经济看作是社会主义经济的实质,这种观点在理论上是否能成立呢?我认为是不能成立的。

1. 商品经济是极不相同的社会经济形态都具有的现象,它只是这些社会经济形态共性的抽象,因此,它同一定经济形态特有的本质关系没有直接联系,从而也不可能成为任何一个社会经济形态的实质关系。

2. 尽管资本主义社会的财富表现为庞大的商品堆积,资本主义生产都表现为商品生产,但马克思却强调指出商品生产只是资本主义的"生产的一般形式"②,而不是生产的实质。马克思特意指出:"资本主义生产的直接目的不是生产商品,而是生产剩余价值或利润(在其发展的形式上);不是产品,而是剩余产品。"③如果把商品生产说成资本主义生产的实质,那么我们对什么是资本主义将会毫无理解。在社会主义制度下同样是这种情况,仅仅理解了商品经济一般,不可能对社会主义经济的特殊规定有任何理解,不会理解它为什么不是资本主义而是社会主

---

① 见《经济研究》1991 第 2 期。

② 《资本论》第三卷,人民出版社 2004 年版,第 998 页。

③ 《马克思恩格斯全集》第 26 卷 II,人民出版社 1973 年版,第 624 页。

义。实际上,商品经济也只是社会主义经济的一个"生产一般形式";社会主义生产的直接目的是最大限度地满足全体社会成员的物质文化需要和他们的发展,这是商品经济本身所根本不可能显示出来的。

3. 商品生产不仅不能成为资本主义生产的实质,它还起着掩盖资本主义生产实质的作用。马克思着意揭露了这一点。马克思指出,在资本主义制度下,商品等价交换关系只是一种表面现象,是假象,他说:"资本家和工人之间的交换关系,仅仅成为属于流通过程的一种表面现象……劳动力的不断买卖是形式。其内容则是,资本家用他总是不付等价物而占有的别人的已经物化的劳动的一部分,来不断再换取更大量的别人的活劳动。"①不仅资本家与工人之间的交换只是一种掩盖本质关系的表面现象,全部商品交换都是如此。马克思说:"在现存的资产阶级社会的总体上,商品表现为价格以及商品的流通等等,只是表面的过程,而在这一过程的背后,在深处,进行的完全是不同的另一些过程。"②商品交换关系不过是掩盖深层本质关系的假象,资产阶级经济学家利用这种假象,宣扬资本主义的平等和自由。马克思深刻地揭露他们说:"有些人错误地把这种表面关系,把这种质的形式化,把资本关系的假象看作是资本关系的本质本身,因而试图把工人与资本家之间的关系说成是商品所有者之间的一般关系,以此为这种关系辩护并抹杀这种关系的特征。"③

正因为如此,马克思在指出商品生产与商品交换在资本主义制度下是最大量的、普遍的、占统治地位的生产形式时,才从未作过"资本主义是商品经济"这样的概括。相反,马克思总是强调商品生产所以成为占统治地位的生产形式,是由资本主义经济关系的特点决定的。他说,"社会劳动时间在商品价值上作为决定要素起作用的一定形式,是同劳动作为雇佣劳动的形式,以及与此适应的生产资料作为资本的形式有关的,因为只有在这个基础上,商品生产才成为生产的一般形式"④。

商品经济不可能是资本主义经济的实质,当然地它更不可能成为社会主义经济的实质,不过在现阶段,公有制下的等量劳动互换关系还要借助于商品等价交换的形式来实现,这样,等量劳动互换这一社会主义经济的实质关系就被商品等价交换关系掩盖了。这也是为什么一些人把商品关系看作是社会主义经济的实

---

① 《资本论》第一卷,人民出版社 2004 年版,第 673 页。
② 《马克思恩格斯全集》第 46 卷(上),人民出版社 1979 年版,第 200 页。
③ 《马克思恩格斯全集》第 49 卷,人民出版社 1982 年版,第 426 页。
④ 《资本论》第三卷,人民出版社 2004 年版,第 998 页。

质关系的一个认识上的根源,二者的真正关系只能通过理论的研究揭示出来。实际上,由于排除了生产资料这种物的条件对分配关系的影响,公有制下的等量劳动交换关系比商品等价交换关系是一种更进步、更平等的关系,把商品关系说成是社会主义生产的本质关系,就把一个巨大历史进步抹杀了,这显然是不恰当的。

应当指出,说商品关系是一种表层关系,并不是说它在社会主义生产关系体系中是多余的,可要可不要的,商品关系是社会主义生产关系体系结构的有机组成部分,也是现阶段社会主义经济的重要特征之一。我们所要强调指出的,是必须科学地规定它在生产关系体系中的地位,指出它是整个生产关系体系中处于浅层次水平上的关系,它不反映社会主义深刻的本质关系,而是这一本质关系的外部表现形式。这一形式要从属于最深层的本质关系,为它服务,适应它的要求而改变自己的运行原则。

我们当前强调发展商品经济,利用市场机制,并不是把它从表层关系变成深层的本质关系,这种强调,正如十三届七中全会通过的《建议》中所讲的,是为了"要消除过去一定历史条件下形成的经济体制中的弊端",恢复商品关系在社会主义生产关系体系中的应有的地位,充分发挥它的作用,推动社会主义经济建设的发展,充分发挥社会主义制度的优越性,巩固和完善社会主义制度。从全民所有制范围来说,商品经济是作为一种经济体制和经济运行机制被社会主义公有制利用来为增强企业活力和国民经济的健康运行服务的。

四、坚持科学性是阐述党的方针政策的基本要求

马克思主义理论在历史上所以能够战胜形形色色的非马克思主义流派和错误思潮,并对革命和建设实践起着巨大的指导作用,一个根本原因就在于它的科学性。科学性是马克思主义理论的生命。举一个例子,当党内一些人把拉萨尔派的鼓动性很强的"不折不扣的劳动所得"写进党纲时,马克思以严肃的科学态度批判了这一口号的错误,抵制了拉萨尔主义的消极影响,发展了科学社会主义理论。马克思在治学上的严谨的、一丝不苟的态度,是值得我们学习的光辉榜样。

上述的关于商品经济的种种观点,涉及如何对待马克思主义关于商品经济的基本理论,涉及如何看待商品关系在社会主义生产关系体系中的确切地位问题。这些问题看起来是抽象的理论是非,实际上也是一个能否正确理解社会主义制度下人们经济关系的重大实际问题。如果颠倒了商品关系这种表面过程与社会主义深层的本质之间的基本关系,把商品关系看作是决定生产过程根本方面的主要关系,在实践上就会摆错商品关系在社会主义生产关系大系统中的地位,就不能在生产关系大系统中把各局部要素按其内部结构正确组合,实现全系统整体功能

的最优化，社会主义制度的优越性也就不能充分地发挥出来，还会导致经济体制改革理论上的失误，使改革走偏方向。

用非科学的观点来阐述党发展商品经济的方针政策，会产生一些很不利的影响，主要可归纳为以下几点：

1. 非科学的论证不利于引导人们正确地理解党的方针政策的实质。提出建立有计划商品经济新体制，目的是为了在发挥公有制计划经济的优势的同时，充分发挥市场机制的作用，自觉地利用价值规律，使整个国民经济更具有生机和活力，而上述那些非科学的论述很容易使人们迷失方向。例如前些年在改革中片面强调放权让利，认为只要把生产交给市场机制去支配，就能解决企业活力、动力、效率问题，忽视了同时加强国家的宏观调控，削弱了必要的政治思想工作和社会主义精神文明建设。这些偏差的发生与片面地过分夸张商品经济决定作用的理论导向是有关系的。

2. 过分夸张商品经济的作用，很不利于坚定人们对社会主义公有制和计划经济的信念。例如有的人要求按照发展商品经济的要求改革公有制，变全民所有制为集体所有制，变按劳分配为按劳动力商品价值分配等，就是援引这些非科学的观点作为根据。

3. 这种非科学的论证无助于提高全社会的马克思主义理论水平，甚至会导致人们对马克思主义的怀疑。一个明显的例子是一些人从把马克思的商品关系消亡理论说成是具有空想性质的个别结论开始，一直发展到把马克思关于全民所有制、计划经济、按劳分配等理论，全都说成是空想社会主义，声称社会主义从空想到科学的过程还远远没有完成。

4. 只有理解了党的方针政策的科学基础，才能真正理解党的政策本身，才能正确地贯彻执行它，不"左""右"摇摆。任何主观片面的宣传，即使有短暂的效果，到头来也会走向反面。

总之，商品关系与社会主义经济关系之间的联系，以及前者在后者中所处的地位，是一个深层次的理论问题，希望通过讨论，大家能在马克思主义的基本理论和党的方针政策的基础上取得共识。

建设有中国特色社会主义的经济

——学习江泽民同志《在庆祝中国共产党成立 70 周年
大会上的讲话》"七一"讲话

江泽民同志在《庆祝中国共产党成立 70 周年大会上的讲话》(以下简称《讲话》),是一篇指引全党和全国人民沿着有中国特色社会主义道路胜利前进的纲领性文献。联系当前国际和国内形势的变化和发展,深入学习《讲话》,对提高理论水平,进一步明确目标,坚定走社会主义道路的信念,有着极为重大的意义。

《讲话》在分析我国基本国情的基础上,根据十一届三中全会以来我们党不断丰富和发展了的认识,根据十三届七中全会《中共中央关于制定国民经济和社会发展十年规划和"八五"计划的建议》总结的十二条原则,对什么是有中国特色的社会主义的经济、政治、文化,做了进一步的规范和理论概括。在什么是有中国特色的社会主义道路的分析中,《讲话》的最大特色在于明确地指出主张什么、反对什么。本文仅就什么是有中国特色社会主义的经济谈谈我的认识。

什么是有中国特色社会主义的经济呢?

一、坚持以生产资料社会主义公有制为主体

《讲话》首先指出了社会主义经济的生产资料所有制的特征。马克思主义认为:一定的生产资料所有制形式是社会生产关系的基础,生产资料所有制的形式决定社会生产关系的根本性质,社会主义生产关系的基础是生产资料的公有制。坚持社会主义,首先必须坚持生产资料公有制,所以,《讲话》强调指出"必须坚持以生产资料社会主义公有制为主体"。《讲话》同时还强调应当"允许和鼓励其他经济成分的适当发展",这是十一届三中全会以来针对过去所有制结构上比较单一的缺陷而提出的,这一改革方向是完全正确的,它适合我国现阶段生产力发展的不平衡和多层次性的特点。所有制结构改革调动了千百万劳动群众的积极性,通过各种形式把他们动员起来参与到生产和流通活动中去,生产发展速度加快了,市场繁荣了,人民的物质生活水平普遍提高了。

有人曾对党的这一正确改革政策做了完全错误的解释,有人把发展其他非社

会主义经济成分说成是全民所有制的国有经济不再适应生产力的发展了,今后发展经济应多依靠非公有制经济成分了。他们竭力贬损国有经济,提出把它改为企业所有制,甚至有的人提出私有化主张。这些看法显然不符合实际,是错误的。《讲话》针对这些错误思想旗帜鲜明地指出:"既不能脱离生产力发展水平搞单一的公有制,又不能动摇公有制经济的主体地位,不能搞私有化";还明确提出:"在我国现阶段,适应生产力的现实水平和进一步发展的要求,首先要巩固和壮大社会主义公有制经济。"这里指出"首先",是对那些否定国有经济在生产力发展中的决定作用的观点的明确回答。《讲话》特别强调了国有大中型企业是社会主义经济的骨干力量,阐明了它们在我国国民经济中的决定性的主导地位,是我们的主要依靠力量,因此,坚持公有制的主体地位,就是坚持以国有经济为主导的公有制的主体地位,没有强大的国有经济的主导作用,社会主义就会丧失自己的经济基础,我们必须对国有大中型企业实行政策上的倾斜,通过深化改革不断增强它们的活力,保证它们在整个国民经济中的主导地位日益增长。无论以何种形式抑制或削弱国有经济作用的发挥,都是不利于生产力的发展和社会主义经济制度的巩固的。

《讲话》也明确了对其他非社会主义经济成分的政策,指出它们是我国现阶段经济发展所必需的部分,是社会主义公有制的有益补充,这是改革以来为实践所证明了的。针对改革过程中和实际工作中出现的某些偏差,《讲话》对此也明确地阐明了我们的政策,指出:"我们要在实践的过程中,经过深入系统的调查研究,采取适当的措施,逐步使得各种经济成分在整个国民经济中所占的比例和发展范围趋于比较合理。要逐步完善财政、税收、金融、价格、劳动工资、社会保障、工商行政管理等政策,保证公有制经济的主体地位,引导其他经济成分健康发展,发挥其积极作用,限制其消极作用。"

二、按劳分配是社会主义公有制的实现形式

有中国特色社会主义的经济的另一个重要方面是分配关系,在一定社会经济结构中,生产关系和分配关系是两个不可分割的基本要素,二者共同构成一定社会经济制度的最深层的本质关系,人们建立某种所有制关系,是为了通过生产资料的占有实现一定的利益关系的,分配关系就是这种经济利益关系的最直接最明确的表现,所以马克思把二者的关系表述为一个事物的两面,分配关系是生产关系的另一面或背面,人们以什么样的身份参与生产,就以什么样的身份参与分配,离开分配关系孤立地考察生产,生产就会呈现为抽象的生产一般,离开生产关系考察分配关系,则分配将成为不可理解的,而且往往会陷入道主义、人性的一般空洞论证。

所以，江泽民同志在《讲话》中讲了有中国特色社会主义的所有制关系后，紧接着就阐述了有中国特色社会主义的分配关系。他讲道："按劳分配是社会主义的分配原则，是社会主义公有制的实现形式。"

按劳分配之所以是社会主义公有制的实现形式，是因为在生产资料属于全体成员共同所有的公有制条件下，每个成员能向社会提供的除了个人的劳动以外，不可能再有别的什么；另外，在社会主义阶段，只有实行按劳分配，生产资料公有制所体现的人们在生产资料占有上的平等关系，才能在经济利益关系上真正体现出来。如果实行别的什么分配方式，必然会构成对共同占有生产资料这种所有制关系的实际上的否定，那将不利于生产力的发展，不利于公有制的巩固。某一段时期有的人否定按劳分配的社会主义分配原则，他们从"社会主义经济是商品经济"这一规定出发，认为按劳分配与商品交换相矛盾，在商品经济条件下无法实现，主张社会主义必须使劳动力也变为商品，分配只能实行按劳动力价值分配，这显然是不正确的。社会主义公有制的建立，劳动者已经成为生产资料的共同主人，已经摆脱了把自己的劳动力作为商品出卖这种屈辱地位，从而个人消费品的水平也不再由劳动力价值量来界定，如果像有些人主张的重新使劳动力成为商品，实行按劳动力价值分配，那就是使改革走入邪路，走向资本主义化的"改革"了。

既然社会主义公有制在所有制结构上占主体地位，与之相应，按劳分配这种分配制度在全社会范围内也必须占主体地位，《讲话》中指出："必须实行以按劳分配为主体、其他分配形式为补充的分配制度，既要克服平均主义，又要防止两极分化，逐步实现全体人民的共同富裕。"

在全民所有制经济中，按劳分配必须在全民所有制范围内按国家确定的统一劳动报酬标准进行，如果不按统一劳动标准，那就等于否定了全民所有制各个企业职工之间的按劳分配关系，从而也就很难说按劳分配占主体地位了。不过应当看到的是，在现阶段，企业都是相对独立的生产和经营单位，考察劳动不能只从单个个人的状况来看，首先应当从一个企业全体职工的结合劳动来评判。这里所说的结合劳动是指包括管理者的管理活动、科技人员的设计、技术革新活动和直接生产者的生产劳动共同作用的整体。企业之间的按劳分配应当以这种结合劳动的质量和数量作为获取整个企业劳动者收入的标准，管理水平高、技术进步快、直接生产者的劳动好的，在同样的生产条件下，就能创造出更高的劳动生产率，这样的企业职工的劳动就应当被承认为是较高级的劳动，劳动同量时间应当获得较高的收入，从而在全民所有制整体范围内实现按劳分配原则。这种劳动量的实际计算是很困难的,但不能因为它困难就否定在全民所有制范围内依照统一的劳动标准贯彻按劳分配原则,实践会找到计算和正确贯彻的方法。当然,像任何其他客观规律一样,它只能表现为一种趋势,而不可能表现在每一个个别场合。把握这种趋势的实践意义在于它使我们调整劳动者之间分配关系和经济利益时有明确的必须遵循的基本原则,提高实际工作的自觉性。

在集体所有制范围内,按劳分配则只能在单个企业的范围内实行,因为生产资料只是属于这个小的集团所有,因而它同其他集体企业职工之间的分配关系不属于按劳分配范畴。在其他所有制形式中,分配关系只能按照该所有制形式所形成的经济关系来进行分配,这些分配形式是合法的,为社会所承认的。

在贯彻按劳分配和实行其他分配方式时,一方面应当继续反对平均主义,同时也必须反对严重的分配不公现象的滋长。《讲话》中指出:"要继续允许和鼓励一部分人、一部分地区通过诚实劳动和合法经营先富起来,又要提倡先富帮后富。我们保护合法收入。对过高收入,要通过税收等形式加以调节。对违法经营牟取暴利的行为,要依法坚决取缔。"

三、建立计划经济与市场调节相结合的经济运行机制

公有制和按劳分配是社会主义经济制度最深层的本质关系,是社会主义经济的本质规定,二者缺一,就不能称其为社会主义。但有中国特色的社会主义经济,除了上述两个本质关系外,在经济运行方面还有其特色,即实行计划经济与市场调节相结合的运行机制。

《讲话》指出:"必须建立适应社会主义有计划商品经济发展的、计划经济与市场调节相结合的经济体制和运行机制,在国家法律法规和计划的指导下发挥市场调节的积极作用,既要克服过去那种过分集中、管得过多过死的弊端,又不能过于分散和削弱宏观调控。"

由于现阶段的生产力发展水平,由于还存在着两种公有制形式,社会主义国有企业还是相对独立的经济实体,实行独立核算、自负盈亏等这样一些经济条件的存在,决定了在社会主义经济里仍然存在着商品关系,不仅在国有经济与其他经济成分之间存在商品关系,在全民所有制内部各个企业之间也都是借助商品交换来进行经济联系的,因此,商品经济成为社会主义经济的普遍形式。

但社会主义商品经济是公有制基础上的有计划的商品经济,与社会主义制度中这种特殊的商品经济相适应的,是必须建立计划经济与市场调节相结合的运行机制。这是一种客观必然性,也是我国社会主义建设40多年的计划管理经验的科学总结。根据《讲话》的精神,实行这种经济运行机制的基本要求如下:

1.《讲话》中指出"计划经济要自觉地运用价值规律",这一论断明确地表明我们的社会主义经济并不取消计划工作,这是社会主义与资本主义在经济运行方面的一个重要区别。资本主义从整体上说,经济运行是建立在市场自发调节的基础上的。

2. 对经济实行宏观管理时,既要遵循商品经济的一般规律,又要遵循社会主义经济的特有规律。社会主义经济中,商品生产仍是普遍的生产形式,商品经济的一般规律,例如,价值规律、商品交换规律、货币流通规律、资金循环和周转规律等当然都是适用于我们的经济的,必须遵循,但是也应看到,社会主义经济是以公有制为基础的经济,在公有制基础上产生了社会主义特有的经济规律,例如,社会主义基本经济规律、国民经济有计划发展规律、按劳分配规律等,因此发展社会主义商品经济也应当遵循而且首先应当遵循社会主义特有的经济规律,商品经济的一般规律必须为社会主义特有经济规律的实现和贯彻服务,正如价值规律在资本主义经济中必须为剩余价值规律和平均利润规律的实现和贯彻服务一样。

某一阶段有些人根本否定社会主义有自己特有的经济规律,他们把社会主义基本经济规律、国民经济有计划发展规律都宣布为是主观臆断,在现实中根本不存在,这表明他们对社会主义经济缺乏最起码的认识,《讲话》明白地纠正了这种错误观点。

3. 计划与市场,作为调节经济运行的手段,是建立在社会化大生产基础上的商品经济发展所客观需要的。资产阶级虽然一再标榜自由竞争是它们的根本原则,但随着生产规模的扩大和社会化生产的发展,生产过剩危机的周期爆发而且破坏性日益增大,他们不得不吸取社会主义计划经济的长处,提出了进行必要的国家干预,实际上也就是利用计划手段来进行宏观调节。社会主义现阶段由于本身生产力和生产关系发展水平都还很低,计划调节还不可能包罗一切,否则就会把经济管死,使企业失去活力,影响生产的发展和人民消费水平的提高,因此,还必须广泛地利用商品经济,建立有计划商品经济的新体制,以便充分发挥市场调节的作用,使国民经济的发展更富有生机和活力。

可见,资本主义经济可以在一定范围内采取计划手段,社会主义经济可以在一定范围内采取市场手段,不能认为资本主义在一定范围内采取了计划手段就成为社会主义了,社会主义在一定范围内采取市场调节就成为资本主义了,也不能认为社会主义经济与资本主义经济由此就没有什么差别了,或者说它们走向趋同。应当知道,在一定范围内运用计划调节手段或市场调节手段,不是区别社会主义经济与资本主义经济的标志,即使抛开生产和分配这种深层本质关系,单从经济运行的角度来考察,两种经济也有着质的区别。这首先表现在计划手段和市场手段在经济运行中所处的地位和作用的根本不同。譬如,在资本主义经济中,计划手段主要限于总供给与总需求总量调节的范围内来使用,重要的经济结构则几乎完全是由市场来调节的,正因如此,西方国家都把自己的经济叫作市场经济,而在社会主义经济中,计划调节首先是有计划地安排国民经济的重大比例关系,当然也包括总供给与总需求的平衡,市场调节则是被利用来为更好地实现计划规定的重大比例关系服务的。

其次,实现的方式也不同。资本主义经济中的计划手段,即使也涉及经济结构某些方面,但它只能起一个气象预报的作用,而对垄断企业来说没有任何约束力。在社会主义经济中,计划调节不仅首先体现在国家制定计划,自觉地根据客观规律预先安排经济发展上的重大的比例,而且还通过指令性指标、指导性的计划指标和利用各种经济杠杆和其他手段来切实地组织实施,正因为如此,西方国家都把计划经济作为社会主义经济的同义语。

可见,社会主义经济与资本主义经济在经济运行机制上同样存在着重大的差别。

4. 社会主义经济既然还普遍存在商品经济这种生产形式,当然也就必须利用那些符合社会化大生产和商品经济发展要求的通用做法,例如资金、技术、劳务、房地产等都以商品形式进入市场,建立全国统一市场、建立企业集团等企业组织形式,通过股份、债券等形式动员社会闲散货币,把它们转化为资金用于扩大再生产,等等。但是应当看到,商品经济这种生产形式虽然是社会主义经济的一个内在属性,但它毕竟不是社会主义所固有的本质属性,它是在许多极不相同的生产方式中都存在过的共有现象,千百年来它都是同私有制相联系并为它们服务的,特别是它在资本主义制度下才得到了充分的发展,并成为占统治地位的生产形式的,所以,利用它的时候会有一个方向问题,不提高警觉性,会不自觉地滑向资本主义。因此,《讲话》中特别强调利用商品经济形式"必须坚持正确的方向,决不能走发展资本主义经济的道路"。

5. 计划经济要自觉运用价值规律这一论述包含两层意思,一是要克服过去计划工作中忽视商品生产、价值规律作用的弊病,充分发挥市场调节的积极作用;一是强调对价值规律要自觉运用,不能让它完全盲目地自发地发挥作用。某一阵产生一种议论,说什么价值规律根本不能自觉运用,而只能让它自发地发生作用。把过去计划工作中的某些缺点,说成是妄图自觉运用价值规律的结果,这显然是完全不正确的,这种崇尚自发性的观点是不恰当的。人们是能够自觉地利用客观经济规律的,社会主义由于建立了生产资料公有制,人们的经济利益在根本上是一致的,自觉地利用和驾驭规律的可能性更大了,而且也有必要自觉地去利用它。

如果社会主义国家不自觉地利用价值规律来管理经济,让它自发地发生作用,那么其他经济成分就会从它们的阵地利用价值规律来损害国有经济。

以上是关于有中国特色社会主义的经济的基本内容,它充分显示了我们已经找到了在我国的现存条件下建设社会主义的具体道路,我们应当牢牢把握有中国特色社会主义的经济的这些基本要求,并在实践中不断完善各项政策措施,逐步实现国民经济的现代化。

江泽民同志阐明的有中国特色社会主义的经济的基本要求,一方面坚持了马克思主义的基本原理,在原则上毫不含糊,明确宣布我们必须怎么做、不能或不允许怎么做;另一方面又根据我国的具体情况,坚持党的一切从实际出发、实事求是的思想路线,勇于探索和创新。《讲话》特别强调了坚持四项基本原则和反和平演变同坚持改革开放的一致性,《讲话》指出:"建设有中国特色社会主义的经济、政治、文化,必须在坚持四项基本原则的前提下,坚持改革开放的总方针。只有通过改革,社会主义制度的优越性才能更加充分发挥出来。"改革是社会主义制度的自我完善,社会主义制度只有在坚持自身改革的进程中,才能逐步走向健全、走向完善、走向成熟。改革开放必须坚持社会主义方向,否则,改革将从社会主义的自我完善变质为社会主义的自我否定,最终葬送党和人民长期奋斗的全部成果,使自己沦为西方国家的经济附庸。《讲话》对这一切都做了完整的、深刻的马克思主义的阐述,我们应当认真学习,全面领会其精神实质,在教学和理论宣传中加以贯彻和落实。

公有制与市场经济的兼容

党的十四大报告谈到社会主义市场经济的特征时指出:社会主义市场经济体制是同社会主义基本制度结合在一起的,也就是说,它是以公有制为主体、多种经济成分共同发展的所有制结构、与以按劳分配为主体的其他分配形式为补充的分配制度、与国家的宏观计划调控相结合的市场经济。这里明确指出了社会主义市场经济不同于资本主义市场经济的根本特征。不过这里只是说市场经济运行的外部的客观制度条件,指明了它是在以公有制为主体的所有制结构和以按劳分配为主体的分配制度的条件下发挥作用的,这里还存在着以下的问题:作为许多生产方式中都共有的市场经济这样一种交换制度是如何与社会主义基本制度结合在一起的? 由于这种结合,市场经济本身又呈现出了哪些独有的、是其他经济制度下所没有的特点,使它可以称为"社会主义市场经济"呢? 这是应当进一步加以阐发的。

(一)市场经济与社会基本制度的基本关系

市场是商品交换关系的总和。市场经济是这样一种经济形式:"生产者把他们的产品当作商品,从而当作价值来对待,而且通过这种物的形式,把他们的私人劳动当作等同的人类劳动来互相发生关系。"①具体解析,大致包括以下五个方面的内容:(1)生产目的是为了市场交换;(2)生产者之间是独立的、平等的关系,交换双方是各自产品的所有者,只能靠出让自己的产品,才能占有别人的产品;(3)生产者是处在社会分工体系中,但他们的联系都是通过市场进行的,他们的劳动不能直接成为社会劳动,必须通过市场上物与物的交换,把私人劳动转化为社会劳动;(4)产品交换是在等量的基础上进行的,等量劳动交换等量劳动,这里的劳动包括生产产品时花费的活劳动和过去的物化劳动;(5)分配关系是由这种交换方式决定的,按价值交换决定了按生产者的劳动所形成的价值进行分配,等价交换和按价值分配是市场经济的基本利益关系,生产者的生产方向、生产什么、生产

---

① 《马克思恩格斯全集》第23卷,第96页。

多少,由市场上产品的价格和盈利水平来调节。

从市场经济的规定来看,它本身是一种生产关系,表现为一种特定的利益关系,这种利益关系具体表现在决定着交换者利益的价值量是由社会必要劳动时间决定的。

市场经济尽管是一定的经济关系,但它并不是一个独立存在的经济制度,实际上,市场经济一般只是不同制度下所存在的一种共有现象的抽象。关于这一点,马克思这样说过:"商品生产和商品流通是极不相同的生产方式都具有的现象,尽管它们在范围和作用方面各不相同,因此,只知道这些生产方式所共有的抽象的商品流通范畴,还是根本不可能了解这些生产方式的不同特征,也不可能对这些生产方式作出判断。"①

根据这一理论,我们可以这样认为:(1)商品流通、市场经济只是不同生产方式共有现象的一个理论上的抽象,离开一定特殊经济制度,没有独立存在的市场经济;(2)市场经济作为不同制度的一种共有现象,它不可能属于社会基本制度的范畴,实际上,它在一定的特殊经济制度下是作为一种经济运行机制存在的。作为一种经济运行机制,它首先为该经济制度的利益关系的实现服务,其次是作为一种资源配置方式推动资源的优化配置,以使它们依附的经济制度的再生产过程得以正常进行,保证统治阶级获得经济利益。

市场经济是不同制度下的共有现象,但不能由此把它说成是一个"中性的事物","共性"与"中性"是两个根本不同的概念。一般说来,我们说某种事物是中性的,那它本身必须是一个单独存在的客体,中性本身是该客体的一种特性,是其他事物所没有的,譬如,物理学上的中子,这是指既不带阳电也不带阴电的粒子,它是同带负电的电子和带正电的质子同时并存的;国际关系中的"中立国",那也是指与交战双方并存但不参与任何一方反对另一方的独立国家;医学上的"中性粒细胞",也是单独存在的细胞体;食品中的"中性食品",那是指一种用植物油和中性流质原料而不用乳类制成的食品。显然,市场经济的"共性"不是这个意思,它只是不同生产方式共有现象的一个理论抽象,而不是与不同基本制度并存的独立事物。

认为市场经济是"中性的事物",其悖理的地方还表现在以下方面:市场上的交换是由携带着商品进入市场的人进行的,即市场主体,市场经济的性质是由进行交换的市场主体的性质决定的。参与市场交换的市场主体是小私有者,就是小私有制商品经济;市场主体是资本家,就是资本主义市场经济;市场主体是社会主

---

① 《资本论》第一卷,人民出版社 2004 年版,第 136 页。

义公有制企业,就是社会主义市场经济。在现实中不存在没有任何规定性的"中性"的市场主体,当然也就没有"中性"的市场经济。

从以上分析可以看出,市场经济一般这个理论抽象,除了表示一种特殊的交换方式外,它本身没有决定制度性质的那些特定的规定性,因而不可能成为独立存在的经济制度,用它不能解释任何一个特定的生产方式。马克思在谈到资本主义与市场经济的关系时就明确指出:"这种等价物的交换是存在的,不过,它仅仅是建立在不通过交换却又有交换假象的掩盖下来占有他人劳动这一基础上的生产的表层而已。这种交换制度是以资本为基础的。而且,如果把它同资本分开来考察,也就是说,像它在表面上所表现的那样,把它作为独立的制度,那么,这只是一种假象,不过这是必然的假象。"①

把市场经济的"共性"说成是"中性"的人,实际上是把市场经济看成是一种可以脱离社会基本制度而单独存在的一个独立的事物,这种看法显然是不能成立的。

(二)市场经济与特殊经济制度的结合

各个特殊的社会经济制度都由其特殊的利益关系,实现这种利益关系是该经济制度的根本要求,经济活动的一切方面都必须服从这一要求。

现在的问题是,市场经济一般所体现的利益与它所依附的特殊的社会基本经济制度所体现的根本利益是否是一致的呢?是否存在矛盾?如果不一致或存在矛盾,哪一方是矛盾的主要方面?这些问题是必须加以回答的。只有解决了这些问题,才能阐明市场经济是如何与特定的社会经济制度相结合的,从而也才能理解不同制度下市场经济的功能、作用范围和特殊性。

从历史上看,资本主义制度与市场经济的关系是密切的,发达的商品流通是资本主义生产方式产生的历史前提,只有在资本主义生产方式下,商品生产才成为占统治地位的生产形式,市场经济才得到了充分的发展,蕴藏在市场经济规律中的一切潜力才得以充分发挥出来。为此,在西方经济学界,由于二者这种水乳交融的关系,往往都把市场经济与资本主义经济等同起来,抹杀了二者的差别。为了更清楚地说明市场经济与一定社会基本制度的结合,我们就以资本主义生产方式作为标本来加以剖析,这种剖析将为我们探讨社会主义制度与市场经济的结合提供理论上和方法上的认识武器,从更深层次上把问题阐述清楚。

市场经济中所包含的经济关系和所体现的经济利益与资本主义制度的本质关系和经济利益是有本质区别的,市场经济中的基本规律等价交换与资本主义占

---

① 《马克思恩格斯全集》第46卷(上),人民出版社1979年版,第513页。

有关系是根本对立的,这一点往往被一些研究市场经济的人们所忽视。

等价交换原则与资本主义剥削制度是两种根本不同的利益关系,资产阶级古典经济学派已经感觉到单纯商品交换关系与资本主义关系二者之间的矛盾,但没有真正理解它,而总是力图去抹杀它们之间的矛盾和对立。等价交换与资本主义制度的矛盾表现在两个方面:(1)商品等价交换与剩余价值占有之间的矛盾。如果资本家与工人之间的交换是按价值进行的,就不可能生产出剩余价值;如果确认剩余价值的客观存在的现实,那就要否定等价交换原则的存在。(2)等价交换原则与平均利润关系之间的矛盾。如果商品交换是按价值进行的,由于资本有机构成的不同,同量资本就会获得极不相等的剩余价值或利润,显然,这是资本关系所不能容忍的,资本主义制度现实是同量资本获得大体相同的利润,在资本主义制度下这是资本的权利要求,这种权利被社会认为是公平的,是法律所承认的。

从这里可以看出,市场经济的等价交换原则并不是与资本主义制度自然而然地无矛盾地啮合在一起的,只有解决这些矛盾才能实现市场与资本主义制度的结合,我们也只有弄清这些矛盾是如何解决的,才能说我们理解了这里的市场经济为什么和怎样成为"资本主义市场经济"。

先看看第一个矛盾是如何解决的。资产阶级古典经济学家曾为等价交换与剩余价值占有之间的矛盾所困扰,导致亚当·斯密宣称在资本主义条件下价值规律已不起作用,真正搞清楚了二者之间关系的是马克思。马克思在区别劳动力与劳动的基础上,揭示了资本家与工人之间的交换实际上包含着两个不仅在形式上而且在性质上不同的过程,把它们分解开来,分别加以分析,就可以清楚地看清了这个矛盾的解决过程。(1)工人把自己的劳动力商品按价值出售给资本家。这里的交换是按价值进行的,不违背市场交换规律;(2)第二个过程是生产过程,即资本家使用劳动力的过程,在这一过程中劳动创造新的价值。在生产过程中,资本家行使自己对商品的使用权力,不仅使自己的资本价值保存,还使它增值。马克思指出:"在资本和劳动的交换中第一个行为是交换,它完全属于普通的流通范畴;第二个行为是在性质上与交换不同的过程,只是由于滥用字眼,它才会被称为某种交换。这个过程是直接与交换对立的,它本质上是另一种范畴。"①马克思就这样科学地揭示了市场经济与资本主义剥削之间的联系和它们是怎样地结合起来的。

再看看第二个矛盾是如何解决的。等价交换原则只是市场经济的一般规定,价值由劳动时间决定,它是一个客观规律,但绝不是说市场上商品的交换只能按

---

① 《马克思恩格斯全集》第46卷(上),人民出版社1979年版,第232页。

价值进行。

小私有制商品经济下生产者是个体劳动者,他们是自己所使用的生产资料的私有者,同时本身又是直接劳动者,劳动和所有权是直接结合的。在这种所有制条件下,市场上商品的交换只能是按照他们生产商品时凝结在产品中的一般劳动时间来进行,这是保证他们本人生存和继续再生产的基本前提,也是促进个体生产者不断提高效率的激励机制,所以,等价交换是小商品生产者之间的基本交换原则,这是小私有制市场经济的基本特征。

到了资本主义社会情况就不同了。所有制关系改变了,市场主体改变了,市场主体的利益要求也改变了。资本家到市场上进行商品交换时,他不再是像小商品生产者那样,要求以一种商品形式投入流通的价值额,换回另一种形式(货币形式或其他商品形式)的等量的价值,而是要求和他的预付资本的总量相当的剩余价值或利润量,这个利润量必须和任何另一个同量资本同样的或者与资本的大小成比例的利润,也就是要求等量资本获得等量利润,要求实现一个平均利润率。这是资本主义制度的本质利益关系,一切经济活动都必须服从资本的这一权利要求,所有制关系的变化起着决定性影响。在小商品生产那里,生产资料价值要素占的比例是大一些或小一些,不影响市场交换关系;利润率的差别是无所谓的事情,只是要求等量价值换得等量价值;资本则要求等量资本获得相同利润。

这个矛盾如何解决呢?交换原则必须改变以服从资本主义制度的本质利益要求,这就是说,市场上的交换不能再按价值进行了,而只能按保证实现平均利润的要求进行,即交换按成本价格加上平均利润的生产价格来交换。等价交换改变为等生产价格交换了。等价交换原则也被取消了。所以马克思说:"资本主义生产抛弃了商品生产的基础,扬弃了孤立的、独立的生产和商品所有者的交换或等价交换。"①

市场交换原则的改变表明了小私有制市场经济变为资本主义市场经济。

从以上分析可以得出如下结论:不同制度下的市场经济绝不只是市场经济发生作用的外部环境的改变,而其本身则是不变的。实际上,由于所有制关系的改变,决定着市场经济一般交换原则本身发生了变化;正因为这种改变,它才解决了市场经济一般原则与资本主义制度的矛盾,才能与资本主义制度对接,构成资本主义制度的一个有机组成部分,成为资本主义经济的运行机制;正因为如此,它才可以称作是"资本主义市场经济"。所以,我们说资本主义市场经济绝不只是意味着资本主义加市场经济这种机械地结合,而是经过资本主义制度改造了的市场经

---

① 《马克思恩格斯全集》第49卷,人民出版社1982年版,第6页。

济,适应资本主义要求的变了形的市场经济。从这里我们也可以看到,我们只是把资本主义市场经济的特点归结为是以私有制为基础的、存在剥削的、无政府状态的经济,是多么不足了,这样的说明实际上等于没有回答应解决的问题。如果我们没有揭示出市场上的交换已从按价值交换改变为按生产价格交换,我们能说我们理解了资本主义市场经济的特征了吗? 显然是不行的。

以上我们揭示了市场经济与特殊的资本主义制度的矛盾和结合,从而弄清了资本主义市场经济的特点。明确了市场经济本身在资本主义制度下究竟具有怎样的不同于其他制度的特征,同时也明确了它们是怎样结合在一起的,从而也就理解了资本主义经济制度整个体系的内部结构。

通过上面的分析,可以得出以下的理论和方法:

(1)市场经济与特殊社会基本制度的结合不是一种机械的简单相加和拼凑,而是一个复杂的过程。

(2)理解一个社会的所有制形式和由它决定的本质利益关系,是理解市场经济与该制度结合的根本前提。

(3)这种结合实质就是市场经济体现的一般利益关系与该制度特殊的本质利益关系之间如何结合的问题,因此,为了理解它们之间的结合,首先要揭示二者的矛盾,然后寻找这一矛盾的客观解决途径。这一矛盾解决了,也就弄清楚了它们是怎样地有机结合起来的。

(4)只有当两种利益关系结合起来,市场经济才能对资源配置起应有的作用,才能成为该生产方式的资源配置方式。

现在我们就根据马克思的这一理论和方法来探索社会主义基本制度与市场经济的兼容和结合问题。

(三)市场经济与社会主义基本制度的结合

在我国社会主义制度的现阶段,随着所有制结构改革的深化,随着经济的发展,商品生产日益成为一种普遍的生产形式,市场和市场机制的作用范围和力度也日益增大和加深,覆盖全社会,实践已充分证明,市场经济的发展大大加快了经济发展的速度和改革的深化。党的十四大报告回顾了我国经济发展的进程,总结了十四年改革的经验,指出了我国经济体制改革的目标是建立社会主义市场经济体制,这就是要使市场在社会主义国家宏观调控下对资源的配置起基础性作用,充分发挥价值规律的作用,把资源配置到较好的环节中去。

依据我们在前节中所阐述的基本理论和基本方法,市场经济只有当它实现了与该制度的本质利益的对接,成为这种利益的实现机制时,才能成为该社会资源配置的调节机制,因此,要使市场在社会主义制度下起资源配置作用,其根本前提就是使市场经济与基本制度结合起来,而要使它能够对接,首要的就是使市场的一般利益关系与社会主义的本质利益关系结合起来。

社会主义制度的本质利益关系是什么呢? 社会主义制度的基础是生产资料公有制,今天我们还实行以公有制为主体、多种经济成分长期共同发展的政策。不过在多种经济成分中占主导地位、决定社会基本性质的是全民所有制,而且在与市场经济结合问题上,难点也在于全民所有制,所以,我们的研究也限于市场经济与社会主义全民所有制(国有制)的兼容和结合上。

社会主义公有制的特点,按其本意来说,就是生产资料属于全社会所有,人们在生产资料的占有上是完全平等的,具体表现在任何个人或小集团都不允许利用对公有的生产资料的支配和使用获取特殊经济利益,在这里每个人只能凭他提供给社会的劳动领取报酬,同等劳动领取同等报酬。这是一种等量劳动互换关系,一种形式的一定量劳动换取另一种形式的同量劳动,这样,等量劳动互换就成为社会主义制度下的人们之间的最本质的利益关系。等量劳动交换决定了分配关系是按劳分配,多劳多得,少劳少得,按劳分配是生产资料公有制的实现形式,只有在社会主义公有制里才可能产生这种分配关系,这种分配关系也从根本上排除了人们在生产资料占有上的不平等关系。

现在的问题是市场经济中的等价交换关系与按劳分配之间是怎样一种关系,二者之间是否存在矛盾,矛盾又是如何解决的? 矛盾的解决过程也就是二者的结合过程,如果矛盾在制度内部根本得不到解决,结果只能是,或者公有制和按劳分配排斥市场交换关系,或者市场等价交换关系否定公有制和按劳分配。

让我们先来考察一下等价交换与等量劳动交换或按劳分配之间的矛盾。

等价交换是市场经济的基本规律。价值是一般人类劳动的凝结,在这个意义上,等价交换也是一种等量劳动交换。乍看起来,市场经济的利益关系与社会主义公有制的本质利益关系是一致的,都是等量劳动交换等量劳动,这表面上的共同性曾导致一些人认为只要彻底实行等价交换原则就是贯彻了社会主义按劳分配;这种表面上的共同性也曾导致一些人把市场经济体现的利益关系看成是社会主义的本质关系,在持这种观点的人看来,市场经济与社会主义基本制度具有天然的同一性。

事实并非如此。市场经济中的等价交换与公有制下的等量劳动交换的同一性只是一种肤浅的表象,从实际内容上看,二者有着本质的区别,问题的关键在于二者中的“劳动”在内涵或规定性上是根本不同的。

前面已经谈到,决定价值量的是社会必要劳动时间,它包含两方面因素:物质生产条件因素和人本身的劳动因素。生产条件优劣不同,同样的劳动就会有不同的劳动生产率,具有较高劳动生产率的劳动就被社会承认为是高级劳动,同样的时间可以形成更多的价值。但按劳分配中的劳动则不同,这里作为计量个人收入的"劳动"排除了物质生产条件这一因素,只是指劳动者本身的主观条件因素,这是由生产资料公有制决定的。既然企业占用和支配的生产资料都是全民共同所有的财产,任何个人和团体都不应因使用哪一部分生产资料而获取特殊的经济利益,如果把物质生产条件优劣加进个人收入分配因素中去,像市场等价交换关系那样,就等于承认人们在生产资料占有上存在着实际的不平等,因而等于是对公有制的否定。

举例来说。我国上海宝山钢铁总厂由于全套引进现代化的技术装备,它的劳动生产率在国内遥遥领先,1992年全员人均年产钢230多吨,而国内同行业的人均产量是20吨;全员劳动生产率为人均40万元,高于国内同类企业5－10倍,取得这样高的效率,当然有很多因素,包括管理水平、人员素质和结构等等,但不可否认,先进的现代化技术设备是起着决定性作用的,如果按照市场经济原则,宝钢的个人收入就应高于国内同行业的5倍以上,但在实际工作中如果这样处理职工之间的工资关系,同行业其他企业的职工就会认为这是不公平的,不能接受的,因为宝钢的现代化先进设备是全民财产,它不仅属于宝钢,也属于全体社会成员,他们与宝钢职工一样是该企业平等的主人,劳动生产率和形成的价值量的巨大差距,不是产生于职工本身的劳动质量上,而是客观生产条件。权利关系是由经济关系即所有制关系决定的,同行业的其他企业有权利要求排除客观生产条件影响,只按企业职工所付出的实际劳动的质与量来获取收入。(当然,这里的劳动决不能理解为个别的自然劳动时间,它也是社会平均劳动时间,只是排斥客观条件的影响。)

上述情况表明,市场经济交换原则与社会主义本质利益关系是存在矛盾的,甚至是对立的,如果要使二者结合,就必须寻找具体途径使前者适应后者的要求。它们之间的矛盾是如何解决并实现二者的有机结合呢?科学地回答这个问题是理解市场经济能否与社会主义基本制度结合和兼容的关键。

在资本主义制度下市场经济与资本主义本质利益关系的矛盾是通过改变市场交换原则解决的,即把按价值交换转型为按生产价格交换,形成平均利润率,这样,在市场交换过程中矛盾就得到了解决,使市场经济与资本主义制度衔接起来,并成为资本主义经济的运行机制。

在社会主义制度下,市场经济原则与社会主义制度之间矛盾的解决就不这么简单了,它不可能通过交换原则的改变在交换过程中来实现。这是由于如下的原因造成的:等价交换中的"劳动"与等量劳动交换中的"劳动"在内涵上还有一个重大的区别,前者中的"劳动",是指商品中所包含的全部劳动耗费,因此,交换原则的改变,影响的只是剩余价值在不同资本家之间的分配,从总量上说,总价值和总生产价格在量上是完全一致的。公有制下的等量劳动交换中的"劳动"就不同了,它不是指生产商品上所花费的全部劳动,在实行按劳分配之前,先要扣除消耗掉的生产资料价值部分,然后还要扣除积累部分和社会消费部分,只是在作了这些扣除之后剩下的部分,在劳动者之间贯彻等量劳动交换原则,实行按劳分配,这就决定了等价交换根本不可能通过市场交换转换为等量劳动互换关系的。

这一矛盾是如何解决的呢? 它是通过把这一转换分为两个独立的过程来解决的,这两个过程在时间上是分开的,在性质上也是不同的。

第一个过程,使企业成为相对独立的商品生产和经营实体,具有法人财产支配权,生产面向市场,自主经营,自负盈亏,在企业之间建立严格的等价交换(生产价格交换)关系,这是当前计量商品生产上生产和劳动花费的唯一可能的方式。严格的计算既是生产正常进行所必须的,也是贯彻等量劳动交换原则所必须的,从企业生产来说,通过交换使耗费得到补偿,才能继续进行再生产;只有不断节约耗费,才能获得更大的盈利,实行扩大再生产;为了推动企业不断提高劳动生产率,增进效益,就必须对企业的生产和经营状况实行经常的考核和监督,需要有一种经常起作用的外在压力,督促企业不断提高自己的劳动水平和管理水平,更新技术。在当前的条件下,实现这一要求的唯一可能的形式,就是通过市场上的商品交换,通过企业之间的竞争,它能迫使企业生产适销对路的产品,并尽可能把成本降到最低限度,使资源得到最有效的配置,这正是我们为什么把市场经济体制规定为改革的目标,使市场在资源配置上起基础性作用的原因。通过市场上的交换,在正常的情况下,各个企业大体都能获得平均利润,效率更高经营更好的企业可获得超额利润,这对企业会起着极大的激励作用,增强它们的活力。

但是在社会主义制度下,过程不能就此结束,正如上面分析的,这种市场交换的结果与按劳分配原则的要求是不符合的,相矛盾的,因此还必须有第二个过程作为补充。矛盾是在第二个过程中解决的。

第二个过程就是社会(国家)通过某种方式把企业由于生产条件优良从市场交换中获得那部分超额价值部分提取出来,不参与企业内部职工个人收入分配,而是在全社会范围内加以分配和使用。通过国家的这一调节过程,实际上就把商品等价交换关系转换为等量劳动交换关系了,在全社会范围内贯彻了按劳分配原则,这后一过程显然已不属于市场交换了。至于国家通过什么样的具体办法把这部分超额价值收归全社会统一支配,这属于具体方法问题,实践已经提供了许多办法,如征收调节税,资金占用费,规定工资基数等等,而且大多数情况往往就留在本企业用在扩大再生产上,以鼓励企业继续提高技术水平,实践将会提供出更好的方法。

通过上述两个过程,矛盾解决了,市场交换原则与公有制按劳分配原则实现了对接,啮合在一起了,市场经济由此成了社会主义经济体系的有机组成部分,成为社会主义的经济运行机制,为优化资源配置服务。

从市场经济与社会主义基本制度的结合中,我们也看到了,在社会主义制度下的市场经济本身与它在资本主义制度下也有着重大的区别。若仅从上述的第一个过程看,两种社会制度下的市场经济的共同点更多一些,也正因此,资本主义市场经济的许多做法,我们都可以学习和借鉴,利用它有利于促进生产力发展的积极作用,但是共同点也就到此为止。在第二个过程中,则是社会主义制度下市场经济独具的特点了,即它不再成为决定市场主体个人收入分配的因素了,决定个人实际收入的按劳分配原则只能借助于国家的宏观调控来实现。也正因为有了这种变化,我们把它称作"社会主义市场经济",以与资本主义市场经济相区别。从这里我们也可以进一步看清楚那种把市场经济看作一种独立起作用的经济制度的错误所在了。

二、社会主义市场经济的基本范式

《资本论》是建立社会主义市场经济体制的理论依据

一、商品生产的命运

马克思在《资本论》中一开头就谈到了商品生产在未来社会即生产资料公有制确立后的命运问题,在第 1 卷 1 章第 4 节中讲到未来社会是在生产资料公共占有基础的自由人联合体,那时即使每个生产者在生活资料中得到的份额是由他的劳动时间决定的,但这里由于没有生产资料私有制的障碍,因而,"人们同他们的劳动和劳动产品的社会关系,无论在生产上还是在分配上,都是简单明了的",在这里劳动时间并不需要迂回曲折地表现为价值,来显示出它的社会性质。劳动时间在各种生产领域之间的分配,将处于人的有意识的控制之下,因而会把"价值"这个"神秘的纱幕揭掉"。马克思随即强调说:"这需要有一定的社会物质基础或一系列物质生存条件,而这些条件又是长期的、痛苦的历史发展的自然产物。"①关于公有制的建立和商品价值关系将消亡的观点贯彻全部《资本论》和其他著作。

既然如此,怎么能说《资本论》是我们今天大力发展市场经济,建立社会主义市场经济体制的理论依据呢? 有的人看到马克思关于商品关系将消亡与今天大力发展社会主义市场经济的实践的不一致,就简单地把马克思的这一理论说成是"带有空想性质的个别结论",是老祖宗一百多年前的老话,不能回答现实问题,应予冲破。这样简单地处理理论与现实之间矛盾的态度显然不是马克思主义的、不科学的。马克思曾举例说,把符合日常观察的太阳围绕着地球转的现象说成是最终真理,否定日心说,那还有什么科学发展呢? 这种简单化的思维方式更容易陷入"商品拜物教"的陷阱。

为了阐明《资本论》是建立社会主义市场经济的理论依据,首先必须解除一个思想障碍,即必须正确理解《资本论》关于商品消亡的理论。

---

① 《资本论》第一卷,人民出版社 2004 年版,第 97 页。

二、马克思关于公有制下商品关系将消亡的理论是科学预见

马克思和恩格斯都肯定一旦社会主义公有制建立后,商品货币即将被消灭。马克思这一观点不像一些人所说的是带有空想性质的个别结论,而是一个有根据的科学预见。其根据主要在于以下几点:

1. 从深层的本质利益上来看,商品等价关系与社会主义公有制是不相容的。公有制下人们之间的本质利益关系是等量劳动互换,即按劳分配关系,而商品经济的本质利益关系是按价值交换和按价值分配,二者是对立的,因为形成价值的劳动是社会必要劳动时间,而决定社会必要劳动时间的因素包括两个方面,一是生产者本人的劳动状况,另外还含有生产资料优劣的作用。同样的劳动,与优良的生产资料相结合,就会有更高的劳动生产率,从而会形成更多的产品和更多的价值,这个劳动就会被社会承认为高级的或倍加的劳动,其所以如此,关键在于生产资料的私有制。既然生产资料属于私人所有,由生产资料带来的好处,当然地应归其所有者所有,这是价值关系的特点。

生产资料公有制一旦建立,全体成员对生产资料的占有关系已经完全平等,任何人都不应从公有的生产资料占有和使用上享有更多的利益,每个人向社会贡献的只能是他个人的劳动,所以这里的本质利益只能是按劳分配。因此,一旦实行了公有制,等量劳动互换自然就要取代等价交换关系,商品货币关系必然随之消亡。

可见,公有制一旦建立商品关系将消亡的理论是有科学根据的。一些人总不理解商品货币关系将会随着公有制的建立而退出历史舞台的必然性,关键是没有看到二者在本质利益关系上的对立。

2. 从经济运行的层次上看,公有制一旦建立,全部生产资料将由全社会统一支配和使用,代表全社会的机构当然地要在全社会对资源统一安排,有计划地进行资源配置。从总趋势来说,自觉性必将取代自发性,以更有效更合理地配置全社会资源。马克思的这一理论显然也是正确的、科学的,至于脱离现实条件去实行由计划包罗一切的管理体制,在条件还不具备的条件下排斥利用市场机制,则是实践中人们工作上的失误,同马克思上述理论本身无关。

从以上两点可以得出结论,马克思关于公有制下商品关系将消亡的理论是科学预见,而不是带有空想性质的个别结论,需要批判和纠正的是对马克思理论的教条主义态度,而不是理论本身。

那么如何解释马克思的商品关系消亡理论与社会主义建设中商品经济的重要性日益显露的实践之间的矛盾呢？理论与现实之间的矛盾主要是由以下因素

造成的:(1)本质与现象的差别。理论是揭示事物的本质的,但本质都是通过现象表现出来的,本质与现象不一致是客观的存在。本质往往是表面观察难以看到的,需要借助理论思维去探索,当还缺乏这种思维能力时,人们往往会把现象当成本质。例如在我国利用商品关系的条件下,国有企业之间的关系看起来都是商品等价交换关系,按价值彼此交换它们的产品,并按照创造的价值获取相应的盈利和收入,但这是现象,斯大林把它叫作商品"外壳""形式"。这种说法实际上指出了公有制下商品关系的特征,即这里只是形式上的等价交换关系,因为:1. 这里不发生所有权的改变,交换前后的产品都仍属于国家所有;2. 国有企业之间职工的收入实际上不是由创造的价值量决定,而是由他们付出的实际劳动的质与量决定。

举例说明,90 年代初我国几大钢厂的生产率有以下差别:鞍钢 40 万人,生产 800 万吨钢,人均产量 20 吨钢;武钢 5 万人,生产 450 万吨钢,人均产量 90 吨钢;宝钢 1. 2 万人,生产 708 万吨钢,人均产量 580 吨钢。如果按创造的价值量来分配,宝钢职工的收入将为鞍钢职工的 35 倍,在私有制或集体所有制下的等价交换关系正是如此决定的,但在公有制下则不可能。因为生产资料是公有制,谁都不应由于使用全民的生产资料而获取特殊经济利益,实际情况是,国家把宝钢由于使用了先进的设备获得的级差的收益收归全社会统一支配,无论宝钢还是鞍钢的职工,都是按照他们付出的实际劳动的质量获取相应的报酬,这是本质关系,这实际地表明正是马克思商品关系消亡理论在实践中的实现。如果不从本质上看问题,把宝钢与鞍钢的关系看作是实质的商品关系,看作是马克思理论的否定,那就是把现象当作本质,在实践上也是行不通的。

(2)目标与过程的差别。马克思关于商品关系消亡的理论是指出未来社会的必然趋势,而不是规定社会主义制度建立后要求人们立即采取的具体措施。商品关系必将随着公有制的发展而消亡,但是这一目标要经过怎样的阶段,需要多长的时期,要经历哪些中间环节和步骤,则是需要实践着的人们根据实际情况做出正确的决策。目标和过程必然是有区别的,否则目标就不成其为目标,而是已经实现的现实了。批评马克思的基本原理与现实不一致,对坚持马克思的这一理论的,被说成是理论脱离实际,这是不对的。客观的发展可能是这样的:通过在目前大力发展商品经济,以创造更雄厚的物质基础,以为最后消灭商品关系创造条件。如果看到过程中的现实与目标不一致,就确认现实否定目标,那是一种不正确的思维方法,这会否定一切科学的存在。

三、坚持和发展马克思商品价值理论的典范

在正确对待马克思的商品消亡理论与现实大力发展商品经济之间这一表面看来的矛盾现象，从列宁、斯大林到毛泽东、邓小平这些革命导师的理论和实践中可以看到他们为我们做出了榜样。

前面已讲过马克思在指出商品价值关系将在公有制建立后不再存在时已经明确指出，这需要一定的社会物质基础，需要"长期的、痛苦的历史发展的自然产物"。这里表明消灭价值关系是一个长期的过程，而且不是可以人为地决定去消灭的，而是一个"历史发展的自然产物"，社会主义经济发展的历史过程完全证明了马克思预言的正确性。

列宁领导俄国工人阶级在世界上创立了第一个社会主义国家，从工人阶级掌握政权的第一天起就遇到了如何对待商品经济的问题。列宁在刚刚取得胜利的初期，当敌人不断利用投机和货币来破坏国家与农民的关系，并危及政权的命运时，他采取抵制商品交换的措施，试图直接过渡到没有商品货币关系的共产主义的生产和分配。列宁后来坦率地承认这种构想是错误的，迅速做了改正，列宁提出了用粮食税代替余粮收集制的新经济政策。

列宁认识到，在广大小农存在的客观条件下，利用商品关系是一种必然的选择，问题只在于谁能更快地利用这种形式。无产阶级为了巩固政权和发展社会主义，必须迅速地学会利用这种形式。列宁提出了社会主义国家必须学会经商，"如果我们现在能紧紧抓住这个环节，那末不久的将来我们就一定能掌握整个链条。否则我们就掌握不了整个链条，建不成社会主义经济关系的基础。"①在这里列宁第一次明确提出来利用商品交换来为建成社会主义经济关系的基础服务。这是对马克思主义理论的重要发展。

斯大林继承了列宁的思想，在许多问题上进一步发展了马克思主义，其中包括社会主义公有制下对商品关系的利用问题。斯大林在《苏联社会主义经济问题》这本著作中概括了关于这个问题的基本论点，包括以下几个方面：

1. 最重要的一点是，他用社会主义制度下还存在着两种公有制形式：全民所有制和集体所有制，来说明商品交换存在的原因，这就把社会主义公有制与商品经济结合的理论大大推进了一步。一方面，他不再限于用小私有制农民的存在来说明社会主义社会中商品关系存在的原因，公有制本身也可以产生出商品关系；另一方面，肯定了存在着社会主义的商品生产，商品生产并不必然与资本主义相

---

① 《列宁选集》，第 4 卷，人民出版社 1995 年版，第 614 页。

联系,社会主义商品生产是特种的商品生产。

2. 商品生产在社会主义公有制下不会导向资本主义,可以为发展社会主义服务。

3. 充分肯定价值规律的积极作用,认为它是一个教育经济工作干部的实践学校。"它促使我们的经济工作干部迅速成长,迅速变成现今发展阶段上社会主义生产的真正的领导者。"

由上述可见,在公有制与商品经济的结合上,斯大林从理论上和实践上都把马克思主义的商品经济理论大大地向前推进了,他的这些论述对在利用商品关系问题上起到了解放思想的巨大作用。

我国在社会主义与商品经济的关系方面同样经历了一个曲折过程。1958 年的"大跃进"年代,大刮"共产风",发生了人为地取消商品货币关系的"左"的错误,严重地挫伤了广大农民的积极性,极大地破坏了已经取得的生产力,阻碍了社会生产的发展。

1958 年末毛主席开始逐步纠正这些"左"的倾向和做法,他在 1958 年 11 月发表了一系列谈话,批评了主张人为地废除商品和货币流通错误观点,指出,在社会主义时期废除商品是违背经济规律的,不能避开一切还有积极意义的诸如商品、价值法则等经济范畴,而必须使用它们来为社会主义服务。中国是商品生产很不发达的国家,商品生产不应被消灭,而是要大大发展。他还强调应当区分社会主义商品与资本主义商品的不同性质,不应害怕商品。他同意斯大林的看法,在社会主义公有制条件下,商品生产的发展不会导向资本主义。"商品生产还是一个有利的工具,这点应当肯定,我们应当充分利用这个工具。"

毛主席对价值规律的作用给予了特殊的评价,他说:"算账才能实行那个客观存在的价值法则,这个法则是一个伟大的学校。只有利用它,才有可能教会我们几千万干部和几万万人民,才有可能建设我们的社会主义和共产主义。否则一切都不可能。"

毛主席在我国的具体条件下,又把马克思主义的社会主义商品生产理论向前推进了一大步。

以上共产主义建设过程中的革命领导人的理论和实践有着一个共同点,这就是真正忠实地维护着马克思主义的基本原理,同时又能与时俱进、根据实践的发展大胆地进行理论创新,从而在探索走向共产主义的道路上把社会主义建设事业大步推向前进,取得了革命和建设的宏伟成就,令世界瞩目。

特别应当指出的是,尽管他们根据实践的需要进行理论创新,提出了看起来与马克思的商品关系消亡理论相对立的发展商品经济的观点,但他们都从来没有怀疑过马克思的关于商品货币会消亡的基本理论。他们真正领会了马克思所明确指出的,消灭商品价值关系是一个需要强大的物质基础和生产条件,是必然经历一个长期、痛苦过程的自然历史过程这一科学精神的。

他们没有一位对马克思的商品关系消亡理论提出批评,更不用说否定了。列宁在实行新政策时,坦率承认是自己在制定政策上的错误,而没有去责备马克思的商品消亡理论为自己的错误辩护。斯大林和毛泽东都是如此。这表现出了他们深厚的理论水平,对马克思主义的忠实信仰,严肃的科学态度,对理论与现实之间的区别的深刻认识。他们真正掌握了辩证法和历史唯物主义的方法论。正因为这样,他们才能在建设实践中领导全国人民从一个胜利走向另一个胜利。如果因现实的发展与马克思的正确理论表面上的不一致而轻率地用现实否定马克思的科学理论,那就会动摇人们对马克思主义的这一作为我们党思想的理论基础的看法,也就会使人们失去了前进的方向感,丧失对共产主义事业的信心,也就会削弱全国人民的凝聚力,和党的战斗力。他们在这个问题上的做法,是我们后人应当学习的榜样。

四、邓小平的突出贡献——社会主义市场经济理论的创立

在商品经济与社会主义公有制之间的关系上,在理论和实践方面坚持和发展马克思的商品经济理论上做出最突出贡献的是邓小平同志。

1978 年 12 月召开的党的十一届三中全会毅然抛弃了"以阶级斗争为纲"的"左"的错误方针,把党和国家的工作中心转移到经济建设上来,并随后制定了"一个中心、两个基本点"新时期党的基本路线。

邓小平指出:"社会主义本质,是解放生产力,发展生产力,消灭剥削,消除两极分化,最终达到共同富裕。"只有生产力发展了,才能坚持社会主义方向,使社会主义制度得以巩固。

怎样才能使生产力得到更快的发展呢?这是考虑问题出发点。根据《资本论》中马克思关于市场经济在促进生产发展和劳动生产率提高方面作用的理论,邓小平总结了国际和国内的社会主义建设经验和教训,也总结了资本主义社会经济发展的经验和教训,提出必须在经济体制方面进行根本性的改革,这就是要建立起一种使市场机制能够充分发挥作用的管理体制。邓小平说:"社会主义同资本主义比较,它的优越性就在于能做到全国一盘棋,集中力量,保证重点。缺点在于市场运用得不好,经济搞得不活。"因此,解决好计划与市场的问题,关键在于如何利用好市场。

邓小平关于社会主义与商品经济相结合的思想集中地反映在他的 1979 年 11

月的一次谈话中,他说:"说市场经济只存在于资本主义社会,只有资本主义的市场经济,这肯定是不正确的。社会主义为什么不可以搞市场经济,这个不能说是资本主义。我们是计划经济为主,也结合市场经济,但这是社会主义的市场经济。虽然方法上基本上和资本主义社会的相似,但也有不同,是全民所有制之间的关系,当然也是同集体所有制之间的关系,也是同外国资本主义的关系,但是归根到底,是社会主义的,是社会主义社会的。市场经济不能说只是资本主义的。市场经济,在封建社会时期就有了萌芽。社会主义也可以搞市场经济。同样地,学习资本主义国家的某些好东西,包括经营管理方法,也不等于实行资本主义。这是社会主义利用这种方法来发展社会生产力。把这当作方法,不会影响整个社会主义,不会重新回到资本主义。"这段谈话一方面表明他在哪些方面继承了以往的马克思主义领导人的理论,一方面也表明了他在哪些方面发展了马克思主义科学社会主义思想。

在这段谈话中,邓小平强调市场经济不等于资本主义,存在着社会主义的市场经济;商品经济只是一种方法,可以利用来为社会主义服务;发展社会主义市场经济不会重新回到资本主义等观点,都是运用了马克思的基本理论,继承了列宁、斯大林、毛泽东的关于社会主义下利用商品货币关系的理论。市场经济不等于资本主义这是马克思所一再强调的,因为资产阶级经济学家们总是企图把二者等同起来,以使用商品经济的一般平等关系来掩盖其剥削关系的实质。

邓小平这段谈话中也发展了以往马克思主义经典作家的理论,这主要表现在以下方面:1. 直接使用了市场经济的概念。商品经济与市场经济二者没有本质区别,可以通用,不过前者强调其本质利益关系方面,后者则是强调其经济运行方式或资源配置方式。市场经济就是市场导向的经济,提市场经济也就是要使市场机制发挥资源配置的作用,也就是使价值规律起生产调节者的作用。如果考虑到以往的理论都是否认价值规律在社会主义制度下起生产调节者作用的话,那么肯定价值规律的调节者作用就是一个很大的突破。实践已经证明这一论点是正确的,是对马克思主义的一个重要的发展。

这段话突出了全民所有制内部企业之间的商品关系。以往谈到社会主义下商品关系时只限于城乡之间、全民所有制与集体所有制之间,而不提国有企业之间的商品关系,这样,国民经济的一个主要部分就被排除在外了,这当然也就谈不到市场的全社会资源配置方面的作用。

邓小平的社会主义市场经济理论在党的十四大得到了全党的确认。十四大报告中指出:"我们要建立的社会主义市场经济体制,就是要使市场在社会主义国家宏观调控下对资源配置起基础性作用,使经济活动遵循价值规律的要求,适应供求关系的变化;通过价格杠杆和竞争机制的功能,把资源配置到效益较好的环节中去,并给企业以压力和动力,实现优胜劣汰;运用市场对多种信号反应比较灵敏的优点,促进生产和需求的及时协调。"

从邓小平同志的论述可以看得出,他的发展市场经济的理论与马克思的商品消亡理论有着更大的反差,甚至有黑白之分,但是恰恰是他一再强调老祖宗不能丢。他尽管主张放手发展市场经济,但他从来没有一句话、一个字批评马克思的商品消亡的观点,说它是具有空想性质的个别结论,这表明邓小平是一位严肃的科学者,他从不怀疑马克思关于科学共产主义社会的理想,同时又清醒地认识到为实现这一目标必然要经历的艰苦曲折的过程。他深刻地懂得目标与过程、理论与现实存在矛盾是科学发展的常规现象,用与现实不一致来否定理论、目标的科学性,是一种肤浅的思考问题的方法,简单地确认现实,把它永恒化,就被束缚在现实存在框架内思考问题,这会阻碍事业的发展。

五、社会主义与市场经济能够结合的理论依据

我们在邓小平理论指导下,在建立和完善社会主义市场经济体制的实践中已经取得了很大成就,这已经证明了邓小平的建立有中国特色社会主义理论的正确性。但是这是否符合马克思关于商品经济的基本理论吗? 从理论上证明社会主义能够与市场经济相结合、利用市场经济来发展自己的关键在哪里?

在邓小平同志论证社会主义与市场经济能够结合的一个根据就是强调市场经济只是手段,不是决定经济制度性质的,市场经济不能与资本主义等同。可是说市场经济不等于资本主义这一观点在当时理论界有很大疑问,一些人认为无论从理论上还是从实践上看,市场经济就是资本主义,例如苏联瓦解证明搞市场经济就是搞资本主义,另外,西方经济学家和政治家的言论都在强调市场经济就是资本主义。可见,如果不在理论上弄清市场经济与资本主义的关系,不弄清市场经济在资本主义经济制度中确切地位,就不能使人信服社会主义可以利用市场经济来发展自己的观点。这只能依据马克思的《资本论》关于商品经济和它与资本主义制度之间的客观关系的分析。只有说清了这一点,才能论证社会主义市场经济的观点是否能成立,才能统一全党全国人民的思想,为发展社会主义生产力而奋斗。

商品生产是资本主义制度下占统治地位的生产形式,市场经济是资本主义经济运行的基本手段,这是它与以往的旧生产方式相区别的根本特征。正是这个原因,使得人们容易把市场经济与资本主义直接等同。另外,资产阶级和为他们服务的西方经济学家也有意无意地鼓吹这种观点。为了建立社会主义可以利用市

场经济来加速发展生产力的理论,必须从理论上说明市场经济不等于资本主义。这一点只能从《资本论》中去寻找。

《资本论》研究的对象和目的是揭示资本主义经济的运动规律,但在开头一篇,考察的是商品一般,即抽去了资本主义关系内容的一般商品关系,这就清楚地表明不能把商品经济与资本主义等同起来。恰恰是资产阶级经济学(包括古典和庸俗的、古典的和现代的)力图把二者等同起来,抹杀二者的区别。

《资本论》通过货币到资本的转化,揭示了商品货币关系与资本主义剥削关系的本质区别,阐明了资本主义是通过剥夺小私有制商品生产者,把他们变为一无所有的雇佣工人的一种阶级剥削关系。只有出现了劳动力成为商品的经济条件,商品关系才演变为资本主义关系。

《资本论》还特别列出一节阐述商品生产所有权规律转变为资本主义占有规律,表明从一般商品生产到资本主义生产是经过一个质的转化过程,转化的关键就是劳动力成为商品,也就是劳动者的生产资料被剥夺,从而才不得不出卖自己唯一的财产劳动力,为资本家工作。

尽管资本主义社会的财富表现为庞大的商品堆集,资本主义生产都采取商品生产形式,但马克思却强调指出:资本主义生产的直接目的不是生产商品,而是生产剩余价值或利润(在其发展形式上);不是产品,而是剩余产品。

商品经济或市场经济不仅不能等于资本主义,它还起着掩盖资本主义生产实质的作用,马克思深刻揭示了这一点。马克思指出,在资本主义制度下,商品等价交换关系只是一种表面现象,是假象。他说:"资本家和工人之间的交换关系,仅仅成为属于流通过程的一种表面现象……劳动力的不断买卖是形式。其内容则是,资本家用他总是不付等价物而占有别人的已经物化的劳动的一部分,来不断再换取更大量的别人的活劳动。"①不仅资本家与工人之间的交换只是一种掩盖本质关系的表面现象,全部商品交换都是如此。马克思说:"在现存的资产阶级社会的总体上,商品表现为价格以及商品的流通等等,只是表面的过程,而在这一过程的背后,在深处,进行的完全是不同的另一些过程。"商品交换关系不过是掩盖深层本质的假象,资产阶级经济学家利用这种假象,宣扬资本主义的平等和自由。马克思深刻地揭露他们说:"有些人错误地把这种表面关系,把这种质的形式化,把资本关系的假象看作是资本关系的本质本身,因而试图把工人与资本家之间的关系说成是商品所有者之间的一般关系,以此为这种关系辩护并抹杀这种关系的

---

① 《资本论》第一卷,人民出版社 2004 年版,第 673 页。

特征。"①

　　《资本论》中的分析充分地证明把市场经济与资本主义直接等同起来的观点是不正确的,阐明了这一点就为社会主义制度下利用市场经济提供了理论依据。只有把一般商品经济与资本主义经济区别开来,才有可能确立社会主义经济可以利用市场经济的理论基础。邓小平认为建立社会主义市场经济体制的改革目标,必须扫除把市场经济等同于资本主义这一理论障碍,他一再阐述市场经济是一种方法,批评说市场经济只存在于资本主义社会,只有资本主义的市场经济的观点。到1992,邓小平再次强调这一点,他指出:"计划多一点,还是少一点,不是社会主义与资本主义的本质区别。计划经济不等于社会主义,资本主义也有计划;市场经济不等于资本主义,社会主义也有市场。计划和市场都是经济手段。"②从邓小平主张发展社会主义市场经济的论述上可以清楚地看出,《资本论》关于市场经济不等于资本主义的基本观点,是他关于中国改革方向的制定的充分理论依据,正是在《资本论》理论的指导下,我们提出了建立社会主义市场经济体制的改革方向。

　　市场经济不等于资本主义问题解决后,还应当回答为什么社会主义要利用市场经济这个手段呢?《资本论》对这个问题也提供了理论上的依据。

　　社会主义的根本任务就是发展社会生产力,"在发展生产力的基础上体现出优于资本主义,为实现共产主义创造物质基础。"③。邓小平同志认为以往在发展生产力方面一直没有"制定出为发展生产力创造良好条件的政策",④生产力发展相对缓慢,人民生活未得到理想的改善。他指出,"多年的经验表明,要发展生产力,靠过去的经济体制不能解决问题。所以,我们吸收资本主义中一些有用的方法来发展生产力。现在看得很清楚,实行对外开放政策,搞计划经济和市场经济相结合,进行一系列的体制改革,这个路子是对的。"⑤为了加速发展生产力,一方面发挥社会主义固有的特点,譬如可以集中力量办大事,另一方面采用资本主义的一些方法(只是当作方法来用),这是邓小平提出的经济体制改革的基本内容。

　　采用资本主义的哪些方法呢?资本主义发展经济的方法有很多方面,中心是什么呢?资产阶级利用什么方法实现生产力的较快发展呢?《资本论》在理论上阐明了这一点,这就是资本主义充分地利用了市场经济这个方法。市场经济的特

①　《马克思恩格斯全集》,人民出版社1982年版,第126页。
②　《邓小平文选》第三卷,人民出版社1993年版,第373页。
③　《邓小平文选》第三卷,人民出版社1993年版,第137页。
④　《邓小平文选》第三卷,人民出版社1993年版,第134页。
⑤　《邓小平文选》第三卷,人民出版社1993年版,第149页

征就是价值规律成为生产调节者,并起着促进技术进步的作用。小商品生产这种生产方式,不可能充分发挥市场经济中的价值规律作用,只有到了资本主义生产方式的建立,商品生产成为占统治地位的生产方式,生产的目的不仅是为取得价值,而且是追求剩余价值时,这时市场经济的规律才得以充分发挥它的内在潜力。马克思在《资本论》中指出:"这种为了价值和剩余价值而进行的生产……包含着一种不断发生作用的趋势,要把生产商品所必需的劳动时间,也就是把商品的价值,缩减到当时的社会平均水平以下。力求将成本价格缩减到它的最低限度的努力,成了提高劳动的社会生产力的最有力的杠杆……"①资本主义正是发挥市场经济这种作用,推动经济效益的不断提高,资本主义的发展证明了这是一种很好的方法。

《资本论》关于商品经济的一般特征和基本范畴、基本规律的分析,价值实体和价值量、商品价质量与劳动生产力成反比的论述,关于货币的本质及其流通规律的考察,关于剩余劳动在不断增大资本积累中的作用,以及与利用市场经济相联系的其他一些范畴,譬如商业资本、借贷资本、银行作用、股份制等等,都可以利用来为社会主义建设服务。

市场经济的一个重大作用,就是推动资源配置合理化和优化,使各个生产领域能够按比例地进行,保证整体效益的最大化。

市场经济的主要优势在于存在竞争机制。在企业之间建立起竞争关系,就能有一种强制力量促进企业更有效地使用各种资源,配置到社会的最需要的部门中去,配置到效率最好的企业中去,优胜劣汰。《资本论》在竞争对生产的发展和优化资源配置方面的作用,都有着深入的分析,这些对我们完善社会主义市场经济体制当然会有很大的参考价值。

《资本论》中的平均利润和生产价格理论可以成为我们管理国有企业经营的理论依据。

《资本论》指出,在劳动社会化过程中,先进的生产工具在生产发展中的作用日益增大,管理的作用也日益提高,在这种条件下,物质财富不断增长,劳动资料的比重日益增长,作用日益提高。在资本主义条件下,劳动资料是以资本的形式出现的,所以,资本在现象上也就表现为价值增值的源泉,相应的,价值也就转化为生产价格,简单商品经济按形成价值的源泉分配就转化为按成本价格加平均利润形成的生产价格来交换,从而剩余价值按投入的资本量分配。

那么,社会主义国有企业之间的商品交换,究竟是按价值交换还是按生产价

---

① 《资本论》第三卷,人民出版社 2004 年版,第 997 页。

格交换呢？

《资本论》指出价值转化为生产价格、企业的利润量由投入的资本量决定，是小商品经济转化为资本主义经济的结果。但是马克思在从生产关系变革角度论述这一问题的同时，也揭示了剩余价值转化为利润和平均利润这一过程能够实现的物质技术基础（不是原因），这就是劳动资料在使用价值生产中日益增大的作用。正如马克思所说"总资本虽然只有一部分进入价值增殖过程，但在物质上总是全部进入现实的劳动过程。或许正是由于这原因，它虽然只是部分地参加成本价格的形成，但会全部参加使用价值的形成，"①这一现象在社会主义商品生产过程中也是同样存在的。另外，既然社会主义也要利用市场经济，国家所有的劳动资料和生产资料也仍然采取价值形式，生产资料也采取了国有资本的形式，因而剩余产品也采取利润的形式。为了更有效地发挥国有生产资料在物质生产过程中的作用，督促企业更有效地使用它，不断提高企业效益和效率，也就当然地把企业创造的利润与国有资本量联系起来，投入较大量的资本，就应为国家提供更多的利润，这有利于企业之间开展平等竞争，迫使企业不断提高对国有资本利用的效率。因此，社会主义也需要采取生产价格这种转化形式。

当然，在《资本论》中我们也看到市场经济方法在配置资源方面所必然引起的矛盾和必然带来的缺陷。认为市场经济是唯一的最有效的资源配置方式，把这一点凝固化、绝对化，也不符合《资本论》的基本理论。在《资本论》中，一方面揭示了生产资料在不同部门之间合比例分配是扩大再生产正常进行的必要条件，特别是揭示了生产与消费之间的相互依赖和必要的比例关系的重要性，同时又揭示了这些比例关系借助货币流通和货币资本的投入来实现所必然带来的矛盾和无序性，以及生产脱离个人消费这一根本基础的倾向所产生的负面效应，要特别关注广大群众个人消费增长滞后对国民经济持续快速发展的决定性影响。认真学习《资本论》，全面理解它所阐述的科学内容，以它作为我们经济体制改革的指导思想，就一定能提高搞好国民经济的宏观和微观科学管理的自觉性，从而使它在改进和完善社会主义市场经济体制中发挥指导作用。

---

① 《资本论》第三卷，人民出版社2004年版，第43页。

社会主义市场经济的理论依据是马克思主义
政治经济学还是西方经济学

——评吴敬琏教授的讲话

　　社会主义市场经济体制的改革方向从总体上已为全党和全国人民所认可,已成为不可逆转的变革过程,但是在对社会主义市场经济的认识上还存在着一些分歧,有些还是重大的原则问题。譬如,实行社会主义市场经济是在马克思主义政治经济学指导下,还是在西方经济学指导下采取的? 这个问题需要在取得巨大成就的基础上进一步统一认识,这里最重要的是如何认识建立社会主义市场经济体制的理论根据,是根据马克思主义政治经济学理论,还是根据现代西方经济学理论?

　　最近以研究市场问题著名的吴敬琏教授在某大学讲演并在一些报刊上发表文章一再强调西方经济学地位,他说,我国的经济体制改革一直在黑暗中摸索,只有在受到现代西方经济学原理的启迪,运用它去分析中国的经济问题后,从而"提出了应当发挥市场的作用和建立商品经济的改革主张";由于热心读了 P. 萨缪尔森的《经济学》,进行了现代经济学的补课,在这个基础上,"我们逐步形成了对于市场经济和它的各个子系统运作原理的认识",才提出了有科学依据的建议。他说,"现代市场制度是一种经过几百年演变形成的巨大而复杂的系统,如果按传统的某种理论(指马克思主义)指引来进行,它的建立和建设是不可能的,没有对反映这一系统运动规律的现代经济学的深切把握,没有以西方的理论为指导,这一艰巨的历史任务是不能完成的。""一些经济学家冲破'左'的束缚,逐渐恢复了与世界经济学界的联系,开始运用现代经济学的基本理论和基本分析工具用以指导中国市场化改革"。这就是说,我国经济体制改革目标的确定是在现代西方资产阶级经济学的指导下得出的。

　　这显然不符合事实。下面我从理论方面和实证方面分析一下上述观点。

　　首先我们从理论方面加以分析。

　　说社会主义可以搞市场经济,有一个基本理论前提,那就是市场经济只是一种方法、手段,不同社会经济制度都可以利用,它可以为它所处的社会制度服务。这一理论是在哪里产生和得到科学论证的呢? 这是由马克思的政治经济学理论所论证的。马克思在《资本论》中深刻揭示了一般商品关系与资本主义关系的本质区别,并详尽阐明了资本主义怎样利用市场机制为推动生产力发展和实现其生产根本目的剩余价值生产和同等资本获得相同利润这一资产阶级根本利益服务的。马克思还一再揭露了资产阶级经济学力图混淆商品经济与资本主义经济的区别的理论错误及这种错误所要达到的狭隘的阶级目的。马克思说:"在现存的资产阶级社会的总体上,商品表现为价格以及商品流通等等,只是表面过程,而在这一过程的背后,在深处,进行的完全是不同的另一些过程。"①这里所说的另一些过程就是指资本家无偿占有雇佣工人的剩余劳动。马克思尖锐地批判说:"还有些人错误地把这种表面关系,把这种质的形式化,把资本关系的假象看做是资本关系的本质本身,因而试图把工人与资本家之间的关系说成是商品所有者之间的一般关系,以此为这种关系辩护并抹杀这种关系的特征。"②

　　资产阶级经济学包括现代西方经济学,一直坚持市场经济等于资本主义经济。他们总把资本主义国家称作市场经济国家,而尽力避免直接使用资本主义国家的名称,如马克思所指出的,这完全是出于资产阶级意识形态的目的的,用市场一般平等、自由交换关系掩盖占有剩余价值的剥削关系。

　　从以上分析可以清楚看出,如果按照现代西方经济学的理论,把市场经济看作等同于资本主义,那就不可能有"社会主义市场经济"的概念和观念。所以,把我们的建立社会主义市场经济体制的改革思路说成是在现代西方经济学指导下产生的,是完全错误的。在西方无论新宏观经济学还是新自由主义经济学看来,有社会主义,就不能有市场经济;搞市场经济就必须以私有制替代社会主义公有制。十分清楚,从理论上说,西方经济学的基本理论与社会主义市场经济理论是截然对立的,互不相容的。

　　下面再从实证方面看看一些国家在西方经济学理论指导下进行经济改革的实际效果。

　　突出的一个例子是拉美国家,特别是阿根廷。在20世纪80年代前这个国家的经济发展还是可以的。它是发展中国家较早实现工业化的"新兴工业化国家",但是由于外债的压力,被迫按照西方新自由主义经济学理论实行改革,这些改革是在由美国经济学"大师"弗里德曼等教授培养的一些阿根廷"年轻经济学家"的

---

① 《马克思恩格斯全集》第 46 卷,人民出版社 1979 年版,第 200 页。
② 《马克思恩格斯全集》第 49 卷,人民出版社 1982 年版,第 126 页。

支持下进行的,改革的核心就是市场自由化和大规模私有化。结果,改革十几年下来,国民经济严重衰退,国家负债 1300 多亿美元,财政崩溃,社会分化,人民贫困,贫困率由 1974 年 7.7%,到目前的 30%,失业率超过了 20%。1998 年以来阿根廷在不到 4 年的时间里由世界富国之一沦为"资不抵债"的国家。

另一个突出的例子是俄罗斯的改革。俄罗斯前十年的改革很大程度上就是在西方经济学的指导下进行的,美国一位经济学教授热若尔·罗兰就曾说:"这种改革的政策直接来源于(西方)基础教科书经济学。"一些"华盛顿共识"的支持者认为:"一旦转型引进市场改革,就可以立刻有收获,效率就可以提高。因此,转型应该是大爆炸式的,激进的休克式的。"他们认为搞市场化改革必须实行私有化,只有私有财产制才能带来最强的激励,提高生产率和增加利润,所以改革一开始就要实行大规模的私有化,只有这样可以摧毁旧国家机构,并尽快将国有资产转移到私人手中。

俄罗斯前十年在西方经济学指导下的改革效果是尽人皆知的了,改革前的 1989 年俄罗斯的 GDP 是中国的 2 倍强,而在十年后却仅为中国的三分之一。由此新自由主义经济学已在经济学界受到严重质疑,在实行改革遭受摧残的国家人们心目中则已陷于完全破产。

以上分析表明,无论从理论方面和实证方面都证明,西方经济学不可能成为社会主义制度下发展市场经济的指导思想。与许多国家的经济改革遭到失败相反,我国在邓小平理论指导下在实行社会主义市场经济的改革中取得了巨大成就,极大地推动了经济的发展,令世人瞩目。在这样的形势下,一些人反而重新捡起西方经济学这面旗子,以取代邓小平社会主义市场经济理论,来指导我国的经济体制改革,实是令人难以置信!

为了彻底弄清楚规定我国经济体制改革方向为社会主义市场经济体制的指导思想究竟是马克思政治经济学还是西方经济学,以避免一些人利用来搞乱人们的思想,误导改革方向,下面从正面阐述一下为什么说我们的改革方向是在马克思主义指导下制定的。

社会主义市场经济理论是邓小平在 1979 年 11 月的一次同外国客人的谈话中首次系统阐述的。他说:"说市场经济只存在于资本主义社会,只有资本主义的市场经济,这肯定是不正确的。社会主义为什么不可以搞市场经济,这个不能说是资本主义。我们是计划经济为主,也结合市场经济,但这是社会主义的市场经济。虽然方法上基本上和资本主义社会的相似,但也有不同,是全民所有制之间的关系,当然也有同集体所有制之间的关系,也有同外国资本主义的关系,但是归根到底是社会主义的,是社会主义社会的。市场经济不能说只是资本主义的。市场经济,在封建社会时期就有了萌芽。社会主义也可以搞市场经济。同样地,学习资本主义国家的某些好东西,包括经营管理方法,也不等于实行资本主义。这是社会主义利用这种方法来发展社会生产力。把这当做方法,不会影响整个社会主义,不会重新回到资本主义。"①这段谈话一方面表明他是以马克思政治经济学的基本理论为依据的,也表明了他在哪些方面继承了以往的马克思主义领导人的理论和他在哪些方面发展了马克思主义科学社会主义思想。

邓小平提出社会主义可以搞市场经济这一思想,其理论前提有以下几个方面。

一、市场经济不等于资本主义。在上引谈话中,他一开始就指出"说市场经济只存在于资本主义社会,只有资本主义的市场经济,这肯定是不正确的",后来又多次谈到,在 1992 年又再次强调说:"市场经济不等于资本主义,社会主义也有市场。"②这种观点是科学的,它的基本理论依据就是马克思的经济学说。马克思在《资本论》中深刻揭示了一般商品经济与资本主义经济之间的本质区别,阐明了二者反映着根本不同的两种所有制关系,一个是劳动者握有生产资料的所有权,一是劳动者丧失所有权,生产资本归资本家垄断占有,把这两种经济关系区别开,就为提出社会主义市场经济理论打下基础。

二、市场经济不是独立存在的特定经济制度,而是一种手段方法。这是马克思政治经济学的一个基本原理。在资本主义制度下,市场经济就是作为手段、方法被资本家利用来为生产剩余价值服务的。资产阶级正是在追求剩余价值的动力下,启动了市场经济内在的潜力,大大地推动了生产力的发展,在不到一百年的期间里创造的生产力超过了以往一切世代全部生产力的总和。把市场经济与资本主义经济等同是资产阶级经济学的特点,从古典的到现代的都是如此,其目的,如马克思所指出的,是企图用一般的商品交换的平等关系掩盖资本主义对劳动者的剩余劳动的无偿占有。

三、社会主义可以利用市场经济的方法,发展生产力,巩固和发展社会主义制度。社会主义与市场经济可以相结合,邓小平关于市场经济可以为社会主义所利用这一看法是前两点的延续,他说:"社会主义和市场经济不存在根本矛盾。问题是用什么方法才能更有力地发展社会生产力。"③他又说:"不要以为,一说计划经济就是社会主义,一说市场经济就是资本主义,不是那么回事,两者都是手段,市

---

① 《邓小平文选》第 2 卷,第 236 页。
② 《邓小平文选》第 3 卷,人民出版社 1993 年版,第 373 页。
③ 《邓小平文选》第 3 卷,人民出版社 1993 年版,第 148 页。

场也可以为社会主义服务。"①在这方面,以往的马克思主义领导人在理论上和实践上也已经证明了这一点。斯大林在总结苏联社会主义建设三十年经验的著作《苏联社会主义经济问题》中,就论述了在社会主义制度下利用商品生产发展经济的必然性和必要性,他做出了"价值规律是教育经济管理干部的学校"这一有名的理论判断。毛泽东在总结1958年"大跃进"的教训时也特别强调大力发展商品生产的重要意义,强调价值规律是一个伟大的学校,不掌握它就不可能建设社会主义和共产主义。这些都为邓小平创立社会主义市场经济理论提供了思想和实践材料。

四、存在着社会主义市场经济,市场经济不必然导向资本主义。邓小平肯定了存在社会主义的市场经济,这是社会主义利用这种方法来发展生产力,把这当作方法,不会影响整个社会主义,不会重新回到资本主义,这一观点也是继承了以往的马克思主义领导人的思想。斯大林用两种公有制形式的存在论证社会主义下商品生产存在的原因,这当然是社会主义的商品生产,在社会主义制度下,商品经济不必然导向资本主义。斯大林深刻地分析说,商品经济替奴隶制服务过,替封建制度服务过,都没有导向资本主义。他说:"为什么商品生产就不能在一定时期内同样地为我国社会主义社会服务而并不引导到资本主义呢?"

以上分析说明,邓小平在社会主义与商品经济的关系方面的思想在哪些看法上继承了马克思主义政治经济学的基本理论。但是,也应看到邓小平关于社会主义与市场经济相结合的理论大大超越了以往所有社会主义国家领导人在社会主义与商品经济之间关系的认识,创造性地发展了他们的看法。新的创意主要地表现在以下两点上:

邓小平用"市场经济"代替过去通常使用的商品经济概念。当然,市场经济与商品经济之间没有本质区别,词语可以通用,但在邓小平那里坚持用"市场经济",却有着特殊的含义。

市场经济的含义是市场导向的经济,即经济活动不是由计划导向,而是由市场导向,也就是说,让价值规律通过竞争和价格波动的机制,自发地调节资源在多个不同生产领域间的分配。肯定这一点,就意味着对以往的计划经济体制进行根本性的变革。

斯大林和毛泽东都强调过价值规律的伟大作用,但在他们那里,价值规律只被当作一种核算工具,而不允许它在社会主义经济中起生产调节者的作用,生产只能由计划来调节,实践已经证明这是不成功的。如果否定价值规律的生产调节

---

① 《邓小平文选》第三卷,人民出版社1993年版,第367页。

者的作用,实际上等于否定了它本身,因为配置资源是价值规律的本质规定。遏制它的这一作用,其他作用,例如刺激劳动生产力提高的作用,都是不可能发挥出来的,这是所有社会主义国家尽管也进行过经济体制改革,但价值规律却没有起到"教育经济管理干部学校"作用的原因,这也是社会主义制度的优越性未能充分发挥的一个重要原因。

邓小平在谈到发展市场经济时,一开始就强调在全民所有制企业之间建立市场关系,在斯大林那里虽然强调商品生产的作用,但却把它限制在全民所有制与集体所有制之间,只有在这两种不同所有制之间才有真正的商品交换关系。邓小平断然突破了这一限制,如果国有企业被排除在市场交换之外,国民经济的一个主要部分就不进入市场交换,这也就谈不到市场在社会范围内配置资源的作用了。

从这两点来说,都是理论上和实践上的突破,是创造性地发展了马克思主义的经济理论,是马克思主义中国化的伟大成果。

正因为这是一个伟大的理论创新,社会主义市场经济理论不可能一下子为全社会的人所接受,"市场经济"这个概念的使用长时间曾为许多人所怀疑。随着邓小平在这个问题上理论探索的不断深化和经济体制改革实践的效果证明,人们的认识逐步统一到这一思想上来,这时社会主义经济体制改革的目标模式逐渐清晰起来。

以上分析可以说明,邓小平正是在马克思政治经济学理论指导下继承了马克思关于市场经济不等于资本主义的理论,并深刻总结了社会主义建设的经验教训,认识到必须利用市场机制推动生产力发展,从而得出了把发展社会主义市场经济作为经济体制改革的目标的科学结论,无论从哪方面说,这都是马克思主义的科学社会主义理论的伟大创造。把社会主义能与市场经济相结合,社会主义可以利用市场经济发展自己说成受现代西方经济学的教育,是运用现代经济学理论得出的结论,这是既没有弄懂什么是"社会主义市场经济"这一理论的实质,也是缺乏对这一理论发展历史的知识的表现。

我们否定把现代西方经济学作为我们改革的指导思想这一错误观点,并不是反对借鉴西方经济学有关市场运行管理方法的某些主张。因为市场经济既然不等于资本主义,只是一种方法和手段,那么不论是社会主义市场经济还是资本主义市场经济,总有它们共同的地方。资本主义市场经济已有数百年的历史,积累了更多地利用市场方法发展经济的具体制度和措施,我们要积极学习和借鉴其中符合社会化大生产要求和市场经济一般规律的东西,例如与发挥市场作用相联系的所有权与经营权相分离,对经济的宏观管理,企业管理制度,金融制度等制度创新,等等。应当注意的是对他们使用的反映这些市场经济一般规律的具体方法,只能借鉴,不能照搬,因为总的指导思想不同,在这些具体方法中都渗透着资产阶级经济学理论的影响。例如,如果把市场经济等同于资本主义的理论作为指导思想,那么就会把社会主义国有经济与市场经济对立起来,就会像一些经济学者所强调的,认为非国有经济才为市场经济"提供坚实的基础",这就导致主张发展市场经济必须竭力缩小国有经济比重,削弱它的地位;导致不能正确理解我们利用股份制这种方法的真意,不是把实行股份制看作是利用来增强国有经济的实力和控制力、影响力的一种方法,而是看作缩小国有经济力量和作用的措施;导致错误理解国有经济在布局和结构上的战略性调整、"有进有退"的方针,党的这一方针的本意是为了进一步推动国有资本更多地投向关系国家安全和国民经济命脉的重要行业和关键领域,有人却错误地把这一措施解释为实行"国退民进"的机遇,是为了削弱和甩掉国有经济这个包袱,在行动上实行一卖了之。这一切都表明,彻底搞清楚以什么样理论作为指导思想来指导我们的经济体制改革是一个关系改革成败和国家命运的重大问题,在这个问题上是不能含糊的。

中国特色社会主义的经济,就是在社会主义条件下发展市场经济,不断解放和发展生产力。在建立社会主义市场经济体制和发展生产力上,我们已经取得了举世瞩目的成绩,这无可置疑地证明了邓小平关于社会主义与市场经济相结合的理论的正确,但当前这个体制还是不完善的。2003年党的十六届三中全会讨论通过的《中共中央关于完善社会主义市场经济体制若干问题的决定》(以下简称《决定》)提出完善这个体制的目标和任务。《决定》中首先强调的一项主要任务是完善公有制为主体,多种所有制经济共同发展的基本经济制度,把完善基本经济制度作为首要任务提出是因为它的完善起着决定性作用,只有坚持公有制为主体、国有经济为主导,才能保证市场经济是社会主义性质的。从这里也可以看出指导我们思想的理论基础是马克思列宁主义,而不是西方经济学。在西方经济学和迷信它的一些人那里,只有"市场经济"而没有"社会主义市场经济"这个词,如我们前面所分析的,这在理论上是不能成立的。马克思主义政治经济学告诉我们,在现实中没有独立存在的"市场经济",它只能是作为手段为一定的社会经济制度服务,是社会制度选择市场,而不能是市场选择社会制度,必须防止对西方经济学的教条主义态度。

社会主义市场经济体制的理论思考

党的十四大提出了我国经济体制改革的目标是建立社会主义市场经济体制。为贯彻落实十四大提出的这一任务,十四届三中全会又做出了《关于建立社会主义市场经济体制若干问题的决定》(以下简称《决定》),《决定》把十四大所确定的改革目标及其基本原则具体化和系统化,勾画了社会主义市场经济体制的基本框架,描绘了继续深化改革的总体蓝图。

建立社会主义市场经济体制是邓小平建设有中国特色社会主义理论的重要组成部分,正确地全面地阐述关于社会主义市场经济体制的理论,是中国社会主义建设课的极重要内容。这里就此谈谈我们的看法。

一、社会主义基本制度与市场经济的有机结合

市场经济是这样一种经济,即企业和个人在追求本身利益的激励下,在等价交换和市场竞争中优胜劣汰的压力下运行的经济。市场经济不是存在于一切生产方式中,而只是在几个方式中存在,所以不能说它属于生产力的范畴,它体现的是一定的经济关系。市场经济的基本规律是价值规律,即价值是由社会必要劳动时间决定,这个规律就体现着一种特殊的经济利益关系。在这种关系中,生产者按价值交换彼此的产品,从而也就按形成的价值实行分配。由于社会必要劳动时间的规定包含两个条件,物质生产条件和人本身的劳动状况,生产条件优等的,同样的劳动时间可以生产更多的产品,从而可以形成更多的价值,在实行等价交换的条件下,就可以获得更多的利益。由于生产条件属于商品生产者,所以,由优良的生产条件带来的利益当然地就属于生产者本身。社会承认这种权利,并认为是公平的。

市场经济不是一个独立存在的经济制度,它只是一些不同的制度下都存在的一种共有关系的抽象,没有独立存在的一般市场经济。它不属于社会基本制度范畴,它在特定的经济制度中是作为一种经济运行机制存在的;作为运行机制,首先

为实现该经济制度的本质利益关系服务,其次是作为资源配置方式为该制度下的社会再生产的正常进行服务。

市场经济是几个生产方式中都存在的共有现象,有人根据这点把它说成是"中性的事物",这是不正确的。"共性"与"中性"是两个根本不同的概念。"中性"一般是指某一独立存在事物的特性,例如,物理上的中子,是指既不带阳电也不带阴电的粒子,它是同带负电的电子和带正电的质子同时并存单独存在的粒子,不带电是它的特性,是其他粒子所不具有的。显然,市场经济的"共性"不能是这个意思,它不是与不同基本制度并存的独立事物,它只是不同生产方式所共有现象的一个理论抽象。市场经济是由携带着商品进入市场的人进行的,这种人即市场交换主体,市场主体是资本家,就是资本主义市场经济;市场主体是社会主义国有企业或公有企业,就是社会主义市场经济。在现实中不存在没有社会规定性的市场主体,所以也就没有"中性"的市场经济。

如前面所说,市场经济本身体现着一定的经济利益关系,市场经济所依附的社会基本制度都有着本身的特殊的本质利益关系。现在的问题是,如果要考察市场经济与社会基本制度的结合,那就必须搞清楚市场经济的一般利益关系与特定的社会基本制度的本质利益关系是如何结合在一起的。如果这两种利益关系结合不起来,那就谈不到市场经济与该社会基本制度的结合。从这里我们看到,虽然市场是调节经济的手段,但它绝不像一件简单的工具一样谁拿去就可以现成地为谁服务,这里面存在着两种利益关系的矛盾的复杂的解决过程。

我们拿资本主义制度与市场经济的结合过程来剖析一下。市场经济一般要求等价交换,商品按社会必要劳动时间决定的价值量来交换,这种利益关系与资本主义制度的本质利益关系是不同的,而且是相矛盾的。资本主义制度的本质利益要求投入等量资本必须获得大致相等的利润,这里起作用的是平均利润率规律。如果商品在市场上按价值交换,同等资本就会有着极不相同的利润率,因为不同生产部门的资本有机构成是极不相同的。在按价值交换的条件下,同量的资本,有机构成高的,其利润率就较低;有机构成低的,利润率就较高,显然,这是资本主义制度所绝对不能容许的,这表明一般市场经济的利益关系与资本主义制度本质利益关系之间是存在矛盾的。这个矛盾是怎样解决的呢? 在现实中,矛盾是这样解决的:市场商品交换不再按价值进行,而是按成本价格加上平均利润所形成的价格即生产价格进行。商品按生产价格交换,就使得同量资本能够获取相同的利润,矛盾得到了解决,市场经济由此成为资本主义制度的经济运行机制,并发挥着资源在不同生产领域中的分配的功能。

从资本主义制度下二者矛盾的解决和结合过程,可以得出如下的具有方法论意义的结论:在市场经济与基本制度的关系中,基本制度处于起决定作用的地位,市场经济必须适应和服从于基本制度的本质利益要求,并根据这种要求变换本身的交换原则;只有通过这种变革,市场经济才能与基本制度相结合,成为它的经济运行机制,为合理配置资源服务。

下面我们就运用上述方法考察一下社会主义基本制度与市场经济的结合问题。上述理论和方法告诉我们,市场经济只有当它实现了与一定制度本质利益关系的对接,成为这种利益的实现机制时,才能成为该社会资源配置的调节机制,因此,要使市场在社会主义制度下起配置资源的作用,其根本前提就是使市场经济与社会主义基本制度结合起来,而要使它们能有机结合起来,首要的就是使市场经济的一般利益关系与社会主义的本质利益关系结合起来。

社会主义的本质利益是什么呢? 社会主义由于建立了生产资料公有制(为了研究上的简单,只就全民所有制范围而言),人们在生产资料的占有上是平等的,任何个人和集体都不能由于占有生产资料而获得特殊的经济利益;每个社会成员只能凭个人提供给社会的劳动领取报酬,同等劳动获取同量收入。这是一种等量劳动互换关系,一种形式的一定量劳动换取另一种形式的同量劳动,这种等量劳动的互换也就是按劳分配。所以,等量劳动交换等量劳动,即按劳分配是社会主义经济制度下人们之间最本质的利益关系。

现在的问题是市场经济中的等价交换关系与等量劳动交换关系即按劳分配关系能不能结合和怎样结合的呢?

首先我们会看到等价交换与按劳分配之间是存在矛盾的。等价交换是按劳动形成的价值分配,价值虽然也是劳动的凝结,但它与按劳分配中的劳动在内容上是根本不同的。形成价值的劳动是社会必要劳动时间,正如前面已经讲过的,它包括生产条件优劣的影响在内;按劳分配中的劳动,则是只包括劳动者本身的劳动的质和量,而排除生产条件对劳动生产率的影响,因为这里生产条件都是公有的,所以不应当由于使用的生产条件优良而获得特殊经济利益,否则就会被认为是不公平的。显然,要使市场经济与社会主义基本制度相结合,就须找到一种途径使市场经济等价交换关系适应社会主义本质利益要求,只有实现这一点,市场经济才能成为社会主义的运行机制,发挥优化资源配置的作用。

市场经济的等价交换与社会主义按劳分配的矛盾是如何解决并结合起来的呢? 这一矛盾的解决是分为两个独立的过程实现的。

第一个过程,使企业成为相对独立的商品生产者和经营者,成为独立的法人,据有国家交给企业的财产支配权,生产面向市场,自主经营,自负盈亏,自我发展,自我约束。企业之间严格地实行等价交换,通过这种交换和市场上的竞争,促使企业生产适销对路的产品,并尽可能地降低成本,使资源得到最有效的配置。生产经营好的企业可获得超额利润,可以实行扩大再生产,这对企业会起着极大的激励作用,增强企业的活力。

第二个过程,社会通过某种方式把企业由于占用优良生产资料具有更高的劳动生产率形成的更多的价值中的那部分超额价值提取出来,不参与该企业内部职工个人收入分配,而是在全社会范围内加以分配和使用,用于满足全社会发展生产和社会成员的生活需要。这种调节会被认为是公平的,为全体劳动者所认可的,通过这一个调节过程,实际上就把商品等价交换关系转换为等量劳动交换关系,在全社会范围内贯彻了按劳分配。

至于国家怎样把一部分企业的超额价值部分收归全社会统一分配,这是一个具体方法问题,实践提供了许多具体方法,例如收缴调节税、资金占用费,在实行工效挂钩的企业规定不同的工资基数,等等。实际上很多情况下,为了鼓励企业提高劳动生产率和改进技术,超额价值的很大部分留在本企业里用作更新设备,扩大生产规模,实践将会提供更好的规范的办法。

通过以上两个过程,矛盾得到了解决,市场经济的交换原则与公有制按劳分配原则实现了对接,啮合在一起了,市场经济由此成了社会主义经济体系的有机组成部分,既能充分发挥社会主义制度的优越性,又能充分发挥市场机制在社会资源配置中的基础性作用。

二、社会主义市场经济体制框架的基本内容

社会主义市场经济体制是要使市场在社会主义国家宏观调控下对资源配置起基础性作用。为了体现这一要求,《决定》设计了我国现阶段社会主义市场经济体制的基本框架,这可以增强我们对改革工作指导的预见性,使改革更具有系统性、自觉性,更加富有成效,同时也就可以使人们对社会主义市场经济体制的认识更系统化、具体化。

我们要建立的是社会主义性质的市场经济体系,因此它必须是以坚持社会主义公有制为主体、多种经济成分共同发展为前提的,在这个前提下,它的基本内容包括以下五个方面:

1. 最核心的内容是构筑竞争主体。没有市场主体,就没有市场,当然也就谈不到市场经济体制了。在塑造市场主体方面,当前最主要的是建立符合社会主义经济发展要求的现代企业制度,使企业能够按照市场经济的规则运行和发展,这种企业制度应当是产权关系清晰,权利和责任明确的。产权关系清晰就是使国家所有权同企业法人财产权分离,企业中的国有资产所有权属于国家,企业拥有包

括国家在内的出资者投资形成的全部法人财产权。法人财产权概念的提出是重要的,首先,这清楚地表明它不是与国家的所有权并立的企业所有权,所有权是不能分割的,它确切的含义是企业对国家委托它经营管理的财产拥有占有权或支配权,支配权包括使用权和一定范围内的处分权;在企业被赋予这种权力的同时,对国家承担财产保值和增值的责任。这就是说,企业不只是经营生产,增加产量、产值和利润,而是经营资产,即国有资产的保值和增值。其次,企业法人财产权,意味着国家财产一旦投入企业,这部分财产就与其他财产划分开来,构成企业的独立的法人财产,成为享有民事权利、承担民事责任的法人实体。

这样就使国有企业能够真正成为独立的商品生产者和经营者,同时也就更容易做到自主经营,自负盈亏,自我发展,自我约束。如果不把企业财产作为独立的财产与国家其他财产部分划分开来,当企业亏损和资不抵债时,就得用国家的其他部分财产抵补,这样就做不到自负盈亏,也就难以成为符合市场经济要求的市场主体。

在承认企业法人财产权时必须强调国家对国有财产的所有权,这种所有权主要体现在财产收益、重大决策和选择管理者的权利上,只要维护这些权利,全民所有的性质就不会改变。

建立社会主义新企业制度可以有许多形式,把企业由工厂制改组为公司制是一种有益的探索,但把企业改为公司不是建立新企业制度的目的,当前重点还是要继续贯彻落实好《全民所有制工业转换经营机制条例》,以为建立新企业制度打下基础。在建立新企业制度过程中,在吸收现代企业管理制度时必须注意如何加强党的领导与精神文明建设,发扬我们自己在企业管理方面的优良传统。

2. 培育和发展市场体系。建立社会主义市场经济体制,必须继续大力发展商品市场特别是生产资料市场。价格改革是发育市场和经济体制改革的关键,应当根据多方面的承受能力,加快改革步伐,积极理顺价格关系。现在大部分商品价格已经放开,继续深化改革的重点,是在进一步发展商品市场的同时,尽快取消生产资料价格双轨制。加快生产要素价格的市场化进程。还应积极培育包括债券、股票等有价证券的金融市场,发展技术、劳务市场、房地产市场和信息市场,尽快形成全国统一的开放的市场体系。要加快市场制度和法规建设,坚决打破条条块块的分割、封锁和垄断,促进和保持公平竞争。

3. 转变政府职能,建立健全宏观经济调控体系。在建立在高度技术基础上的社会化大生产的条件下,没有国家的宏观调控,市场经济是不可能正常运转的。近年来,我国宏观经济出现过某种程度的失控状态,根本就在于宏观经济管理体系的建立严重落后,所以,国家的宏观调控与发挥市场机制的作用都是社会主义市场经济体制的内在要求。加快改革,不仅包括深化改革,加快培育市场体系,也包括加快建立与之相适应的宏观调控体系。当前这已成为改革中矛盾的焦点,宏观调控体系的三个支柱是计划、金融和财政。这三个方面成为当前深化改革的重点领域,要通过改革,建立其间相互配合和制约的机制。有一种议论,把党中央、国务院采取的一系列宏观调控措施,都说成是计划经济下的行政手段,这是不符合事实的。实际上,加强改善宏观调控的本质就是深化改革,在十四届三中全会的精神指导下,2016 年将在财税、金融、投资等方面迈出更大的改革步子。

4. 建立合理的个人收入分配制度。按劳分配是社会主义公有制的实现形式,必须坚持按劳分配为主体、多种分配方式并存的分配制度,所以必须坚持按劳分配为主体的分配原则,因为它能调动最广大劳动者的积极性和创造性,从而能够产生最高的效率。要打破平均主义,实行多劳多得,合理拉开差距;要继续鼓励一部分地区一部分人通过诚实劳动和合法经营先富起来,但要保护合法收入,取缔非法收入,通过分配政策和税收调节,避免收入形成两极分化。

5. 建立和完善我国社会保障制度。这是建立社会主义市场经济体制的重要组成部分。我们过去的社会保障体系有很大缺陷,社会保障水平比较低,社会保障面窄、内容不全、经费负担不合理,管理工作社会化水平低,社会保障法不健全等,适应社会主义市场经济体系的要求,必须建立多层次的社会保障体系,包括社会保险、社会救济、社会福利、优抚安置和社会互助等。要按照社会保障的不同类型确定其资金来源和保障方式,为城乡居民提供同我国国情相适应的社会保障。我国国情是人口多、底子薄、社会生产力发展水平低,因此,改革社会保障制度必须兼顾国家、集体和个人三者利益,兼顾目前和长远利益,既要保证社会成员遇到生、老、病、残、死和待业时获得物质帮助,又要有利于树立社会成员的参与意识,减轻国家和企业负担,促进生产发展。

社会主义市场经济体制这五个方面是一个相互联系、相互制约的有机整体,改革必须配套进行。当前我国改革已经进入了全面推进的新阶段,因此,搞清楚社会主义市场经济体制的基本框架,无论在理论上和实践上都有重要意义。

三、社会主义市场经济体制中的计划与市场

经济体制改革目标模式的确定,核心问题是正确认识和处理计划与市场的关系。建立社会主义市场经济体制,就是要把计划与市场两种调节手段的长处很好地结合起来。

社会主义市场经济体制的重要特征就是使市场在资源配置中起基础性作用,这是 15 年来改革实践的科学总结,是对经济体制改革目标认识上的一个重大的

突破。这里所说的基础性作用,是指市场对微观企业的经济活动起主要调节者的作用,称作基础性作用,是因为企业的经济活动是整个国民经济运行的基础。既然作为国民经济运行基础的企业,生产都是面向市场,生产什么,生产多少,完全根据市场上该商品的价格和盈利率确定,那么,这里市场当然也起着基础性调节作用。使市场在资源配置中起基础性作用从根本上改变了过去计划体制下那种由计划安排全社会经济活动的运行机制,在这种体制下,企业不再是根据国家计划,而是直接根据市场信号决定生产方向,这种体制的优越性已在实践中,特别是在满足日常的生产、生活需要方面充分显示出来了。

除了市场起基础性作用一面,社会主义市场经济体制还有另一个方面,即国家的宏观调控。国家宏观调控是社会主义市场经济体制一个内在组成部分,如果把市场的作用作了片面的理解,把它神化,否定或削弱国家宏观调控,那只能造成经济运行的紊乱,背离资源配置的效益原则,近年来的实践已证明了这一点。

国家宏观调控包括两个不同的方面:预先的计划安排和事后的随机调控,这二者在性质上和作用方式上是不同的。计划是指人们在进行经济活动之前对整个经济和社会发展的事先的规划、安排,并以适当的方式在行动上加以贯彻,它的特征就是事前性,即有意识的事前设计和规划。而通常所说的宏观调控大多是指事后的调控,即市场上多个主体自发竞争造成经济运行的不正常状态影响甚至破坏整个国民经济正常运转时,国家运用财政的、金融的手段加以调控,使其趋向平衡,这种宏观调控的特征是事后性和随机性。

两种宏观调控的另一个区别在于它们调控的对象不同。计划主要是决定整个经济发展的大方向和重大结构,而一般的宏观调控的对象则主要是总量的平衡,即总供给与总需求的平衡,也包括一般的经济结构和产品结构,通过这种调控主要是弥补和校正市场调节的缺陷。

二者的区别还在于两种宏观调控直接依据的客观规律不同。计划的制定直接依据国民经济按比例发展这样的生产的自然规律,而不是市场价值规律。因为如果市场规律作用可以调节的领域,计划就是多余的了,问题在于许多带有战略性的问题,是市场价值规律的作用所达不到的,只能靠计划来解决,而计划则只能是直接根据对生产发展客观规律的认识来安排。例如,根据农业是国民经济的基础的规律,决定把发展农业放在首位,增加农业的投入;根据能源、交通是国民经济的先行官的规律,使投资向这些领域倾斜,保证它们得到优先发展。对这些经济发展需要的了解和所根据的客观规律都不是以市场为基础的,如果按照市场价值规律的要求,这些社会需要和满足需要的投资,都是排不上号的。当然,在实施这些计划时,也需要利用价值规律,这主要是为了照顾多方面利益,调动他们实现计划的积极性,但市场价值规律不能成为计划决策的根据;一般的宏观调控则不同,它主要是以市场为基础并依据市场价值规律的要求来活动。

弄清了两种宏观调控的本质区别,有助于把握社会主义市场经济体制中的计划与市场的关系。根据我们的理解,社会主义市场经济体制在总体上的框架应当是包括这样三个部分:(1)发挥计划在宏观经济方面资源配置的决定作用。由于计划工作的宏观性、战略性、事前性、政策性,所以它必然在国民经济的资源配置方面起主导作用。有人把社会主义市场经济体制下计划与市场的关系说成是主辅关系,市场起主要作用,计划起辅助作用,我们认为这种理解是不符合实际的,这样的看法主要是由于他们没有看到计划调控与一般的宏观调控的区别,把前者融于后者了。实际上,计划与市场的关系不是主次关系,而是主导与基础的关系。(2)市场在微观经济方面的基础作用。(3)事后的宏观调控,包括运用经济政策、经济法规和必要的行政管理、综合运用经济杠杆,保证总量平衡。

只有上述三个方面正确结合和配合起来,才能使资源配置在总体上有明确的大方向,从而也更有效率,既有微观效益,又有宏观效益的提高;既有经济效益,又能保证社会效益,能把计划与市场二者的长处结合起来,保证国民经济能较资本主义国家更好、更有效的运转。

社会主义市场经济体制下的宏观调控

　　社会主义市场经济体制是在国家宏观调控下使市场在资源配置中起基础性作用,这表明这种新的经济体制包括两个不可分割的方面,即市场的基础性作用和国家宏观调控的主导作用。

　　使市场在资源配置中起基础性作用,是对经济体制改革认识上和实践上的一个重大突破。这里所说的基础性作用,是指它对作为国民经济细胞的企业的生产起着主要调节者的作用,企业的经济活动是国民经济运转的基础,所以对企业行为的调节作用就称作基础性调节作用。使市场在资源配置中起基础性作用,从而从根本上变革了过去计划体制下那种由计划安排全社会经济活动的办法,在新的体制下,大多数企业不再是根据国家计划,而是直接根据市场信号决定生产经营方向,这种运行机制的优越性已在实践中得到充分的证明。

　　市场的基础性作用是社会主义市场经济体制的一个方面,它的另一个方面是国家的宏观调控。发达的资本主义国家的现实和我国改革以来特别是这一年来实行市场经济的实践,都证明了建立在高度技术基础上的社会化大生产条件下,没有强有力的宏观调控,市场经济是无法正常运行的,因为以价值规律和竞争机制为基础的市场,既有增强市场主体主动性的一面,又有盲目性的一面;既有优化企业之间资源配置的一面,又有导致宏观资源配置不合理造成资源浪费的一面;既有对市场信号反应灵敏的一面,又有反应迟钝、滞后的一面。特别是当前我国正处在新旧体制转换的时期,如果把市场的作用做片面的理解,把它神化,否定或削弱国家的计划宏观调控,其结果只能造成经济运行的紊乱和背离资源配置方面的效益原则。

　　对国家的宏观调控,人们往往理解得不够全面,只把它看作是对市场自发竞争所产生的缺陷的校正过程。实际上宏观调控应当包括性质不同的两个方面,一是预先的计划安排,一是事后的随机调控,这两种活动都可称作是宏观调控,但二者的性质和作用方式是不同的,弄清它们之间的区别,对正确把握社会主义市场经济体制的内涵是很必要的。关于二者的区别大致可归结为以下几个方面。

（一）计划

这里指国家统一的国民经济计划，是指人们在从事经济活动之前对经济和社会发展的事先的规划与安排，并以适当的方式在行动上加以贯彻。一位美国人莫里斯·伯恩斯坦对计划曾这样说过："计划是未来的行动的方案……国民经济计划就指的是国家经济活动的方案，因此，计划包括有三个特征：（1）它必须与未来有关；（2）它必须与行动有关；（3）必须有个机构负责促进这种未来行动。"①这个概括就突出了事前的这一特点，是符合实际的。例如，国家制定国民经济和社会发展战略目标、产业政策、搞好经济预测、规划重大结构、制订中长期计划，等等，并通过一系列经济手段组织实施。所以，有意识的事前的规划和安排是计划的一个重要特征。而通常所说的宏观调控，则是一种事后的调节，是当市场上各个主体自发竞争造成某种不正常状态，影响甚至破坏国民经济的正常运转时，国家利用财政的、金融的或必要的行政手段加以调控，使其趋向平衡，以利于经济的正常运转，这种宏观调控的特征是事后的、随机的。

（二）计划的主要任务是决定总体发展方向和重大结构

例如我国制定八五计划，规定把发展农业放在首位，增加农业投入，以建立起合理的工农业产业结构；规定加速基础工业、基础建设和重要原材料工业的发展，以调整它们与一般加工工业的发展相比相对落后的经济结构的不合理状态，以保证资源配置在大的方面保持恰当比例和宏观效益的提高等等。而一般的宏观调控主要任务则在总量方面，即总供给与总需求之间保持基本平衡，另外也包括一般的具体经济结构和产品结构的调节，以校正和弥补市场机制调节作用的缺陷和不足，促进资源的有效配置。

（三）两种调控所直接依据的客观规律不同

计划直接依据的是国民经济按比例发展这样一些生产的自然规律，而不是市场价值规律，因为如果市场价值规律的作用能够调节的，就没有必要再去制定某种计划。过去我们所实行的高度集中的计划体制的弊端就在于本来可以由市场调节来解决并解决得更好的问题，计划却强行包揽起来，结果是力不从心，影响经济的发展。但是许多带有战略性的全局性的有关长远利益的问题，是市场价值规律所解决不了的，如果按照市场规律去制定计划，那只能与资源合理有效配置背道而驰；这些必须依靠国家计划来解决，排除市场价值规律的干扰。譬如，如前面所说的把发展农业放在首位，加快基础工业、基础设施的发展，把科技和教育的发展放在战略地位来安排等等这些重大经济结构方面的问题，按照市场价值规律的

---

① 《东西方经济计划》，商务印书馆，第4页。

自发作用，都是挂不上号的，因为这些产业的特点是要求投资大、周转慢、盈利低，但是这些项目却是社会和国民经济按比例发展所绝对需要的，而且必须得到优先的发展。当然，在实施这些计划时，也需要利用价值规律，利用市场，以照顾各方面的利益，调动他们实现计划的积极性，但市场规律不能成为计划决策的依据和基础。而一般的宏观调控则主要是以市场为基础并依据市场价值规律的要求来行动。

以上是计划调控与一般通常所说的宏观调控之间的区别，理解这一区别对发展社会主义市场经济，正确认识社会主义市场经济体制条件下计划与市场各自的地位及其相互关系是很重要的。

社会主义市场经济体制下的计划与市场

一、基本制度与资源配置方式

正确认识和理解社会主义市场经济体制,关键在于认识和理解社会主义基本制度与市场经济运行机制之间的关系,而认识这二者之间关系,又在于正确把握计划与市场这两种运行机制在社会主义经济中的实际功能及这些功能之间的内在联系和联系方式。

计划与市场是人类社会中资源配置的两种基本方式。各种生产要素在不同生产领域的按比例分配,是任何一个社会存在和发展的根本前提,这是社会生产的自然规律,它的存在和发生作用与社会制度的类型没有直接联系。"这种按一定比例分配社会劳动的必要性,决不可能被社会生产的一定形式所取消,而可能改变的只是它的表现形式。"①

为什么这一社会生产的自然规律会随着社会制度的变更而改变它的实现形式呢？回答这个问题实际上就是要说明按比例分配社会劳动这一规律借以实现的形式与社会基本制度有怎样的关系。

只有当考察的界域内全部生产资料属于同一个主人、生产的目的直接为了满足该社会全体成员的生活需要的条件下,按比例分配社会劳动这一生产自然规律才能直接作为社会经济活动的自觉目标得到贯彻;在这里,社会将根据社会成员的各种需要和为满足这些需要所各自必需的社会劳动时间,直接安排各种劳动到各个生产领域中去,不需要迂回曲折地借助于其他中介环节。

但是,从有了私有制后,特别是进入阶级社会以后,社会生产的直接目的就不再是社会成员生存和消费需要。小私有制商品经济生产的直接目的是价值,通过商品的交换和商品价值的实现,生产者从市场换取自己需要的消费品。奴隶制和

---

① 《(资本论)通信集》,人民出版社 1976 年版,第 282 页。

封建制经济生产的直接目的是奴隶主、封建主的奢侈消费。在资本主义制度下，生产的直接目的是利润，至于人们的消费需要的满足则从属于利润的获取，资源配置是为实现追求利润这一社会生产的根本目的服务的，也是由这种目的来调节的。资本主义制度下的资源配置所直接依据的不是生产的自然规律本身即按比例发展规律的要求，而是利润率，正如马克思所指出的"通过资本在不同部门之间根据利润率的升降进行的分配"①，也就是说，是通过市场价格波动影响利润率的高低来调节资源在各种生产之间的分配。

　　从这里我们可以看出，资源合理配置虽然是社会生产的一般规律，但它贯彻自己的形式却离不开一定社会基本制度决定的根本利益关系，因而，在不同的社会制度和生产形式下，这一规律就有着不同的实现形式。在资本主义制度下，商品生产成为占统治地位的生产形式，市场成为人们之间经济联系的唯一形式，剩余价值和利润成为生产的直接目的，市场因而成为实现平均利润和超额利润的基本机制，市场方式也就成了资本主义下资源配置的基本方式。在这个意义上，资本主义与市场经济有着紧密的联系，不过不能由此把市场经济与资本主义制度直接等同，因为市场方式一般无论与资本主义经济结合得多么紧密，它本身毕竟是经济运行范畴，反映不出基本制度的类型，而资本主义则属于基本制度范畴，表现一定的剥削关系。市场只是资本主义利用来为实现这种剥削关系服务的经济机制，通过市场来实现资源配置只是借助市场实现特殊经济利益的表现或结果，因为经济利益的获得必须以社会生产的正常进行为前提。

　　西方一些理论家，在他们不是有意抹杀事实真相的时候，对市场与基本制度的内在联系是看见了的。美国的艾伦·布坎南在他的《伦理、效率与市场》一书中评论兰格的市场社会主义模式时就说道"泰勒·兰格模式褒奖市场的一种重要特征，即价格与供求之间的相互调整关系，这种关系表达在价格理论的基本原则中。但这种模式似乎没有看到市场的第二个重要特征——它的动机意义，即市场诱导自我利益去促进互利的方式"，最后他说"……只要还提不出有关官吏的、经理的以及工人的动机的详细理论，市场社会主义理论就还极不完善"。② 布坎南强调必须结合根本利益关系的特点来探讨市场作用的看法，是比较符合实际的。

　　脱离基本制度和根本利益关系孤立地探讨资源配置方式，是一个理论上的缺陷，这样会失去探索资源配置采取何种方式的基本依据，会把基本制度上的差别混合或融合在一般生产规律之中；从实践的角度来说，它会使人们陷于脱离现实

---

① 《资本论》第 3 卷，人民出版社 2004 年版，第 218 页。

② 艾伦·布坎南：《伦理、效率与市场》，中国社会科学出版社 1985 年版，第 158 页。

的抽象议论,对实际工作难以起正确的指导作用。因此,如果从更广阔的视角来考察计划与市场的关系,即不仅把它们作为资源配置方式,而是把它们放在社会基本制度与市场经济一般之间的现实关系中来考察,我们就会看到,作为两种调节生产的基本方式,它们首先是作为动力传导机制和利益分配机制发挥作用的,资源配置不过是作为追逐和实现特定利益关系中生产的自然规律强制贯彻自己的结果。

二、作为动力传导机制的计划和市场

在社会主义经济运行中,经济主体包括两个方面:国家和企业。这是由社会主义全民所有制采取国家所有和企业是相对独立的经济实体这样两重形式所决定的。

国家以生产资料全民所有制代表的身份参与经济活动,它主要在宏观经济方面对国民经济整体发展有决定性影响的方面做出重大决策并组织实施。例如,制定长远发展战略、规定重大结构、决定重点建设项目并进行直接投资等,这使它成为经济运行的重要主体之一。

现在的问题是,代表全民所有制的国家是否具有推动经济高效率发展的动力? 在市场经济条件下,国家的动力又是借助于何种机制传导给企业的? 有一种意见认为,全民所有制(国有制)由于生产者、经营者没有财产利益联系,是缺乏动力的,因而必然是低效率的。这些问题是应当给予科学回答的。按照上述意见,只有与财产利益有直接联系的生产经营者才具有动力和高效率,为了搞清这个问题,我们简单回顾一下资本主义推进效率提高的实际进程。

当生产力还停留在手工工具水平、市场还相对狭小的时期,个人劳动与生产工具在私有制基础上的直接结合,曾是生产发展的适当形式,也是提高效率的必要的社会形式。随着生产力的发展,市场的急剧扩大,这种直接结合的所有制形式已经成为阻碍生产力发展的因素了。为了提高劳动生产率,资产阶级是通过无情地彻底地破坏这种直接结合,剥夺劳动者的生产资料,使劳动和所有权分离,使商品生产所有权转变为资本主义占有权,来推动生产力的发展和效率的提高。社会生产力的进一步发展又导致了资本的大规模集中,这是通过大资本吞并小资本,使大批直接经营自己财产的资本家与其财产所有权分离,以实现生产力和劳动生产率的提高。后来又发生了大垄断资本进一步吞并和兼并,最后向国家垄断资本主义发展,股份公司形式日益普遍化,这一进程使得所有权与经营权相分离也日益发展和普遍化,不仅生产者与财产相分离,而且经营者包括董事会、经理等,也越来越成为单纯的经营者,而与财产相分离,他们收入的来源不是财产而是

资本家支付的佣金,其经济利益与财产占有已没有直接联系。

这一实际历史进程表明,就经济发展的主要趋势来说,所有权与生产者或经营者在狭小生产规模基础上的直接结合,同当前已经形成的社会生产力的要求是相违背的。适应生产规模的日益增大和生产社会化的发展,占有必然日趋社会化,直至由全社会占有全部生产资料,这是历史发展不可抗拒的必然趋势。只有把高度发达的生产力,包括高科技,从私有制那种生产者、经营者与财产所有者直接结合的狭隘的框框里解放出来,它才能获得更充分、更自由的发展余地,从而创造出更高的劳动生产率或效率。

因此,在考察一种生产资料所有制是否具有动力或效率时,我们不能采取非历史的态度,认为只有使生产者和经营者直接成为生产资料的私有者并直接从财产占有获得相应物质利益,经济运行才具有动力和效率,更不能把那种在特殊经济条件下产生的动力和效率一般化、永恒化。历史上从来不存在永恒不变的一般物质利益和财产关系,它们都是具体的,有不同的财产关系和利益关系,就存在不同的动力体系,究竟哪一种财产关系具有更大的动力能创造更高的劳动生产率,用一般的财产利益是说明不了的。根本问题在于该种所有制形式是否适合当时生产力性质。生产力性质决定所有制关系,所有制形式决定特有的利益关系类型和动力,决定该社会根本的激励机制,这就是它们之间的基本关系,也应当是我们思考问题的基本方法。当一种所有制形式适合生产力的性质时,由这种所有制形式决定的利益关系也就当然地成为激励提高效率的根本动力。

适应社会化大生产发展的要求,社会主义建立了生产资料的共同占有,在这一新所有制关系的基础上产生了新的物质利益和新的动力,这就是满足人本身及其发展的需要,这是社会主义特有的生产直接目的和动力(以下简称为社会需要目标)。正是在这里显示出与资本主义制度的根本区别。资本主义生产的直接目的是利润,满足社会需要只是获取最大利润的手段。社会主义当然也关心利润的增长,但生产的直接目的不是利润,而是社会需要的满足,利润是促进财富增长更好地满足全体社会成员需要的手段。

社会主义公有制产生的这种新的动力在现阶段是如何实现的呢?

在社会主义阶段,对生产资料的实际支配具有双重性,除了国家作为全社会代表占有和支配属于全民的生产资料外,还存在作为生产基本单位的企业。在实行社会主义市场经济体制的条件下,企业是独立的商品生产经营单位,具有经营自主权。这种生产资料占有上的双重性决定了生产根本动力的实现机制上也具有双重性。作为社会需要目标的根本动力,当然只能由代表全社会的机构具体体现,这个机构今天就是社会主义国家,因此国家就成为公有制产生的新的经济利益和动力的承担者,成为全社会共同利益的"人格化",从根本上说(这里是从根本性质上说的,暂时撇开具体管理体制),社会主义国家的一切活动,除了实现社会需要目标外,没有其他的目的。国家是怎样把这一目标传导给各个生产部门和企业呢? 这就是通过计划手段,具体体现在国家根据社会需要制定发展战略目标,推动高技术和生产的高速、协调发展,以尽快增加财富的总量,使全体人民的物质文化生活需要得到最大限度的满足。党和国家提出以经济建设为中心的方针,提出"三步骤"的发展战略,确定发展速度,安排重大比例关系,是国家动力作用的体现,它对我国经济的发展起着不可估量的推动作用,大大促进了我国生产和人民生活水平以前所未有的速度提高。大量事实无可置疑地证明了国家以及它所制定的宏观规划和计划是一种巨大的推动力。公有制条件下计划的这种地位决定了它的首要功能就是动力的传导。对各个生产部门来说(不是对一个个独立的企业来说),计划是作为一种外在的强制力量促使生产部门实现社会需要目标。看不到或轻视社会主义国家推动经济发展的巨大动力和作为动力传导机制的计划的重大作用,是一种片面性,这种片面认识成为看不到公有制所特有的新的动力和优越性的主要原因之一。这是公有制生产动力实现机制的一个方面,另一个方面是作为生产基本单位的企业。企业既然是独立的商品生产者,它是为市场而生产,这就是市场导向的生产。推动企业走向市场,就是促使企业根据产品的价格和盈利程度来了解市场需求并据此做出生产经营决策。盈利水平就形成另一种生产动力,这叫作企业运行目标。社会主义企业毕竟与资本主义下的私有制企业有区别,它也需要考虑社会目标,并为其实现服务。但它们不可能自发地把社会需要作为生产的直接目的,一是因为它是一个个分散的独立经营单位,不可能完全了解自身从事的经营活动在满足社会需要目标中的确切地位、作用及其变化;二是它有自身追求的特殊经济利益,它的利益是与企业利润直接相联系的,不可能总是在企业和个人利益受损的情况下为社会需要目标服务。因此市场需求,即产品的价格和盈利水平必然成为企业决策的导向机制。这种经济也因此叫作市场经济。

企业运行目标与社会需要目标之间会存在矛盾,但二者并不必然是截然对立的。企业为市场生产,它的直接目的是价值和盈利,而不是需要;但是价值必须以使用价值为物质承担者,因此它也必须关心实际需要状况,也必须尽力用最低的成本生产出适销对路的产品,以获得更多的盈利和更高的市场占有率。市场竞争作为一种外部强制力量会迫使企业去这样做。从这些方面看,市场的盈利目标与计划的社会需要目标在实际运行中又是可以并行不悖的。在国家计划的引导和调控下,市场经济可以成为实现社会需要目标的有力因素和重要手段。否定或轻视市场经济的作用,认为它必然与计划目标相对立,同样是一种片面性。

改革实践证明,企业直接面向市场从事生产比传统计划体制下根据政府机构意志进行生产能更好地符合社会需要,特别是在对广大居民的消费需要方面,市场经济手段比高度集中的计划经济体制能更好地满足这种需要。因为一个个分散经营的企业更接近市场,接近群众,对居民的偏好和日益丰富多样的需求及其变化,反应灵敏、及时,更能调动企业为满足社会需要而生产的主动性、积极性,这是中央直接计划所根本做不到的,至少在目前还做不到。在这个意义上,大力发展市场经济,使企业直接面向市场,取消政府对企业日常生产经营的直接干预,是当前实现社会需要目标所必需的。正因为如此,建立社会主义市场经济体制的改革受到广大企业、职工和居民群众的普遍欢迎;尽管市场经济体制的自发性也许带来诸多弊端,群众也会有意见,但总体上是满意的,因为企业活力增强了,生产发展了,市场繁荣了,人民生活水平有了明显的提高。

当然也应看到,企业运行目标与社会需要目标、商品价值与使用价值之间存在着对立的一面。一些企业可能滋长单纯追求价值和利润而忽视满足人民实际需要的倾向,在我国市场尚未发育完善的情况下,一些企业就有可能不是靠降低成本,而是靠乱涨价或资源替代、靠资源浪费或其他不规范行为,损害国家和消费者的利益以获取更大的利润,从价值形式上看,利润是增大了,但使用价值量并没有相应地增加;从全社会看,财富的绝对量并未增加,只是原有价值的再分配。企业(甚至包括地方当局)为了追求高利润,会盲目增加价高利大产品生产上的投资,而不顾该类产品生产已经过剩;即使社会提供了市场已经趋向饱和的信息,它们在高利润的诱引下也不会顾及,却抱着"等我渡过去之后,让暴风雨再来吧"的投机心理加速生产。1988年和1992年以来又再次显露出来的一般加工工业过热、空调和服装等生产线严重重复引进、汽车行业生产失控等,都表明了这一点。因此,在充分发挥市场经济积极作用的同时,必须加强国家对市场的宏观调控,克服其消极方面,使市场经济真正成为实现社会需要目标的重要积极力量。

有一些社会需要目标是不能通过市场经济来实现的,例如高技术领域的大规模投资、国家对教育文化部门的投资以及精神文明的建设等,在这些社会效益高于经济效益的行业和部门,市场难以发挥作用,这只能靠国家从长远利益出发制定必要的计划并组织实施来解决。

总之,为了实现社会需要目标,必须发挥计划在总体目标方面的主导作用,同时也必须充分发挥市场经济在企业日常生产方面的导向作用,并辅之以国家强有力的宏观调控。只有把二者的长处很好地衔接起来,并注意调动中央、地方、企业、个人等各方面的积极性,社会主义公有制所产生的巨大动力才能更充分地表现出来。

三、作为利益实现机制的计划和市场

等量劳动互换(在分配领域就表现为按劳分配)是社会主义的本质利益关系,是公有制的实现形式,因为这里任何人都不能利用对公有制生产资料的占有和使用而获取特殊利益;人们能向社会提供的只是个人的劳动,每个劳动者都是以等量劳动获得等量报酬这样的前提与生产资料结合的,因此,等量劳动交换关系,构成了社会主义条件下人们之间的本质利益关系。

等量劳动互换关系的实现机制是怎样的呢?

1. 公有制下的等量劳动互换关系与市场上的等价交换关系所实现的经济利益是本质上不同的两种利益关系。等价交换关系中的价值也是劳动的凝结,等价交换也是一种等量劳动交换,但是它与社会主义按劳分配中所体现的等量劳动交换有本质的区别,因为这二者中的"劳动"的内涵是根本不同的。价值是物化或凝结在产品中的劳动,这就意味着是用产品这种物的量来评价劳动的质与量,在这种关系中,同量产品就代表同量劳动,因而这里承认由于生产资料优劣不同而引起的劳动生产率的差别,生产资料优良就有更高的劳动生产率,同量劳动可以生产出更多的产品,从而形成更多的价值,这种劳动在商品关系中就被承认为是高级劳动;相反,因生产条件差引致生产率低的劳动,在同量时间里只能形成较少的价值。等价交换关系决定了分配是按形成的价值分配。这样前者就会获得超额价值部分或称作级差收益。从商品关系一般规定来说,这种级差收益是正常的、公平的,应归使用优良生产条件的生产者所有,因为生产条件和劳动一样都属于该生产者所有。但在生产资料公有制条件下,这种只是因使用了公有的优良生产条件而从商品交换中得到的级差收益,若只属于该企业,加入个人收入分配,则会被认为是不公平的,是不符合公有制本质要求的。

等量劳动交换与等价交换存在矛盾并不是特殊现象,资本主义下的等量资本获取等量利润原则也与等价交换关系存在矛盾,关键问题在于解决这一矛盾的机制。资本主义平均利润原则与等价交换原则的矛盾是在市场交换过程中解决的,这就是通过价值转型为生产价格,把等价交换转化为等生产价格交换,这样,矛盾就得到解决,平均利润关系得到实现。在这里,市场就成为资本主义本质关系与一般商品交换关系对接的机制,由于商品交换原则的转换,才使得市场成为资本主义本质利益关系的实现机制。可以说,正是因为市场成为资本主义利益关系的实现机制,西方经济学才把资本主义经济称作自由市场经济的。

等量劳动交换与等价交换之间矛盾的解决则不同,在这里市场交换过程本身不可能使矛盾得到解决,因为商品价值包括生产这一商品的全部劳动耗费,既包括物化劳动即各种生产资料的耗费,也包括全部活劳动耗费;而等量劳动交换中的劳动,则是在把生产它的过程中消耗的生产资料价值部分扣除外,还要扣除用作积累和社会消费部分,经过这些扣除之后的部分才能在劳动者之间实行等量劳动互换。显然,在这方面,市场是无能为力的,它不属于市场机制作用的范围,社会主义等量劳动互换与商品等价交换的矛盾只能靠计划机制来解决。

2. 但是,等量劳动互换关系的实现又离不开市场。因为现阶段公有制关系内部仍然实行市场经济,在市场经济条件下,劳动还需要在物化形式即价值形式上表现其社会性;作为分配依据的劳动的质与量,还不能直接计量,还需要借助价值形式进行比较;在按劳分配的实现形式上也必须借助货币形式,等等。这一切表明,等量劳动互换又是离不开市场的。

3. 计划手段是实现等量劳动互换关系的主要机制。等量劳动互换不能在市场交换中实现,但又离不开市场,这是一个矛盾,这一矛盾只能通过分离为两个过程来解决:(1)企业之间建立商品关系,实行严格的等价(生产价格)交换。这是当前计量企业结合劳动量唯一可能的方式。这种等价交换关系是生产顺利运行所必需的。利用这种方式,有利于使企业真正成为独立经营、自负盈亏的经济实体;有利于发挥市场的调节功能和激励功能,从而促进生产力的发展和社会资源的合理配置。(2)在企业之间实行等价交换之后,国家通过各种不同方式把等价交换过程中实现的因生产资料较优而引起的级差收益提取出来,在全社会范围内加以使用和分配,用于满足全民的需要,这种方式在现实中是多种多样的。例如在实行工效挂钩的企业之间,国家通过核定工效挂钩基数、比例和征收工资调节税,调节企业间的工资关系;通过适当扣除获得超额利润企业的级差收益,尽量贯彻等量劳动互换原则。这样,通过国家这一中介或者说计划的作用,就使等量劳动互换关系借助于与其性质不同的等价交换关系得到了贯彻,实现了社会主义公有制本质利益关系与商品等价交换关系的对接。

从以上分析可以看出,在实现社会主义利益关系中计划是起着主导作用。除上述外,以下两个方面的内容也是不可忽视的:(1)计划是保证国民收入合理分配的根本手段。生产资料公有制决定了在国民收入分配过程中必须把劳动者的集体利益与个人利益、长远利益与目前利益、全局利益与局部利益结合起来,使每个经济单位和劳动者从切身利益上关心社会主义生产的发展,为此,必须科学地确定国民收入中国家、企业、职工三方面收入的比例,合理安排积累基金和消费基金的比例以及积累、消费内部的比例关系等。很显然,这些比例只能由国家计划机构根据正确处理诸方面利益关系的原则,通过计划加以确定。市场在这方面不能提供什么依据。(2)公有制本质上要求全体人民能走共同富裕的道路,但由于劳动者在劳动能力、家庭负担等方面存在较大差异,因而一部分劳动者虽付出了艰苦的努力但仍不足以摆脱贫困;又由于历史、自然条件等方面的原因,我国地区之间的发展水平存在着很大的差异,因此,为防止贫富悬殊或两极分化等消极现象的产生,必须对他们进行必要的扶持。在制定国民收入再分配计划时,把这些问题考虑在内,通过计划的作用,使这些问题得到较好的解决。在这里,市场是难以发挥作用的,市场机制的自发作用会加剧贫富悬殊或两极分化的程度。从总体和长远来看,这是与社会主义的要求不相容的。

四、作为资源配置方式的计划和市场

如前所述,由于社会主义生产资料公有制的建立,就有了社会直接根据生产的自然规律、生产力发展的一般规律来进行资源配置的可能性;但在社会主义市场经济条件下,企业之间的横向联系同样需要借助于市场,因此,这就使得社会主义下的资源配置具有两重性,即资源配置在宏观经济领域和微观经济领域采取不同的配置方式:计划方式和市场方式。

微观经济方面,处于社会分工体系中的众多企业,生产要素在它们之间的配置主要是借助市场机制的作用进行的。作为独立的商品生产者的企业最贴近市场,对市场需求及其变动的信号反应最灵敏,在这个领域里,企业分散决策较之中央集中决策能够更好地符合社会的需要,从而使资源得以更有效地配置。在这个意义上,市场在资源配置上起基础性作用。

市场在资源配置上起基础性作用,实质上就是使企业直接面向市场,为市场而生产,成为真正的法人主体和市场竞争主体,为此,首要的是转换企业经营机制,理顺产权关系,建立现代企业新制度。转换企业经营机制首先是要转变政府职能,解决经济管理中长期以来存在的政企不分、所有权与经营权不分的问题,要按照市场经济的要求,把政府职能从直接管理经济转到"规划、协调、监督、服务"上来,一定要把应该给予企业的自主权切实下放给企业,使企业真正成为自主经营、自负盈亏、自我约束、自我发展的法人实体,把应由市场调节的职能切实转给市场。从企业来说,转换经营机制不能只要求宏观经济环境改善,也应该眼睛向内,苦练内功,研究转换经营机制的目标、内容和实施步骤,改革内部管理体制,建立有效的激励机制和约束机制,探索国有资产管理和经营的有效形式,实现国有资产的保值、增值。

然而,在现代高度技术基础上的社会化大生产条件下,没有强有力的宏观调

控,市场经济是无法正常运行的。市场的积极主动性与国家的宏观调控是社会主义市场经济体制的不可分割的两个方面。应当清醒地看到,以价值规律和竞争机制为基础的市场,既有主动性的一面,又有盲目性的一面;既有优化资源配置的作用,也有导致资源浪费的一面;既有对市场信号反应灵敏的一面,又有反应迟钝、滞后的一面,特别是我国当前正处在新旧经济体制转换的时期,如果只看到市场的作用,忽视国家宏观调控,实践已经表明其结果只能是旧经济体制的短处与市场经济的短处相结合,共同冲击经济的正常运行,某一些时期出现的开发区热、房地产热、股票热、乱集资等就是旧体制与市场体制弱点结合的产物。

国家的宏观调控不是过去高度集中的旧体制那种政府机构直接干预企业的经营,而主要是以中央计划为导向,以市场为基础,运用符合市场规律的经济手段、法律手段和必要的行政手段,通过利率、税率、汇率以及价格和产业政策,来调节供求平衡、资金投向、社会分配、地区差别,通过加快经济工作法制化来规范、约束经济主体的行为和市场活动的秩序,要采取必要的手段解决那些主要由于行政行为导致的经济秩序混乱的问题。市场经济并不是不要行政管理,而是要求实行科学的行政管理。

实行社会主义市场经济要求建立新的宏观调控体系。因为市场经济体制意味着市场在资源配置上起基础性作用,这样,原来计划体制中一些调节方式就不再能有效地发挥作用了,为了加强宏观调控,必须对投资体制、金融体制、财政体制以及社会保障制度等方面进行改革,以适应市场经济体制的要求。

宏观经济方面主要是指影响和服务于国民经济发展全局的重大经济活动,包括制定长远发展战略、长期规划和计划;影响全局的重大经济结构的建立和调整,生产力在各地区的合理布局,以及地区经济发展规划;基础产业、基础设施、支柱产业和高科技产业专项发展规划的研究、制定和直接组织投资。这些重大方面都是要由社会主义国家自觉地事先地加以计划并利用各种手段组织实施,以保证经济沿着符合生产力发展规律要求的方向发展。例如,根据农业是国民经济基础的认识,在制定计划时必须使农业得到优先安排;能源、交通是国民经济的命脉,必须使它们得到优先发展,等等。这些计划主要是通过国家安排重点建设项目投资和组织各方面资金加以贯彻的,在解决宏观领域的资源配置的合理化和优化方面,市场是难以发挥作用的。由于这些方面的决策及其实施对国民经济正常运转起着关键作用,在这个意义上,计划在宏观经济资源配置上的作用对国民经济总体发展具有主导和导向,为此,必须增大国家财政收入比重,必须建立国家政策性投资和融资体系,保证国家基础产业和基础设施有比较稳定的资金来源,保证重点建设的投入,支持"瓶颈"产业的发展。譬如当前在整顿金融秩序以后,银行特别突出了对国家计划安排的铁路、电力、煤炭重点项目和大中型建设项目给予支持，没有这些强有力的具体措施，国家计划会落空，也谈不到计划在国民经济运行中的主导作用。

中央计划和政府机构所以能够发挥主导的、导向的作用，是由我们国家的社会主义性质和政府机构所处的位置决定的，社会主义国家机构能够从全体人民的根本利益和全局利益出发考虑资源的合理配置；另外，由于中央政府机构所处的位置，使它能够从全社会的根本利益着眼，具有全局的长远的观点，从而做出正确的宏观决策，当前主要应当抓什么，才能保证整个国民经济持续、协调、快速发展。譬如，从长期的发展来看，当前应当抓住深化改革，包括转换企业经营机制，转变政府职能，加快建立社会主义市场经济体制；在建设上应当限制一般加工工业的重复建设，压缩搞开发区、炒房地产等项目所占用的资金、土地，把力量集中到关系全局发展后劲的交通、能源、重要原材料、农业的重点建设上来，等等。只有站在国家和整体的高度才能够理解这些决策，从而正确处理长远与眼前、全局与局部之间的关系。当前一些地方、部门对中央加强宏观调控措施不理解，有的甚至搞"上有政策，下有对策"，也从反面说明加强中央计划导向的必要性。

关于中央计划的主导作用，在一些发达的资本主义现代市场经济国家，也愈来愈强烈地表现出来。二次大战后，许多国家都加强了政府干预经济的作用，在资本主义国家里发展最快的日本、韩国等都是实行政府主导型的市场经济体制。例如日本，一方面坚持使市场在资源配置方面的基础性作用，同时政府通过自下而上的"禀议制度"、官民合一的审议制度，制定国家中长期计划、法规和产业政策，对资源配置实行强有力的导向。这种体制是保证这些国家经济高速、协调增长的重要原因，我们应予重视和借鉴。

社会主义市场经济体制中的两个方面：宏观方面的计划集中决策与微观方面的市场的分散自发活动是怎样的关系呢？国民经济是一个统一的有机整体，计划与市场不可能是你管一块我管一块的简单的板块式机械结合，二者必然是一种相互渗透、相互影响的有机结合，问题在于宏观计划如何达到微观领域，微观的自发活动如何达到宏观，使二者有机地结合起来，实现统一的国民经济有序地高效地发展。

计划与市场，归根结底都是要满足种种社会需要的，从这个意义上说，作为资源配置方式，二者不具有根本性的矛盾，在一定条件下是可以互相补充、相得益彰的。

在社会主义市场经济体制下，计划与市场的结合是多层次多形式的。前面我们谈到，计划的制定不是依据市场规律，不受市场价格的驱动和支配，但计划中重点建设项目的具体实施总是要依靠企业来完成的。例如,中央计划出于对生产发展自然规律的认识和人民的当前利益与长远利益、局部利益与整体利益更好结合的考虑,决定集中一定资金建设一批重点项目,诸如铁路干线、大型能源基地的建设、重要原材料基地的建设,等等,这些计划不是根据市场价格高低做出的,但这些投资所必需的机械设备、零部件、原材料等都是要由市场购进和由企业支配、使用的,建设进程也都是由企业执行的。这就是说,重点建设项目的决策是计划,而且是必须执行的计划,但它的实施都离不开企业和市场,施工单位可以是通过招标、投标这些市场方法确定,施工单位要通过市场购买行为来获取建筑材料和机械设备,等等,这样,中央计划就把相当一部分企业的活动通过市场纳入自己的轨道,使它们直接为实现中央计划服务。这是计划与市场结合的一条重要途径。

计划对市场的影响,还包括通过政府机构根据自己掌握的综合信息和所作出的预测分析,并与国家扶持产业的优惠政策一起,定期向全社会发布公告,给企业提供较完善和及时的信息,包括发布宏观经济走势、市场运行和计划工作的信息,介绍重要产业行业发展态势,介绍全社会投资活动和重要建设项目信息、一些短线产品的现有生产能力、国内外市场容量,等等,从而引导投资流向符合国家产业政策和中央计划预定的领域。

在一些高新技术的新兴产业的创立过程中,打破地方和部门的局限、做好全行业的发展规划、发挥以市场为基础的计划指导作用是资源有效合理配置的重要方面,我国家电工业的发展历程显示了这一点。改革开放以来,我国家电工业获得了迅猛发展,仅用了 10 年时间就形成了西方国家三四十年才达到的规模。但是也有着值得吸取的教训,例如彩电,由于地区、企业受到市场规律的驱动,盲目引进装配生产线,到 1988 年全国引进了 125 条,形成了约 1800 万台的巨大生产能力,大大超过了市场容量,但由于投资分散,各家都形不成规模经济,造成了资源的巨大浪费。再如汽车、化工等许多行业也一次次重复着这条曲折的道路。为了避免再次重复这种失误,国家在录像机行业发展上采取了新的投资方式,即由政府机构牵头变分散投资为集中投资,变分别引进为联合引进,发挥计划管理的功能,集中全国力量并采用股份制的形式,组建跨省市大型产业集团。与此相配套,国家还选择了近 40 家录像机配套企业,生产集成电路、荧光显示屏以及元器件等。在这种新的投资方式中,既有计划的主导作用和政府机构的组织作用,又发挥了市场作为制定计划依据和调节生产的作用,避免过去分散投资和完全由市场来配置资源所带来的浪费,使资源得到了合理的、有效的配置。

以上分析表明,新的社会主义市场经济体制下的资源配置必须包括这样三个不可分离的方面:宏观经济的中央计划的主导性作用、微观经济市场机制的基础性作用和国家强有力的宏观调控,只要把这三者的关系处理好了,就能把计划与市场这两种调节手段的长处结合起来,使它运转得比资本主义经济更好。

计划与市场的关系是主观与客观的关系吗

近年来在讨论计划与市场的关系中,特别是在论述建立社会主义市场经济体制问题时,理论界出现了这样一种看法:计划(当然是指国家统一计划)是主观的,市场是客观的;由此引申出根本不存在有计划按比例发展的客观规律。进而还认为市场是客观的行为,是第一性的,计划是主观行为,是第二性的,等等。正确认识和处理计划与市场的关系是经济体制改革的核心问题,因此有必要在这里谈一点看法。

先谈谈"计划是主观的,市场是客观的"这种提法。

邓小平同志在谈到计划与市场的关系时曾说,计划与市场都是经济手段,计划多一点还是市场多一点,不是社会主义和资本主义的本质区别;他还说资本主义也有计划,社会主义也有市场①。这些论断是完全正确的。从这些论断看,显然没有计划是主观,市场是客观的意思。也不可能把"计划多一点还是市场多一点",理解为"主观多一点还是客观多一点"。把计划与市场这两种调节手段的关系说成是主观与客观的关系,是没有根据的。

"计划是主观的"这个命题本身,从一定意义上说是对的。计划、规划、指标体系等,即便是国家计划机构根据对客观现实的了解制定的,它也毕竟是意识、观念的东西。但是这里所说的"主观"可能有两种理解,一是指主观能动性,一是指主观主义。如果是指前一个方面,说计划是主观的东西是可以的。发挥主观能动作用是人与动物的活动的本质区别,"最蹩脚的建筑师从一开始就比最灵巧的蜜蜂高明的地方,是他在用蜂蜡建筑蜂房以前,已经在自己的头脑中把它建成了,而且人离开动物愈远,他们对自然界的作用就愈带有经过思考的、有计划的、向着一定的和事先知道的目标前进的特征,"问题只是在于制定的计划是不是正确地反映

---

① 参见《邓小平关于建设有中国特色社会主义的论述专题摘编》,中央文献出版社 1995 年版,第 186 页。

了经济发展的客观规律。如果计划制定者不顾客观条件,凭主观想象拍脑袋决定,违背客观规律,这种计划就等于主观主义。

列宁对计划就有两个不同的说法一是"经常的、自觉地保持平衡,实际上就是计划性",二是"完整的、无所不包的真正的计划——'官僚主义的空想'"。显然,前一个对"计划性"的理解是科学的,这种主观能动性发挥得愈强,国民经济就愈能高速度地协调发展;后一种是对计划的错误的认识,这种"计划"愈强,主观主义就愈严重,对国民经济的发展造成的损害也就愈大。我们过去实行的过于集中的计划体制,是与对计划的误解有关的,这种弊端必须通过改革加以克服,但是我们不能用"计划是主观的"这种提法引导到把计划等同于主观主义这种片面的认识上。

实际上,计划与市场,作为两种不同的调节经济的手段或两种不同的资源配置方式,都有主观和客观的关系问题,都同样有一个力图使主观逐步接近客观,达到主观与客观统一的过程,二者的区别在于决策的主体和校正决策错误的方式不同。计划方式是在一国范围内由社会中心(国家)根据对社会需要的了解对资源配置做集中的决策和安排;当发现计划不符合实际,引起了经济发展过程的不协调时,则通过计划机构不断修订或改变计划,使之更接近现实需要,最终实现资源的有效配置,使主观符合客观。市场方式是由各个市场主体(包括单个企业、集团、地区)为了本身的利益根据自己对市场需求(社会需要的市场形式)数量和结构的了解,分散做出决策;校正决策的方式则是通过竞争,在竞争中,那些主观不符合客观的决策者亏损、破产、倒闭,被淘汰;决策符合实际的企业和个人,则获得丰厚利润并得到发展,这样来实现资源的有效配置,达到主观与客观的统一。

由此可见,计划与市场,作为资源配置的两种不同方式,其区别不在于一个是主观的,另一个是客观的,区别的实质只在于决策方式不同,计划是由国家集中决策,市场是由企业自主分散决策。无论是国家计划的制定者,或市场主体的自主经营者,都是有意识和意志的人,都是认识的主体,也都有认识的客观对象,即社会需要的数量、质量和结构,以及资源状况。由于客观社会条件的限制和人们主观认识能力的不同,无论对国家计划者来说或对自主经营的企业来说,主观与客观是经常会发生矛盾的,因而都有一个不断校正主观认识的过程,部分地或全部地改变原先的计划、方案的事情屡见不鲜,只有这样才能使主观决策符合客观规律,从而变主观的东西为客观的东西,在实践中达到预想的结果。因此,不能用主观与客观的区别来表述计划与市场这两种资源配置方式的区别,更不能用这种区别来判断二者的长短,我们应当实事求是地研究和论证这两种资源配置方式各自的利弊,在不同领域和不同条件下选择能获得最大效益的配置方式。

党的十四大提出了改革的目标是建立社会主义市场经济体制,让市场在资源配置中起基础性作用,这是因为作为国民经济运行基础的企业更接近市场,对市场需求及其变化反应灵敏,因而企业自主决策更容易符合客观实际,更好地实现资源的有效配置,有利于微观经济效益的提高。另外,社会主义市场经济体制还要求加强和改善国家的宏观调控,包括计划调控,这是因为在宏观领域里,国家计划机构站在高处,能从全局利益出发并掌握全局总体发展态势,对总量平衡、重大比例的重大结构方面是否协调,对社会需要总体及其变化的状况反应比较灵敏,因而在这个领域里,集中决策就比较容易做到符合实际,实现宏观方面的资源有效配置,达到宏观经济效益的提高,这样理解计划与市场的关系比用主观与客观的关系来说明更符合事情的实质。

那么,能不能说市场与计划的关系是第一性和第二性的关系呢?

当计划还处在制定的认识阶段上,体现在一系列的预测、规划、计划、政策、指标上时,当然是主观的东西,因而是第二性的,这是毫无疑问的,问题在于它对谁来说是第二性的。国家计划只是就它与按比例发展的客观规律而言,是第二性的,计划必须正确反映各种生产发展之间客观的比例关系,因而后者是第一性的,起决定作用的;计划是第二性的,是被决定的,不能把计划说成是就它对市场配置资源方式来说是第二性的。

说市场是客观的、第一性的,在一定意义上也是对的,马克思曾指出市场是商品所有者全部相互关系的总和,它"表现为一种自发的客观联系",但这时所说的客观性、第一性,是对各个分散的自发活动的市场主体而言的,马克思曾这样描述这种关系:"价值量不以交换者的意志、设想和活动为转移而不断地变动着……在私人劳动产品的偶然的不断变动的交换关系中,生产这些产品的社会必要劳动时间作为起调节作用的自然规律强制地为自己开辟道路,就像房屋倒在人的头上时重力定律强制地为自己开辟道路一样。"在这种关系中,各个分散的独立的经营主体制定自己的发展生产计划时,必须适应各种生产之间必要比例关系的客观规律(这个自然规律在商品生产条件下采取了价值由劳动时间决定的价值规律这种特殊社会形式),因此,对各个市场主体所做的决策来说,市场交换规律是第一性的,他们的主观决策是第二性的,但是不能把市场的这种第一性的地位用在对国家计划的关系上。

从以上分析可以看出,作为资源配置的方式,计划方式和市场方式本身,都同样存在着第一性和第二性、决定作用和被决定作用的关系,但把这种关系简单地套在计划与市场的关系上,却是很不妥当的。

计划与市场是人类社会历史发展过程中两种配置资源的方式,都是客观的存在,这两种方式都有相互联系和相互作用的主体和客体,都是主观与客观矛盾的统一体。我们应当做的,是探讨两种方式在解决主客观矛盾过程中的具体作用,对比它们在不同领域里的长处和短处,这对实际工作是有用处的,不应当把一个事物的主观认识阶段拿来与另一个事物的主体活动的客观结果相对照,宣布前一个事物是主观的,后一个事物是客观的,这样的思维方法很容易导致人们从根本上否定计划方式的必然性和客观性,从而在实践中导致不能正确处理计划与市场的关系,陷入盲目性。这是应当引起我们重视的。

一次典型的争论

——"市场经济等于资本主义"论的两种表现

对社会主义与商品经济、计划与市场能够相结合这一点，实际上在十四大召开以前人们已大致取得了共识，不过在对计划调节与市场调节在社会主义制度下的作用的估计上，在对社会主义与市场经济相结合的提法上，仍然存在着很尖锐的分歧。为了说明这个分歧，我们需要引用一下发生在1991年末至1992年初的一次颇具典型性的争论。说这次争论比较典型，是因为争论双方都是知名的理论工作者，他们所表达的看法又都是明确的、深刻的，而且都做了相当细致的分析，观点是有代表性的；这场争论正好发生在党和国家将社会主义市场经济作为我国经济体制改革目标的最后决定时刻，所以具有一定的特殊性，了解这次争论有助于理解邓小平1992年的南方谈话和江泽民1992年6月9日的讲话的重要性和深刻性。

《中国社会科学》杂志1991年第6期发表了《论作为资源配置方式的计划与市场》一文，文中对计划经济与市场经济在资源配置中的作用的优劣做了比较，文中对计划调节是这样评价的：计划配置资源必须具备两个前提，即第一，中央计划机关对全社会的一切经济活动拥有全部信息（完全信息假定）；第二，全社会利益一体化。不具备这两个条件，集中计划就会由于计划不准确和不可能被严格精确地执行而失效。

该文对信息不完全作了详细的叙述：从信息机制方面说，在现代经济中，要保证资源配置决策正确，必须解决信息的收集、传输、处理等问题。在我们的时代，同马克思、恩格斯设想社会主义经济体制的时候不同，人们的需求极其复杂，而且变化极快，层出不穷的新产品刺激了新的消费需要，由此产生的巨量信息，是任何一个中央计划机关也无法及时掌握的；与此同时，现代经济的生产结构也极为复杂，而且由于科学技术一日千里的进步，新产品、新材料、新工艺不断涌现，为满足一种需求所可能采取的生产方案和工艺流程何止千百种。总之，在我们这个信息爆炸、瞬息万变的时代，要把在社会的各个角落里分散发生的巨量信息收集起来，及时传输到中央计划机关去是很难做到的;而且即使中央计划机关掌握了所有这些信息,要在以日、月计的时间内求解一个含有几千万、乃至上亿个变量的均衡方程组,将计算结果变成一个统一的、各个部分间相互衔接的计划,并把它层层分解下达,直到基层执行单位去,也是根本不可能的。

该文认为:从激励机制方面看,计划配置资源的困难更大,因为在社会主义制度下,不存在共同利益,每一个经济活动当事人包括计划的制定者,都有他们自身的利益,因此,不存在符合全局利益的计划,更不可能有人严格地执行这个计划。

该文还对市场配置资源方式作了理想化的描绘:市场配置方式的优点是,稀缺资源配置是通过市场这个由千千万万商品经济者之间按一定规则进行的交易活动交织而成的灵巧机制实现的,因而既能克服传统体制下决策权力过分集中的缺点,又不致出现混乱无序的状态。第一,从信息机制看,通过市场交易和相对价格的确定,每个经济活动的当事人都可以分享分散发生在整个经济各个角落的供求信息,从而解决了社会主义大生产中信息广泛发生同集中处理的需要之间的矛盾。第二,各种资源配置决策不是靠行政权力由上到下地贯彻,而是由追求效用最大化的经济活动当事人根据市场信号(这个市场信号已经含有社会调节的因素),通过自己的计算自主地做出并自愿执行的,从而能够使局部利益同社会利益协调起来。该文也指出市场调节实现这些作用必须具备两个条件,即企业数目足够多并能自由进入,价格足够灵活能够及时反映资源的供求状况。

该文最后的结论是:"总之,两种资源配置方式前提条件不具备,有很不相同的情况:前者的前提条件是完全不可能具备的,特别在现代经济中,科学技术飞跃进步,新的生产可能性层出不穷,需求结构极其复杂而且瞬息万变,在这种情况下,就更是这样;后者的前提条件不可能完全具备,但它们有可能基本上具备。因此,这种资源配置方式是相对地有效的。"① 因此,该文不赞同计划手段与市场手段相结合的看法,提出只能以市场调节方式代替计划调节方式,并认为后者是根本无前途的,不符合科学技术进步的发展方向。文中说:在生产发展和技术进步的过程中,信息量的增长必然快于计算技术的发展,企业靠计算技术的提高来克服信息方面的困难,是注定不能实现的幻想,即使信息问题得到解决,行政配置资源方式的激励问题也是不可能得到解决的。

从上面行文可以看出,这种观点否定了计划配置资源方式,而对市场配置资源方式做了完全的肯定,这种看法表现出该文作者看问题的极大片面性,看来他是不同意把计划与市场结合起来的一般提法的。

---

① 吴敬琏:《论作为资源配置方式的计划与市场》,载《中国社会科学》,1991 年第 6 期。

作者所进行的理论说明，实际上并不能证明他对计划方式的否定和对市场方式的肯定是正确的。

首先，从信息方面说，他只是从微观方面着眼，只看到市场在调节日常生产特别是日用消费品生产的资源配置上的优势，如果只从这个方面观察，市场比中央计划的确有着不可否认的优势。过去的传统计划管理模式的弊端恰恰突出表现在这方面，它企图包罗万象，覆盖一切生产活动，结果把企业统得过死，严重束缚了企业的主动性和创造性，使生产脱离社会需要而效益低下，这正是我们要进行经济体制改革的重要原因。但是离开这个微观领域，把眼界放宽一些，不局限于日常生产和生活，而是从全局性、长期性经济发展的角度观察问题，中央计划在信息来源和信息量方面就比市场表现出了更大的优越性。我国整个工业体系和国民经济体系之所以能在短时间里迅速建立，恰恰是由于利用了计划手段来配置资源，因此，我们在第一个五年计划期间获得了令世界瞩目的巨大成就，如果只是依靠市场手段来配置资源，恐怕今天我们还没有相对完整的工业体系和国民经济体系，更不可能在这样短的时间里建立起来；没有这个强大的物质技术基础，恐怕我们在十一届三中全会后连实行经济体制改革的条件也不具备。我们看问题要做到实事求是，必须忠实地研究历史而不是割断历史，这是邓小平理论一再教导我们的。

其次，对市场经济那种理想化的描绘，也不是实事求是的。资本主义搞市场经济几百年了，还从来没有将作者所描绘的美好状况变成现实，当然，不能否定市场配置资源的效率，问题在于把它说成是绝对好的，认为应当用它来代替计划资源配置方式，否定一切政府干预的必要，而且认为随着科学技术和社会化生产的发展，自由市场经济将日益表现出其优越性，是世界永恒的最优的资源配置方式，这就难以令人相信了，这种状况只能在比较早期的西方资产阶级经济学教科书中才能见到。我们应当注意，在今天的资本主义国家里，愈来愈多的经济学家开始批判新古典学派对自由市场经济的推崇和迷信，这与生产社会化的发展日益加深了市场经济国家的震荡这一现实有关。随着社会化大生产的发展，个体搜集、吸收信息的能力的有限和不完全信息、不完备市场问题的普遍性，迫使人们重新认识政府在经济发展中的重要功能。美国哈佛商学院的一位教授洛奇在1990年出版的《轮到美国改革了》一书中明确指出，政府干预越少越好的神话应予打破，企业与企业竞争不受政府干预这一旧观念被现实粉碎了。他认为发展的趋势只能是政府干预越来越多，并断言这是现代市场经济的一个重要特征。这种看法是有根据的，因为随着生产企业的规模愈来愈大，盲目而不加管理的竞争将会给国家带来巨大的损害，这种情况是每一个负责任的国家都必须关心的，因此，在今天仍然坚持一百多年前的那种完全自由竞争的自由市场经济，认为政府领导人都是有个人私利的，完全排斥政府对企业的干预的观点，早已是一种落后的经济观点了。

现在我们再看看争论的另一方。《中国社会科学》杂志1992年第3期发表了《对〈论作为资源配置方式的计划与市场〉一文的商榷》。该文作者虽然反对《论作为资源配置方式的计划与市场》一文的片面观点，即反对把计划调节与市场调节这二者截然对立起来，要求用后者代替前者，而不主张计划与市场结合的观点，但是，他却使自己走向了另一个极端，而且撇下了问题的主要方面，把争论引向了对名词和概念的争论。作者立论的基础是商品经济不等于市场经济，批评前一篇论文把商品经济与市场经济等同起来，作者认为只有社会主义商品经济，不应讲社会主义市场经济，他把市场经济等同于资本主义。他为此举出的理由如下："（1）西方经济学著作、重要文献、新闻媒介、政界要人一般都把市场经济与私有制乃至资本主义联系起来，在经济思想史上，市场经济一词是作为与社会主义或计划经济相对立的概念提出和流行起来的。（2）在一些已发生演变的原社会主义国家，凡是坚持马克思主义和社会主义的一些领导人都曾反对实行市场经济。我国的中央有关文件及领导人的公开正式讲话，都否定社会主义经济是市场经济，而西方对社会主义国家搞和平演变却鼓励、支持这些国家实行市场经济。（3）如果认为市场经济没有超出商品经济和市场调节的内容，则没有必要另提市场经济；如果强调市场经济的要旨在于否定计划经济与市场调节相结合，排斥计划调节在经济运行和资源配置中的重要作用，单纯依赖市场的作用，那在我国是行不通的。（4）市场经济是一个已经约定俗成的概念，其含义不仅仅是资源配置方式，也是一种经济制度。我国经济体制改革不能照搬西方市场经济的一套，指导社会主义经济体制改革的经济理论也不宜套用市场经济这个已有其特定含义的范畴。（5）凡转向市场经济的一些原社会主义国家，都最终背离了社会主义，而其社会经济则变得趋于恶化。"①这段论述较集中地表达了作者为什么反对讲社会主义市场经济，不同意实行市场经济的理由，作者把商品经济与市场经济在概念上截然对立起来，认为虽有社会主义的商品经济，但不可能有社会主义的市场经济，市场经济只是资本主义经济制度的别称，这种理解显然是不恰当的。

说西方经济学著作、新闻媒介、资本主义国家政界要人都把市场经济等同于私有制和资本主义制度，想以此来证明市场经济就是资本主义制度？这种论证方法是不对的。资产阶级经济学一向把资本主义私有制经济说成是一般商品经济

---

① 卫兴华：《对〈论作为资源配置方式的计划与市场〉一文的商榷》，载《中国社会科学》，1992年第3期。

或市场经济,从资产阶级古典经济学直到今天的各种流派的西方经济学都是如此,但这并不能证明他们的说法是正确的,是符合实际的。我们不能受他们这种说法的影响和欺骗,更不应把他们的看法作为我们判断是非的根据。马克思曾为了能把商品生产一般与资本主义经济制度区别开而花费了极大的精力:他在写作《资本论》第一篇时,之所以先研究了商品、货币一般而把资本主义关系暂时舍去,一个重要原因就是为了使人们更清楚地把握商品生产一般及它与资本主义生产的本质区别;在第一篇之后,马克思在第四章中专门研究了货币到资本的转化,从而把货币一般(即商品关系一般)与资本(即资本主义关系)严格地区别开来,并且为了表明这一章的重要性,在德文版的《资本论》中,马克思把这一章独立成篇,构成第二篇;在《资本论》第一卷第二十二章中,马克思再次分析了"商品生产所有权规律转变为资本主义占有规律",突出强调了二者的所有制关系上的本质区别。马克思的这些分析,一方面批判了小资产阶级经济学抹杀商品生产与资本主义之间的联系,企图用商品生产来消灭资本主义制度的空想社会主义观点;一方面批判了资产阶级经济学把资本主义与商品生产直接等同,用商品关系的"平等、自由、所有权"来掩盖资本主义经济制度中的资本对雇佣劳动的不平等、不自由、不承认劳动的所有权的剥削制度,所以,在今天我们也应当避免上西方经济学和资本主义国家政要们的当。既然把资本主义私有制经济等同于一般商品经济或市场经济是资产阶级用以模糊资本主义剥削关系的"约定",那我们就不应简单地认可它,而应当加以反对,揭露它的欺骗性,从理论上阐明二者的本质区别,这才是理论工作者的责任。

对于该文所言的一些社会主义国家都是在引进市场经济的口号下背离了社会主义、恢复了资本主义制度的说法,我们应有正确的认识。这些国家倒退回资本主义,并不是因为它们利用了市场经济,而是因为它们实行了资本主义私有化,改变了所有制关系,把原来的社会主义的国家所有制转变为了少数垄断寡头的私有财产。我们看问题应当抓住事物的本质方面而不要被一些现象所迷惑,我们反对的应当是把社会主义国有财产私有化,不能把批评的矛头指向在坚持公有制主体地位的前提下对市场经济的利用,反对市场经济一般的存在,我国的改革实践也证明了市场经济是可以利用来为巩固和发展社会主义服务的。

社会主义市场经济理论与实践的深化和完善

十一届三中全会以来,邓小平多次提出社会主义可以搞市场经济的思想。在这一思想的指导下,党的十四大提出我国经济体制改革的目标是建立社会主义市场经济体制;党的十四届三中全会通过了《中共中央关于建立社会主义市场经济体制若干问题的决定》,为我国建立社会主义市场经济体制确立了基本框架;为适应经济全球化和科技进步加快的国际环境和全面建设小康社会的新形势,党的十六届三中全会又通过了《中共中央关于完善社会主义市场经济体制若干问题的决定》(以下简称《决定》),对进一步完善社会主义市场经济体制确定了基本方向和具体内容。梳理我国社会主义市场经济理论及实践的发展历程和脉络,对完善社会主义市场经济体制具有重要的现实意义。

一、社会主义和市场经济相结合是马克思主义政治经济学的新发展

中国特色社会主义经济,就是在社会主义制度下发展市场经济,解放和发展社会生产力。这里所说"特色",主要体现在利用市场经济的方法,发挥价值规律在全社会配置资源的作用,推动社会生产力更快发展,使社会主义制度优越性得以充分发挥,社会主义制度得到巩固和发展。

社会主义市场经济理论是邓小平首先提出来的,他在1979年11月同外国客人的一次谈话中首次阐述了社会主义可以同市场经济相结合的思想。他说:"说市场经济只存在于资本主义社会,只有资本主义的市场经济,这肯定是不正确的。社会主义为什么不可以搞市场经济,这个不能说是资本主义。我们是计划经济为主,也结合市场经济,但这是社会主义的市场经济。虽然方法上基本上和资本主义社会的相似,但也有不同,是全民所有制之间的关系,当然也有同集体所有制之间的关系,也有同外国资本主义的关系,但是归根到底是社会主义的,是社会主义社会的。市场经济不能说只是资本主义的。市场经济,在封建社会时期就有了萌芽。社会主义也可以搞市场经济。同样地,学习资本主义国家的某些好东西,包括经营管理方法,也不等于实行资本主义。这是社会主义利用这种方法来发展社

会生产力。把这当作方法,不会影响整个社会主义,不会重新回到资本主义。"①

邓小平提出社会主义可以搞市场经济这一思想,其理论前提是市场经济不等于资本主义,市场只是发展生产力的一个有效方法。这种观点是科学的,它的基本理论依据就是马克思的经济学说。马克思在《资本论》中深刻揭示了一般商品经济与资本主义经济之间的本质区别,阐明了二者反映着根本不同的两种所有制关系。在资本主义制度下,市场经济是作为手段、方法被资本家利用来为生产剩余价值服务的。资产阶级正是在追求剩余价值的驱动下,启动了市场经济内在的潜力,大大地推动了生产力的发展。把市场经济等同于资本主义经济是资产阶级经济学的特点,从古典的到现代的都是如此,其目的,如马克思所指出的,是企图用一般的商品交换的平等关系掩盖资本主义对劳动者的剩余劳动的无偿占有。

邓小平关于市场经济可以为社会主义利用这一思想,也继承了列宁、斯大林、毛泽东的有关思想。斯大林在《苏联社会主义经济问题》一书中,就指出了存在社会主义的商品生产,价值规律是教育经济管理干部的学校。毛泽东在总结1958年"大跃进"的教训时也特别强调大力发展商品生产的重要意义,强调价值规律是一个伟大的学校,不掌握它就不可能建设社会主义和共产主义,这些都为邓小平创立社会主义市场经济理论提供了思想材料。

但是,邓小平创造性地发展了他们的看法,大大超越了以往对社会主义与商品经济之间关系的认识,新的创意主要地表现在以下两点上:

1. 用市场经济代替过去通常使用的商品经济概念。市场经济与商品经济有时可以通用,但邓小平使用"市场经济"概念,却有着特殊的含义。

市场经济是以市场为基础和导向的经济,主要是让价值规律通过竞争和价格波动的机制调节资源在多个不同生产领域间的分配,肯定这一点就意味着对以往的计划经济体制进行根本性的变革。斯大林和毛泽东都强调过价值规律的作用,但在他们那里,价值规律只被当作一种核算工具,而不允许它在社会主义经济中起调节资源配置的作用,这已被实践证明是不正确的。如果否定价值规律调节生产资源的作用,实际上等于否定了它本身,因为在全社会范围内配置资源是价值规律的本质规定。遏制它的这一作用,其他作用如刺激劳动生产率提高,都是不可能发挥出来的。

2. 在谈到发展市场经济时强调在全民所有制企业之间建立市场关系。在斯大林那里虽然强调商品生产的作用,但却把它限制在全民所有制与集体所有制之间,认为只有在这两种不同所有制之间才有商品交换的关系。邓小平突破了这一

---

①　《邓小平文选》,2 版,第 2 卷,236 页,北京,人民出版社,1994。

限制,如果国有企业被排除在市场交换之外,国民经济的一个主要部分就不能进入市场交换,这也就谈不上市场在全社会配置资源的作用。

从上述这两点来说,都是理论上和实践上的突破,是创造性地发展了马克思主义的经济理论,是马克思主义中国化的伟大成果。正因为是一个伟大理论创新,人们接受社会主义市场经济理论必然要有一个过程,如有的人总强调市场经济是资本主义的特征,认为搞市场经济就必须搞私有化,但随着邓小平在这个问题上的理论阐述的不断深化和经济体制改革的发展,人们的认识逐步统一到邓小平的思想上来。这时社会主义经济体制改革的目标模式逐渐清晰起来。

二、社会主义市场经济体制已初步建立

在邓小平提出社会主义可以利用市场经济发展生产力的理论指导下,党的十四大明确提出我国经济体制改革的目标是建立社会主义市场经济体制,这进一步统一了全党和全国人民的认识。

党的十四大和十四届三中全会勾画了我国社会主义市场经济体制的蓝图。20多年来,我们在建立社会主义市场经济体制方面已经取得了重大进展,现在,公有制为主体、多种所有制经济共同发展的基本经济制度和以按劳分配为主体、多种分配方式并存的分配制度已经确立;宏观调控体系逐渐完善;价格市场机制初步形成;政府经济管理职能有了很大转变。这说明社会主义市场经济体制在我国已初步确立。主要表现在以下几方面:

1. 实行市场经济,首要的是要有独立的市场竞争主体,否则就不会有市场经济。在过去的计划经济体制下,国有企业是面向国家计划,而不是面向市场,所以,塑造市场经济的微观基础就成为建立社会主义市场经济体制的决定性任务。由此,我们一直把国有企业改革作为经济体制改革的中心环节,国有企业改革的方向就是使其成为自主经营、自负盈亏、自我发展、自我约束的市场竞争主体,具体目标就是建立产权清晰、权责明确、政企分开、管理科学的现代企业制度。

随着改革的深化,现在我国国有企业已基本上成为独立的市场主体,这体现在国有企业的资本来源市场化了,即生产经营所需的资本投入,不再是政府的财政无偿划拨,而主要是由自有资金、银行贷款、发行债券、股票组成,国有企业的生产经营不再是由国家的指令性计划或指导性计划规定,而是直接根据市场需求,考虑价格和盈利来决定,产品的价格也由企业自己决定。我国国有企业建立现代企业制度方面已取得很大发展,现代企业制度框架基本形成。截至2001年底,所调查的4371家重点企业中已有3322家企业实行了公司制改造,改制面达76%,3322家改制企业中已有3118家企业在完成清产核资、界定产权的基础上建立了明确的企业出资人制度。改制企业出资人到位率达 93.9%。企业自主经营权得到有效落实。

适合市场经济发展的企业劳动用工和人事管理机制也已基本形成,2001 年大多数改制企业坚持了"按劳分配为主体、多种分配方式并存的原则,允许和鼓励资本、技术各生产要素的提供者参与收益分配"。这一切表明国有企业与市场经济的结合,利用市场来发展社会主义经济已经取得了历史性的成果。

2. 我们实行的市场经济,是和社会主义基本制度紧密结合的。只有坚持公有制为主体、多种所有制经济共同发展的基本经济制度,特别是坚持公有制的主体地位和国有经济的主导作用,不断增强国有经济的经济实力及其控制力、影响力和带动力,才能保持我们的市场方向的改革具有社会主义性质,并保证整个国民经济发展的社会主义方向和整体的健康运行。

现在我国社会主义初级阶段的基本经济制度已经确立,这首先表现在公有制为主体的地位得到巩固,国有经济的主导作用进一步加强。十多年来,国有企业在适应市场经济发展要求的改革中不断壮大,国有经济的布局和结构在调整中得到优化,整体素质明显提高。从 1989 年到 2001 年,国有企业从 10.23 万户减少为 4.68 万户,但国有及国有控股工业企业完成工业增加值从 3895 亿元增加到 14652 亿元,年均增长 11.67%;实现利润从 743 亿元提高到 2389 亿元,年均增长 10.22%;全员劳动生产率从每人每年 9115 元提高到 54772 元;固定资产净值从 7033.2 亿元增加到 39588.48 亿元,年均增长 15.49%。① 国有经济的控制力和影响力也有进一步增强,国有经济在重要部门和行业中保持着坚实的支配地位。这些既是社会主义市场经济改革的可喜成果,也是使改革坚持社会主义方向的重要依靠,是实现最广大人民根本利益的重要保证。

在国有经济发展的带动下,个体、私营经济也得到了更快的发展。改革开放以来,我国个体、私营经济以年均 20% 的速度增长,在国民经济中所占比重不断增大。从 1978 年到 2001 年,个体工商户从 14 万户增加到 2433 万户;从业人员从 15 万人增加到 4760 万人;注册资本达到 3436 亿元。私营企业也得到很快地发展,2001 年私营企业户已有 203 万户,从业人员 2714 万人,注册资本 18212 亿元;到 2001 年它们创造的国内生产总值已占全国的 300%,在东南沿海一带,比重高达 60%;2002 年共缴税额 177 亿元,占全国工商税收的 7.3%;2003 年国有和其他各

---

① 参见富子梅:《必须坚持两个"毫不动摇"——访国家经贸委主任李荣融》,载《人民日报》2002 - 12 - 02。

类经济实体的投资额达 38000 多亿元,其中民营经济实体的投资超过半数。①

这种发展的现实表明,个体、私营经济在国民经济中的地位发生了重大变化,已从最初的"拾遗补缺"发展成为社会主义市场经济的重要组成部分,不仅成为扩大就业的主渠道,活跃市场、方便人民群众生活的生力军,而且成为国民经济发展的新的重要增长点。实践表明,公有制经济和非公有制经济可以在市场竞争中发挥各自的优势,二者统一于现代化进程,不要把二者对立起来。

3. 在资源配置上市场机制的作用全面加强。在生产方面,国家基本上取消了指令性计划管理,过去,国家对 25 种主要农产品产量实行指令性计划管理;对 120 种工业产品实行指令性计划管理,占全国工业总值的 40%,到 1999 年指令性计划管理的工业品只有 12 种,仅占全国工业总产值的 4.1%,95% 以上的产品生产,由生产者根据市场供求状况自主决定。

市场形成价格的机制也基本确立。以前,绝大多数商品价格由政府决定,到 2000 年末,绝大多数商品价格基本由市场决定,市场形成价格在社会商品零售总额中占 92%,在生产资料销售收入总额中占 81.1%,在农副产品收购总额中占 79%。

4. 发挥市场机制在资源配置中的基础性作用,必须培育和发展市场体系。当前,市场体系基本建立,不仅构建了商品市场,还构建了包括资本市场、产权市场、劳动力市场、土地市场和技术市场在内的生产要素市场。

现在绝大多数商品和服务价格都是由市场竞争决定的,通过改革,条块分割、地区封锁的现象在逐步消除,商品和生产要素已经可以在不同行业、部门、地区之间自由流动。

我国的证券资本市场经过十多年的探索和发展取得了很大成绩,市场规模不断壮大,对支持一批国家重点企业和重点项目建设发挥了不小作用。这个市场为广大投资者提供了股票、基金、债务、期货等投资品种,扩大了社会资金的投资渠道。在资本市场上上市的股份公司在经济领域中的影响日益增强,已经成为我国社会主义市场体系的重要组成部分,成为推动我国经济发展的重要力量。

现在市场不仅对内开放,对外开放也有了长足的进展。我国积极参与国际分工和竞争,发挥我们的比较优势,充分利用国际、国内两个市场、两种资源,在更大范围内去实现资源的优化配置。

上述表明,市场在资源配置中的基础性作用的地位已经确立。

---

① 参见富子梅:《必须坚持两个"毫不动摇"——访国家经贸委主任李荣融》,载《人民日报》2002-12-02。

5. 我国的市场经济是在社会主义国家宏观调控下发展的,国家强有力的宏观调控是市场经济体系的重要部分。在发展社会主义市场经济的实践中,我们恰当地处理了市场调节和宏观调控之间的关系,取得了令人瞩目的成就。例如,1992年由于片面强调经济发展速度和市场调节本身所固有的弊端,经济运行中一度出现了混乱现象,并出现了严重的通货膨胀,针对这种宏观经济环境,1993年6月党中央、国务院发布了《关于当前经济情况和加强宏观调控的意见》(以下简称《意见》)。据此,国家一方面主要运用经济手段,同时又采取必要的法律手段和行政手段,保证了中央政令的通行。这个《意见》的发布和贯彻成为完善社会主义市场经济体制的一个转折,经过四年的加强宏观调控,我们胜利地实现了经济的"软着陆"。1997年我们又面临亚洲金融危机的冲击和国内供求关系的变化,突出表现在有效需求不足,通货紧缩趋势明显,针对这种情况,国家果断地制定了积极的财政政策和稳健的货币政策,增加投资,扩大内需,强化了宏观调控,充分发挥社会主义制度所固有的优越性,既推动了经济的迅速回升,又促进了重大经济结构的调整,保证了整个国民经济平稳快速发展。这一切充分表明市场调节和宏观调控是社会主义市场经济体制的不可分离的两个部分,运用市场方法的成功实践也显示了我国驾驭市场的高超能力。

三、完善社会主义市场经济体制

我国以建立社会主义市场经济体制为目标的改革,大大推动了我国生产力的发展,取得了举世瞩目的成绩。但在实践中,这个体制还是不完善的,经济发展上还有许多困难,如还存在经济结构不合理、分配关系尚未理顺、农民收入增长缓慢、就业矛盾突出、资源环境压力加大、经济整体竞争力还不强等问题。形成这些困难的原因,正如十六届三中全会的《决定》指出:"我国处于社会主义初级阶段,经济体制还不完善,生产力发展仍面临诸多体制性障碍"。针对以上情况,我们应进一步完善社会主义市场经济体制,为全面建设小康社会提供体制保障。今后完善社会主义市场经济体制的目标是在统筹各方面发展的条件下,更大程度地发挥市场在资源配置中的基础性作用,增强企业活力和竞争力,同时要进一步加强和完善国家宏观调控,完善政府社会管理和公共服务职能。

为了实现这一目标,十六届三中全会的《决定》指出,"今后的主要任务是:完善公有制为主体、多种所有制经济共同发展的基本经济制度;建立有利于逐步改变城乡二元经济结构的体制;形成促进区域经济协调发展的机制;建设统一开放竞争有序的现代市场体系;完善宏观调控体系、行政管理体制和经济法律制度;健全就业、收入分配和社会保障制度;建立促进经济社会可持续发展的机制"。

为了完善社会主义市场经济体制,十六届三中全会的《决定》提出的主要任务中首先强调的是完善我国社会主义初级阶段的基本经济制度,把完善基本经济制度作为首要任务提出是因为它对完善社会主义市场经济体制起着决定性作用。

现在,我国公有制为主体、多种所有制经济共同发展的基本经济制度已经确立,表现在公有制为主体的地位得到巩固,国有经济的主导作用进一步加强,同时个体和私营经济等非公有制经济也有了更快的发展。据最近统计,截至 2003 年 6 月底,全国规模以上工业企业中,国有及国有控股工业企业占的比重在户数上由上年的 24.8% 降为 20%,非国有经济上升为 80%,这一趋势并不表明国有经济的萎缩,实际上国有工业全面地得到了发展。2003 年上半年国有工业企业实现工业增加值 9259 亿元,占全国工业的 50.4%;利润总额 1860.2 亿元,占全国工业的 51.1%;资产总额 90184 亿元,占全国工业的 59.2%;净资产 36500.2 亿元,占全国工业的 58.4%。

国有经济不仅在总量上占优势,在效益的提高上也处于领先。更重要的是国有经济在质上大大优于非公有制经济,它掌握着国民经济命脉,对整个国家经济的发展处于控制和支配地位。截至 2002 年 7 月,国有经济在一些重点行业和关键领域按销售收入计算所占比重分别为:石化 69.3%,石油 92.1%,电力 90.6%,汽车 72.0%,冶金 64.4%,铁路 83.1%,兵器 99.5%,船舶与航空航天 84.5%。这些部门都是国民经济的脊梁和顶梁柱,是提高竞争力以及保证国家经济安全的主要力量,这是任何力量不能动摇的。

在一些轻纺工业和人民日常消费生产行业中,国有企业则占的比重较低,这些企业基本属于中小企业。在这些行业里,国有企业的优越性的确并不明显,但可以调动私人资本从事这方面经营的积极性,以满足社会需要。

怎样进一步完善基本经济制度呢?

完善基本经济制度的指导思想,就是党的十六大提出的两个"毫不动摇",即"必须毫不动摇地巩固和发展公有制经济"和"必须毫不动摇地鼓励、支持和引导非公有制经济发展"。改革开放以来,我们一直支持个体、私营经济的发展,以适应我国现在生产力的状况,调动一切积极因素,以发展生产力,但这绝不是说私有制比公有制优越,更不能进而贬低国有经济,否定国有经济的优越性,要求"国退民进",对国有经济只讲退,不讲进,在实践上力图缩小国有经济,削弱它的影响力。目前,在改制名义下,造成国有资产大量流失,触目惊心,所以,中央提出"毫不动摇地巩固和发展公有制经济",是有着很强的针对性的,也是极端重要的。

针对上述错误倾向,国有资产监督管理委员会于 2003 年 12 月发布了《关于规范国有企业改制工作的意见》,国资委与财政部于 2004 年 1 月又联合颁布了

《企业国有产权转让管理暂行办法》。在这两个文件中，反映了许多地方借口改制，大量侵吞国有资产的方式和方法：它们实际上在实行国有财产的私有化。这两个文件都是为了及时、大力扭转这种私有化趋势的。

要完善基本经济制度，更好地发挥国有经济的主导作用，就必须深化国有企业改革，消除影响生产力发展的诸多体制性障碍。这主要包括两个方面：积极推动公有制的多种有效实现形式；加快调整国有经济布局和结构。

积极推动公有制的多种有效实现形式，目的是要更好地坚持公有制的主体地位，发挥国有经济的主导作用，以利于发展社会主义社会的生产力，因此，不要一谈深化改革，消除体制性障碍，就把国有经济视为生产力发展的障碍而加以弱化，搞什么"国退民进"。积极推行公有制的多种有效实现形式，就是要大力发展混合所有制经济，使股份制成为公有制的主要实现形式。

为什么要使股份制成为公有制的主要实现形式呢？从理论上说，股份制是筹集社会闲散资金的一种方便形式，通过利用社会资本迅速扩大生产规模，使企业在技术上升级，壮大自己。在资本主义发展过程中，股份制是垄断资本和金融寡头利用社会资本增强自己实力和控制力以及扩大盈利能力的手段，垄断资本能够利用，社会主义企业也可以利用。在社会主义制度下，国有资本也可以而且有必要通过这种方法短时间筹集到大量社会资本为自己所用，形成新的发展优势，增强自己的控制力、影响力和带动力，这是提出大力发展混合所有制经济，使股份制成为公有制的主要实现形式的主旨所在。

此外，实行股份制，实现投资主体多元化，可以发挥不同投资主体相互制约、互相监督的作用，使国有企业不仅接受国家机构的监督，还会受多个投资主体的日常监督，在一定程度上保证了企业决策的民主化、科学化和效率的提高。实行股份制还可以推动加快建立现代企业制度，尽快形成规范的法人治理结构，从而加快企业经营机制转换，进一步提高国有企业的管理水平，提高企业经济效益。

深化国有企业改革的另一个方面是要适应经济市场化不断发展的趋势，加快调整国有经济布局和结构。在国有经济的布局和结构的调整中，要完善国有资本的有进有退、合理流动的机制，做到"有所为有所不为"。有所为，主要指要推动国有资本更多地投向关系国家安全和国民经济命脉的重要行业和关键领域，以增强国有经济对整个国民经济的控制力、影响力和带动力，这里包括一些支柱产业和高新技术产业中的重要骨干企业，其中一些属于竞争性的行业和领域要探索实行股份制改革，发展混合所有制企业，重要的企业应由国家控股。有所不为，是指从那些国有经济已不再具有竞争优势、对整个国民经济的发展不居关键性地位的行业中逐步退出，吸引私人资本参与经营，发挥它们的相对优势，以增加社会财富总量,满足广大群众的日常生活需要。

"必须毫不动摇地鼓励、支持和引导非公有制经济的发展",是为了最大限度地把个体、私营经济的潜力挖掘出来,引导它们把资金投入到生产和流通的经营中去,从而为非公有制经济发展拓宽发展空间。《决定》认为要允许非公有制资本进入法律法规不禁止的一切领域,在投融资、税收、土地使用和对外贸易等方面与其他企业享受同等待遇,这必将进一步调动社会各方面的积极性,使生产力获得解放和更快发展,而这归根结底是有利于社会主义的巩固和发展的。

完善社会主义市场经济体制的另一个重要方面是转变政府经济管理职能。所谓"转变"是指从过去那种直接管理企业生产和流通的职能中摆脱出来,切实把政府经济管理职能转到主要为市场主体服务和创造良好环境上来。在市场经济条件下,政府的职能主要是统筹规划、掌握政策、信息引导、组织协调、提供服务和检查监督。政府应把市场能够做到而且能够做好的事情交出去,不再干预微观经济。

政府从直接管理微观经济方面退出,但同时必须加强对整个经济发展的宏观调控。有人说政府只应起"守夜人"、"裁判员"的作用,这是不对的。社会主义基本制度是以公有制为基础的,全民所有制的公有制企业目前还只能采取国家所有制形式,因为国家是实现全社会利益的有形代表的一个最方便的形式,这就决定了社会主义国家在组织和管理经济方面具有重大责任,不仅仅限于一般的国家干预,弥补市场失灵造成的不足,这也是社会主义市场经济体制与资本主义市场经济体制的一个重大区别。

为了完善社会主义市场经济体制,一项重要任务是加快建设全国统一市场,形成统一、开放、竞争、有序的市场体系,使各种商品和生产要素能够自由流动,这是市场经济实现社会资源配置的必要前提。没有这一点,市场在资源配置中起基础性作用就会落空。

目前,形成全国统一市场方面还存在着不少问题,一些地方政府对本地市场的保护,对外地商品和服务的封锁造成市场的分割,使价格处于扭曲状态,难以引导资源合理配置,此外,行业垄断也是妨碍市场经济中竞争机制充分发挥作用的一个因素,所以,为了完善社会主义市场经济体制,必须打破地方保护和行业垄断,使竞争在更广阔的领域里展开。

当前在完善社会主义市场经济体制方面,加强宏观调控具有了新的内容。党的十六届三中全会提出了全面、协调、可持续的发展观,促进社会和人的全面发展。新的科学发展观在当前的根本要求就是按照"五个统筹"的模式发展,即统筹城乡发展、统筹区域发展、统筹经济与社会发展、统筹人与自然和谐发展、统筹国内发展和对外开放。"五个统筹"都是涉及宏观领域的全局性的重大问题。这些问题,譬如合理调整投资与消费的关系、缩小社会成员间收入过大差距、积极推进经济结构战略性调整、"三农"问题的解决和增加农民收入、全国生态保护和建设等等,都不是市场机制所能解决的,只能通过政府的计划调控和宏观调控才能解决。正因为如此,温家宝总理在十届人大二次会议上的《政府工作报告》中强调今年要"加强和改善宏观调控,保持经济平稳较快发展""搞好宏观调控,既要保持宏观经济政策的连续性和稳定性,又要根据经济形势发展变化,适时适度调整政策实施的力度和重点",这是实行科学发展观对完善社会主义市场经济体制提出的必然要求。

党的十六届三中全会的《决定》深入全面地总结了我们20多年的经济体制改革的经验,系统地阐明了进一步完善社会主义市场经济体制的各个方面,成为在2010年建成完善的社会主义市场经济体制的纲领性文件。在《决定》精神的指导下,我国经济体制改革将进入向纵深发展的新阶段。

关于完善社会主义市场经济体制

完善社会主义市场经济体制是党的十六届三中全会的主题。全会通过的《中共中央关于完善社会主义市场经济体制若干问题的决定》(以下简称《决定》),明确提出了完善社会主义市场经济体制的目标和任务,为今后的经济体制改革指明了方向。

一、社会主义市场经济体制已初步建立

在邓小平同志提出社会主义可以利用市场方法发展生产力的理论指导下,在1992年10月党的十四大上,以江泽民同志为核心的党中央宣布我国经济体制改革的目标是建立社会主义市场经济体制,以利于进一步解放和发展生产力,至此,全党和全国人民统一了认识,目标模式明晰了,我国的经济体制改革在明确的思想指导下大踏步前进。

20多年来特别是党的十四大和十四届三中全会以来,我们在建立社会主义市场经济体制方面已经取得了重大进展。现在,公有制为主体、多种所有制经济共同发展的基本经济制度已经确立;与所有制结构相适应的,以按劳分配为主体,多种分配形式并存的分配制度也已确立;宏观调控体系逐渐完善;价格市场机制初步形成;政府经济管理职能的转变上有了很大进步,实现政企分开,把企业生产经营管理的权力交给了企业,这些都说明社会主义市场经济体制在我国已初步确立。

1. 我们的目标是在社会主义条件下发展市场经济,进一步解放和发展生产力。实行市场经济,首要的是存在独立的市场竞争主体,否则也就不会有市场经济。在过去的计划体制下,国有企业是面向国家计划,而不是面对市场,所以,塑造市场经济的微观基础就成为建立社会主义市场经济体制的决定性任务。由此,我们一直把国有企业改革作为经济体制改革的中心环节。

国有企业改革的方向就是使国有企业成为独立经营、自负盈亏、自我约束、自

我发展的市场竞争主体,具体目标就是建成产权清晰、权责明确、政企分开、管理科学的现代企业制度。

现在,我国的国有企业随着适应市场经济要求的改革的进展,已基本上成为独立的市场主体,国有企业生产经营所需的资金投入,不再是政府的财政无偿划拨,而主要是自有资金、银行贷款、发行债券、股票上市直接融资,各种财政性补贴也已经完全取消,就是说资本来源市场化了。国有企业的生产经营不再是由国家的指令性计划或指导性计划规定,而是直接根据市场需求,考虑价格和盈利来决定。产品的价格也由企业自己决定。我国国有企业在建立现代企业制度方面已取得很大进展,现代企业制度框架基本形成。截至2001年底,所调查的4371家重点企业中已有3322家企业实行了公司制改造,改制面达到76%,3322家改制企业中已有3118家企业在完成清产核资、界定产权的基础上,建立了明确的企业出资人制度,改制企业出资人到位率达到93.9%,企业自主经营权得到有效落实。

适合市场经济发展的企业劳动用工和人事管理机制也已基本形成。2001年大多数改制企业坚持了"按劳分配为主体、多种分配方式并存的原则,允许和鼓励资本、技术各生产要素的提供者参与收益分配"。

这些表明,国有制与市场经济相结合,利用市场来发展社会主义经济已经取得了历史性的成果。

2. 我们实行的市场经济,是和社会主义基本制度紧密结合的,在发展市场经济时必须坚持社会主义方向,具体体现在鼓励和支持非公有制经济发展时,首要的是不能忽视坚持公有制的主体地位和国有经济的主导作用,不断增强国有经济的经济实力和它的控制力、影响力和带动力,以保证整个国民经济发展的社会主义方向和健康运行。

因此,坚持公有制为主体、多种所有制经济共同发展的基本经济制度,就成为建立社会主义市场经济体制需要首要关注的问题,这是我们搞的市场经济是社会主义性质的基本保证。

十多年来,国有企业在适应市场经济发展要求的改革中不断壮大,国有经济的布局和结构在调整中得到优化,整体素质明显提高。从1989年到2001年,国有及国有控股工业企业实现利润从743亿元提高到2389亿元,年均增长10.22%;全员劳动生产率从每人每年9115元提高到54772元,固定资产净值从7033.2亿元增加到39588.48亿元,年均增长15.49%。国有经济的控制力和影响力也进一步增强,国有经济在重要部门和行业中保持着坚实的支配地位。这些既是发展社会主义市场经济的改革的可喜成果,也是使改革坚持社会主义方向的重要依靠,是实现最广大人民根本利益的重要保证。

在公有制经济的影响力、控制力不断增强的同时,我国个体、私营等各种形式的非公有制经济日益成为社会主义市场经济的重要组成部分,对充分调动所有社会成员发展社会生产力的积极性起着重要作用。改革开放以来,我国个体、私营经济以年20%的速度增长,在国民经济中所占比重不断增大,到2001年,它们创造的国内生产总值,已占全部国内生产总值的30%,东部沿海各省市更高达60%以上,这表明它们已从"补充"地位发展成社会主义市场经济的重要力量,成为国民经济发展的新的增长点。

实践证明,公有制经济和非公有制、国有经济与非国有经济可以在市场经济中各自发挥自己的优势,相互促进,共同发展。党的十六大指出,"坚持公有制为主体,促进非公有制经济发展,统一于社会主义现代化建设的进程中,不能把这两者对立起来",这一论述指明了坚持基本经济制度的真实含义。

3. 在资源配置上市场机制的作用全面加强,在生产方面,国家基本上取消了指令性计划管理。过去,国家对25种主要农产品产量实行指令性计划管理,对120种工业产品实行指令性计划管理,占全国工业总值的40%;到1999年,指令性计划管理的工业品只有12种,仅占全国工业总产值的4.1%,95%以上的产品生产,由生产者根据市场供求状况自主决定。

市场形成价格的机制也基本确立。以前,绝大多数商品价格由政府决定,到2000年末,绝大多数商品价格已交由市场决定,市场调节价在社会商品零售总额中占比重达92%,在生产资料销售收入总额中占81.1%,在农副产品收购总额中占79%。

4. 市场体系基本建立,商品市场是市场体系的基础。此外,市场体系中还包括生产要素市场,这里有资本市场、产权市场、劳动力市场、土地市场和技术市场。

现在绝大多数商品和服务价格都是由市场竞争决定的,通过改革,条块分割、地区封锁的现象在逐步消除,商品和生产要素已经可以在不同行业、部门、地区之间自由流动。现在市场不仅对内开放,对外开放也有了长足的进展,正在实现通过与国际市场广泛联系,积极参与国际分工和竞争,发挥我们的比较优势,充分利用国际、国内两个市场、两种资源,在更大范围内去实现资源的优化配置。

上述一切表明,市场在资源配置中的基础性作用的地位已经确立。

二、社会主义市场经济体制还需要完善

我国适应利用市场经济发展生产力的要求进行的经济体制改革,大大推动了我国社会生产力的发展,取得了举世瞩目的成绩,这不仅为全体人民所承认,同时也为许多国外经济学者所认可。在实践面前,不少人也承认社会主义可以利用市

场经济为自己服务。

在建立社会主义市场体制、发展生产力上我们虽然成绩斐然,但它还是不完善的,经济发展上还有许多困难,还存在经济结构不合理、分配关系尚未理顺、农民收入增长缓慢、就业矛盾突出、资源环境压力加大、经济整体竞争力还不强等问题。对于形成这些困难的原因和加以解决的迫切性,十六届三中全会的《决定》指出:"重要原因是我国处于社会主义初级阶段,经济体制还不完善,生产力发展仍面临诸多体制性障碍。为适应经济全球化和科技进步加快的国际环境,适应全面建设小康社会的新形势,必须加快推进改革,进一步解放和发展生产力,为经济发展和社会全面进步注入强大动力。"

针对以上情况,我们今后完善社会主义市场经济体制的目标就应当是在统筹各方面经济的条件下,更大程度地发挥市场在资源配置中的基础性作用,增强企业活力和竞争力,健全国家宏观调控,完善政府社会管理和公共服务职能,为全面建设小康社会提供强有力的体制保障。

为了实现这一目标,《决定》指出,"今后主要任务是:完善公有制为主体、多种所有制经济共同发展的基本经济制度;建立有利于逐步改变城乡二元经济结构的体制;形成促进区域经济协调发展的机制;建设统一开放竞争有序的现代市场体系;完善宏观调控体系、行政管理体制和经济法律制度;健全就业、收入分配和社会保障制度;建立促进经济社会可持续发展的机制"。

《决定》中在为完善的社会主义市场经济体制提出的主要任务中,首先强调的是完善公有制为主体、多种所有制经济共同发展的基本经济制度,把这一方面作为首要任务,是因为坚持以公有制为主体的所有制结构对完善社会主义市场经济体制来说,是起决定性作用的。

现在我国的公有制为主体、多种所有制经济共同发展的基本经济制度已经确立,首先这表现在公有制为主体的地位得到巩固,国有经济的主导作用进一步加强,从下列数字可以看出这一点。我们以 1989 年到 2001 年的发展来看,国有企业的户数虽然从 10.23 万户减少为 4.68 万户,但国有及国有控股企业完成的工业增加值从 3895 亿元增加到 14652 亿元,年均增长 11.67%;国有企业固定资产净值从 7033 亿元,增加到 39588 亿元。

在国有经济发展的带动下,个体、私营经济也得到了更快的发展,从 1978 年到 2001 年,个体工商户从 14 万户增加到 2433 万户;从业人员从 15 万人增加到 4760 万人,注册资本达到 3436 亿元,私营企业也得到很快发展。2001 年私营企业户已有 203 万户,从业人员 2714 万人,注册资本 18212 亿元,2002 年共纳税 1177 亿元,占全国工商税收入的 7.3%,创国内生产总值已占全国比重 30%,在东南沿海一带,占比重高达60%。

这种发展的现实表明,个体、私营经济在国民经济中的地位发生了重大变化,已从最初的"拾遗补缺"发展成为社会主义市场经济的重要力量,不仅成为扩大就业的主渠道,活跃市场、方便人民群众生活的生力军,而且成为国民经济的发展的新的重要增长点。实践表明公有制经济和非公有制经济可以在市场竞争中发挥各自的优势,二者统一于现代化进程,统一于提高人民的生活水平。

十六届三中全会提出要进一步完善基本经济制度,它包括哪些内容呢?

完善基本经济制度的指导思想,就是党的十六大提出的两个"毫不动摇",即"必须毫不动摇地巩固和发展公有制经济"和"必须毫不动摇地鼓励、支持和引导非公有制经济发展"。改革开放以来,我们一直支持个体、私营经济的发展,以适应我国现在生产力的状况,调动一切积极因素,解放和发展被压抑的生产力。但有一些人误解了党的方针、政策,把鼓励非公有制经济发展理解为私有制比公有制优越,他们在理论上诋毁国有经济,否定国有经济的优越性,要求"国退民进";在实践上力图缩小国有经济,削弱它的影响力,"一卖了之",造成国有资产大量流失。所以,提出"毫不动摇地巩固和发展公有制经济",是有着很强的针对性的,也是极端重要的。

根据统计,国有企业的户数在减少,截至2003年6月底,全国规模以上工业企业中,国有及国有控股工业企业占的比重由上年的24.8%降为20%,个体私营经济上升为80%,但国有工业却全面地得到了发展。上半年国有工业企业实现工业增加值9259亿元,占全国工业的50.4%;利润总额1860.2亿元,占全国工业的51.1%;资产总额90184亿元,占全国工业的59.2%;净资产36500.2亿元,占全国工业的58.4%。

国有经济不仅在总量上占优势,在效益的提高上也处于领先,更重要的是国有经济在质上大大优于非公有制经济,它掌握着国民经济命脉,对整个国家经济的发展处于控制和支配地位。仅举一个数字,截至2002年7月,国有经济在一些重点行业和关键领域按销售收入计算所占比重分别为:石化69.3%,石油92.1%,电力90.6%,汽车72.0%,冶金64.4%,铁路83.1%,兵器99.5%,船舶与航空航天84.5%,这些部门都是国民经济的脊梁和顶梁竞争力以及国家经济安全的主要力量,这是任何力量不能动摇的。

在一些轻纺工业和人民日常消费生产企业行业中,国有企业则占的比重较低,这些企业基本属于中小企业。在这些行业里,国有制的确并不占多大优势。我们可以调动私人资本的积极性从事这方面经营,以满足社会需要。

要完善基本经济制度,更好地发挥国有经济的主导作用,还必须深化国有企业改革。正如《决定》所指出的,"经济体制还不完善,生产力发展仍面临诸多体制性障碍"。要消除这种体制性障碍,主要包括两个方面:一是积极推行公有制的多种有效实现形式,一是加快调整国有经济布局和结构。

今后一个时期,积极推动公有制的多种实现形式,就是要继续坚持公有制的主体地位,发挥国有经济的主导作用,不要一谈深化改革,消除体制性障碍,就是"国退民进",用私有制取代公有制,逐步挤垮国有经济,这种主张是完全错误的。积极推行公有制的多种有效实现形式,就是要大力发展混合所有制经济,使股份制成为公有制的主要形式。

为什么要使股份制成为公有制的主要形式呢? 从理论上说,股份制是筹集社会闲散资金的一种方便形式,可以通过利用社会资本迅速扩大生产规模,使企业在技术上升级,壮大自己。在资本主义发展过程中,股份制是垄断资本和金融寡头利用社会资本增强自己实力和控制力以及扩大盈利能力的手段,垄断资本能够利用,社会主义企业也可以利用。社会主义制度下,国有资本也可以而且有必要通过这种方法,短时间内筹集到大量社会资本为自己所用,形成新的发展优势,增强自己的控制力、影响力和带动力。

经过这些年来经济的发展,社会上已经积蓄了大量的社会资本,如果不去利用它,一方面会造成资源的浪费,而更重要的是其他人会去利用它,这对增强国有经济的实力和控制力是不利的,这是提出大力发展混合所有制经济,使股份制成为公有制的主要形式的主旨所在。通过股份制改造,公有经济可以在市场经济中发挥国有资本"四两拨千斤"的作用。

另外,实行股份制,投资主体多元化,可以发挥不同投资主体相互制约、互相监督的作用,使国有企业不仅接受国家机构的监督,还会受多个投资主体的日常监督,使企业的决策民主化、科学化以及效率的提高和减少腐败,多了一层保证。

积极推行公有制的多种有效实现形式的另一个方面是要适应经济市场化不断发展的趋势,加快调整国有经济布局和结构。在国有经济的布局和结构的调整中,要完善国有资本的有进有退、合理流动的机制,做到"有所为有所不为"。有所为,主要指要推动国有资本更多地投向关系国家安全和国民经济命脉的重要行业和关键领域,以增强国有经济对整个国民经济的控制力、影响力和带动力,这里包括一些支柱产业和高新技术产业中的重要骨干企业,这些企业一部分属于竞争行业和领域,它们也要探索实行股份制改革,发展混合所有制企业,重要的企业由国家控股。有所不为,是指那些国有经济已失去竞争优势的、对整个国民经济的发展不起关键性地位的行业,有序地退出,吸引私人资本参与经营,发挥它们的相对优势,以增加社会财富总量,满足广大群众的日常生活需要。

　　积极推行公有制的多种有效形式,还包括最大限度地把个体、私营经济的潜力挖掘出来,使他们愿意把资金拿出来投入到生产和流通的经营中去。要为非公有制经济发展拓宽发展空间。《决定》认为,要允许非公有制资本进入法律法规未加限制的领域,在投融资、税收、土地使用和对外贸易等方面与其他企业享受同等待遇。这必将进一步使生产力获得解放和更快发展,而这归根结底是有利于社会主义制度的巩固和发展的。

　　完善社会主义市场经济体制的另一个重要方面是转变政府经济管理职能。所谓"转变",是指从过去那种直接管理企业生产和流通的职能摆脱出来,在市场经济条件下,政府的职能主要是统筹规划,掌握政策,信息引导,组织协调,提供服务和检查监督。《决定》提出,要切实把政府经济管理职能转到主要为市场主体服务和创造良好环境上来。

　　政府从直接管理微观经济方面退出,但同时必须加强对整个经济发展的宏观调控。有人说政府只应起"守夜人""裁判员"的作用,这是不对的。在社会主义条件下,国家是国民经济的管理者,政府应当加强中长期规划的研究和制定。目前经济全球化日益发展,使我们面临很多新的重大课题,在这种新形势下,政府必须加强对影响全局的重大问题的研究,提出发展的重大战略。《决定》提出了五个统筹的要求,体现了政府在健全国家宏观调控,发挥政府作用的正确方向。统筹城乡发展、统筹区域发展、统筹经济社会发展、统筹人与自然和谐发展、统筹国内发展和对外开放的要求这多方面"统筹",既丰富了新的发展观,也为政府加强宏观调控,完善社会主义市场经济体制的改革指明了方向。实践证明,没有政府的宏观调控就没有社会主义的市场经济。

　　为了完善社会主义市场经济体制,一项重要任务是加快建设全国统一市场。形成统一、开放、竞争、有序的市场体系,使各种商品和生产要素能够自由流动,这是市场经济实现社会资源配置的必要前提。没有这一点,使市场在资源配置中起基础性作用就会落空。

　　在全国形成统一市场的工作上还存在着许多问题,一些地方政府对本地市场的保护,对外地商品和服务的封锁造成市场的分割,使价格处于扭曲状态,难以引导资源合理配置。此外,行业的垄断也是一个妨碍市场经济中竞争机制充分发挥作用的因素,竞争难以公开、公平、公正地进行,这也阻碍了市场竞争的开展,破坏了正确配置资源的效率。所以,为了完善社会主义市场经济体制,必须打破地方保护和行业垄断,使竞争在更广阔的领域里展开。

　　总之,党的十六届三中全会的《决定》更深入全面地总结了我们20多年的经济体制改革的经验,系统地阐明了进一步完善社会主义市场经济体制的各个方面,从而成为在2010年建成完善的社会主义市场经济体制的纲领性文件。在《决定》精神的指导下,我国将进入经济体制改革向纵深发展的新阶段。

三、建立和完善社会主义市场经济的理论根据

关于社会主义制度能够与市场经济相结合的理论,是由邓小平同志创立的。他在1979年的一次谈话中明确提出了社会主义可以搞市场经济,市场经济不等同于资本主义,可以有社会主义市场经济,社会主义可以利用市场经济这种方法发展社会生产力。邓小平的这一改革理论经过了13年的改革和发展实践,在1992年召开的十四大上为全党所确认,明确规定建立社会主义市场经济体制是我国经济体制改革的目标,这是我国经济体制改革历史上具有划时代意义的决定。20多年来我国经济在这一改革理论的推动下取得了空前的成就,国民经济活力得到增强,经济快速增长,综合国力显著提高,人民生活不断得到实实在在的改善,社会主义市场经济体制的改革方向从总体上已为全党和全国人民所认可,已成为不可逆转的变革过程。但是在对社会主义市场经济的认识上还存在着一些分歧,有些还是重大原则问题,需要在取得巨大成就的基础上进一步统一认识,以便切实贯彻三中全会的《决定》所要求的"坚持社会主义市场经济的改革方向"。

这里最重要的是如何认识建立社会主义市场经济体制的理论根据,是根据马克思主义经济学理论,还是根据现代西方经济学理论?

有人认为,我们经济体制改革一直在黑暗中摸索,只有在受到现代西方经济学原理的"启蒙",运用它去分析中国的经济问题后,才"提出了应当发挥市场的作用和建立商品经济的改革主张";由于热心读了P.萨缪尔逊的《经济学》,进行了现代经济学的补课,在这个基础上,"我们逐步形成了对于市场经济和它的各个子系统运作原理的认识",才提出了有科学依据的建议。据他们所说,我国经济体制改革目标的确定是在现代西方资产阶级经济学的指导下得出的。

这显然不符合事实。

社会主义市场经济理论是由邓小平同志创立的,他的这一伟大的理论创新不是受现代西方经济学理论的"启蒙",而是依据马克思主义经济学的基本理论,并总结了社会主义建设几十年的实践经验的基础上提出的。

为什么说这一理论是以马克思经济学的基本理论为依据呢? 我们知道,邓小平提出社会主义也可以搞市场经济,是以市场经济不等于资本主义,市场经济只是一种方法、手段为理论前提,而这一点是由马克思的政治经济学理论所揭示的。马克思在《资本论》中深刻揭示了一般商品关系与资本主义关系的本质区别,并详尽阐明了资本主义怎样利用市场机制为推动生产力发展和实现其生产根本目

的——剩余价值生产服务的,同时还一再揭露了资产阶级经济学力图混淆商品经济与资本主义经济的区别的理论错误,及这种错误所要达到的狭隘的阶级目的。马克思说:"在现存的资产阶级社会的总体上,商品表现为价格以及商品流通等等,只是表面过程,而在这一过程的背后,在深处,进行的完全是不同的另一些过程。"①马克思尖锐地批判说:"还有些人错误地把这种表面关系,把这种质的形式化,把资本关系的假象看做是资本关系的本质本身,因而试图把工人与资本家之间的关系说成是商品所有者之间的一般关系,以此为这种关系辩护并抹杀这种关系的特征。"②

资产阶级经济学包括现代西方经济学一直坚持市场经济等于资本主义经济,他们总把资本主义国家称作市场经济国家,而尽力避免直接使用资本主义国家的名称,正如马克思所指出的,这完全是出于资产阶级意识形态的目的,用市场一般平等交换关系掩盖占有剩余价值的剥削关系。

从以上分析可以清楚看出,如果按照现代西方经济学的理论,把市场经济等同于资本主义,那就不可能有"社会主义市场经济",这充分表明把我们的建立社会主义市场经济体制的改革思路说成是在现代西方经济学指导下产生的,是完全错误的。在西方经济学看来,有社会主义,就不能有市场经济;搞市场经济,就必须以私有制替代社会主义公有制。

还应看到,邓小平提出社会主义市场经济的思想也不是突然萌发的,他是继承和发展了马克思主义关于社会主义建设规律的思想。我们都知道,从到宁提出"新经济政策"思想开始,特别是斯大林在他总结苏联建设社会主义30年经验的著作《苏联社会主义经济问题》中,就已经提出了在社会主义制度下利用商品货币关系的观点。在斯大林那里,已经指明商品生产不同于资本主义生产,存在着社会主义的商品生产,在社会主义制度下商品生产不会导向资本主义,社会主义必须利用商品关系发展生产,提高效率,并提出价值规律是教育经济管理干部的学校。毛泽东包括当时的邓小平,在总结"大跃进"的教训时,强调了必须大力发展商品生产的主张,毛泽东还特别强调价值规律是一个伟大的学校,不利用它就不能建成社会主义和共产主义。邓小平正是继承了马克思列宁主义毛泽东思想,深刻总结了社会主义建设的经验教训,认识到必须利用市场机制推动生产力发展,从而得出了把发展社会主义市场经济作为经济体制改革的目标的科学结论。无论从哪方面说,这都是马克思主义的科学社会主义理论的伟大创造。把社会主义

---

① 《马克思恩格斯全集》第46卷,人民出版社1979年版,第200页。
② 《马克思恩格斯全集》第49卷,人民出版社1982年版,第126页。

能与市场经济相结合,社会主义可以利用市场经济发展自己,说成是受现代西方经济学的"启蒙",是运用现代经济学理论得出的结论,是没有弄懂什么是社会主义市场经济的实质,缺乏对这一理论发展历史的了解的表现。

当然,我们否定的是把现代西方经济学作为我们改革的指导思想的错误观点,而不是反对我们还必须借鉴西方经济学某些有用的东西,因为市场经济既然不等于资本主义,只是一种方法和手段,那么不论是社会主义市场经济,还是资本主义市场经济,总有它们共同的地方。资本主义市场经济已有数百年的历史,积累了更多地利用市场方法发展经济的具体制度和措施,我们要积极学习和借鉴其中符合社会化大生产要求和市场经济一般规律的东西,例如与发挥市场作用相联系的所有权与经营权相分离,对经济的宏观管理,企业管理制度,金融制度等制度创新等。应当注意的是对他们使用的反映这些市场经济一般规律的具体方法,只能借鉴,不能照搬,因为总的指导思想不同,在这些具体方法中都渗透着资产阶级经济学理论的影响。例如,如果把市场经济等同于资本主义的理论作为指导思想,就会把社会主义国有经济与市场经济对立起来,就会像上面提到的一些经济学者所强调的,认为非国有经济才为市场经济"提供坚实的基础",这就导致主张发展市场经济必须竭力缩小国有经济比重,削弱它的地位;导致不能正确理解我们利用股份制这种方法的本意,不是把实行股份制看作是增强国有经济的实力和控制力、影响力的一种方法,而是看作缩小国有经济力量和作用的措施;导致错误理解国有经济在布局和结构上的战略性调整、"有进有退"的方针。党的这一方针的本意是为了进一步推动国有资本更多地投向关系国家安全和国民经济命脉的重要行业和关键领域,一些人却错误地把这一措施理解为实行"国退民进"的机遇,是为了削弱和甩掉国有经济这个包袱,在行动上实行一卖了之。这一切都表明,彻底搞清楚以什么理论作为指导思想来指导我们的经济体制改革,是一个关系改革成败和国家命运的重大问题,在这个问题上是不能含糊的。

马克思再生产理论与社会主义市场经济体制建设

  党的十四届五中全会在经济体制改革方面提出在"九五"计划期间初步建立社会主义市场经济体制,到 2010 年形成比较完善的社会主义市场经济体制的目标,这一目标的实现,对我国经济增长方式从粗放型向集约型转变,提高经济增长的质量和效益有着重大意义。从过去单一的计划体制到社会主义市场经济体制的转变是一个带有根本性质的转变,它影响到社会经济运行的各个方面的全部过程,在这样一个复杂的系统工程中,如何在坚持社会主义基本制度前提下,在加强和完善国家宏观经济管理的条件下充分发挥市场机制的作用,以促进企业活力的增强和国民经济持续、快速、健康发展,是一篇很大的文章。在这个转变过程中,如何做到充分发挥市场的正面效应,尽量减小它的负面效应,这就需要对流通过程在理论上有深刻的认识,既理解它在国民经济运转上的积极方面,又理解它必然会引发的各种矛盾及其解决途径,这样就能在建立和完善社会主义市场经济体制的过程中提高自觉性,克服盲目性。深刻学习《资本论》第二卷对资本流通过程的分析,是达到这一目的的便捷途径。

  《资本论》第二卷的名称是"资本的流通过程",名称明确指出了它的研究对象,这应当是没有什么疑问的,但是理论界一些人对这一点的理解却是模糊的,特别是对其中的第三篇《社会资本的再生产和流通》的把握上有着很大的偏差。有的人写了整本阐述马克思关于社会资本再生产理论的专著,其中竟然没有一章叙述流通问题,没有涉及到资本和货币流通在再生产过程中的作用,这实际上是把马克思这里的研究对象从研究中舍去了,把它变成关于再生产过程一般的研究,这就大大缩小了社会资本再生产和流通理论的巨大现实意义,使其在社会主义建设实践中的运用难以实现,削弱了它对实际工作的指导作用。因此我认为,在当前提出重新认真学习《资本论》关于资本流通过程的理论,特别是关于社会资本再生产和流通的理论是有很大现实意义的。

一、资本的流通过程

马克思曾对《资本论》各卷的研究对象作过如下的说明："在第一卷中,我们研究的是资本主义生产过程本身作为直接生产过程考察时呈现的各种现象,而撇开了这个过程以外的各种情况引起的一切次要影响。但是,这个直接的生产过程并没有结束资本的生活过程。在现实世界里,它还要由流通过程来补充,而流通过程则是第二卷研究的对象。在第二卷中,特别是把流通过程作为社会再生产过程的媒介来考察的第三篇指出:资本主义生产过程.就整体来看,是生产过程和流通过程的统一。"①马克思在这里清楚地阐明了第二卷的研究对象,这就是资本的流通过程。

作为第二卷研究对象的资本的流通过程的含义是什么呢? 马克思是在两重意义上使用流通过程这个概念的,一是指与生产过程相对立的流通阶段,即指购买生产资料和劳动力及出售商品的单纯的买卖过程,这是狭义的流通过程。另一方面,又是指作为社会再生产过程的形式的流通,这就是资本的整个运动过程。每一个资本从购买生产资料和劳动力开始,然后进入生产阶段,在这个阶段里生产出包含着剩余价值的商品,最后销售商品,实现了包含剩余价值在内的全部价值,结束了这个过程。这个过程包括两个流通阶段和一个生产阶段,它们共同构成资本的运动。马克思在第二卷中要研究的资本的流通过程,正是指这个既包括流通阶段也包括生产阶段的资本的整个运动过程。

如何正确理解我们这里所要研究的资本运动呢? 有些人只把生产阶段和流通阶段看作是再生产过程中相互联系的两种独立的经济活动,甚至理解为两个独立的经济部门的活动,把资本运动过程整体只看作是两种独立经济活动的有机结合,这样就把这个运动的资本主义特征看漏了。为了正确把握资本流通过程的性质,必须把它看作是资本的本质的一种必然表现形式,具体来说,它应包括以下几点:(1)资本在本质上是一种阶级剥削关系,但它是在物掩盖下的,因而在表面上表现为是一个能自行增殖、自行运动的独立价值;(2)资本运动是这个独立的资本价值不断变更自己形式的过程,先采取货币资本形式,后采取生产资本形式,继之又采取商品资本形式,最后回到货币资本形式,实现价值的自行增殖;(3)资本运动全过程是生产过程和流通过程的统一,这种统一的基础就在于这里的生产过程和流通过程,都只不过是同一资本的形式变更的各个阶段。把握住这几点,我们就对资本的流通过程有了正确的理解。有人说,第二卷是把生产过程舍象掉来研

---

① 《资本论》第三卷,人民出版社 2004 年版,第 29 页。

究流通过程的,这种说法是不很确切的。这里所研究的资本的流通过程是包括生产阶段的,资本在生产过程中采取了生产资本的形式,马克思恰恰是在这一卷里对生产资本的运动进行了大量的深刻的分析,例如马克思运用了大量的具体材料来阐明生产时间、劳动期问的问题。马克思对生产资本区分为固定资本和流动资本的科学分析以及它们对资本流通的影响的分析,构成第二卷的最重要的问题之一,所以第二卷所研究的资本的流通过程不是舍去了对生产过程的研究,只是对生产过程研究的角度与第一卷不同。第一卷是着重在生产过程中揭示资本作为阶级关系的本质,第二卷则是把生产过程作为资本运动的一个阶段来考察,作为资本价值的形式变化的一个阶段来考察的。

马克思对资本流通过程的考察分为三篇。资本主义的总流通过程是一个由各个独立的互相交错、互相补偿的单个资本的运动组成的,这是一个极复杂的过程。为了使问题由简单上升到复杂,叙述得更清晰,马克思首先从社会总资本中抽出单个资本,把它作为在社会总资本中独立执行职能的组成部分来进行考察,揭示资本流通的性质和规律。第一篇主要是分析资本运动的形式本身,这种对运动形式的研究揭示了资本流通过程的本质,正是这种特殊的运动形式显示出资本的流通过程不同于一般商品流通的区别。一般商品流通只是价值形式的变化,货币只是作为交换的媒介,而资本的流通过程则是作为能自行增殖的独立价值的资本的形式变化,它采取循环的形式,并且是一个不断的循环过程。资本运动的这种特殊形式是资本本质的必然表现形式,因为既然劳动力是作为可变资本并人生产过程的,从而剩余价值也就表现为资本自身活动的产物,剩余价值的生产过程也就表现为资本的运动过程。只有把握了上述各点,才能正确理解第一篇的内容,才能分析资本流通过程的其他方面的现象和规律。所以,第一篇的内容是关于整个资本流通过程研究的基础的根本出发点,人们往往因为这一篇内容比较抽象而忽视其重要意义,这是不对的。

如果说第一篇揭示了资本流通过程的质的规定的话,那么第二篇关于资本周转的研究则是从量的角度进行的,即加入了时间的因素,资本每循环一次,即完成一次形式变化需要的时间。在这里马克思揭示了制约资本周转速度的各种因素和它们在加快资本周转中的作用。在对资本周转的分析中,马克思揭示了资本的一些新的划分,这些划分是在流通过程中出现的。首先是固定资本与流动资本的区分,这种区分对组织生产的实践有着重要的意义,但它都模糊了资本的不变部分与可变部分的区别,进一步掩盖了剩余价值的来源。此外,在本篇中还揭示了发挥作用的资本和不发挥作用的资本之间的区别,这是与流通时间的存在相联系的。这些观察一方面证明了流通阶段和流通时间对生产的限制作用和重大影响,同时也看到这种区分为信用制度的产生和发挥作用打下了基础。加快资本周转速度不仅对资本价值增殖程度有重要影响,即增加年剩余价值量并提高年剩余价值率,使得剩余价值可以被更多地利用来进行积累和扩大再生产。

二、第三篇社会总资本的再生产和流通的研究对象

在《资本论》第二卷第三篇中,马克思考察了社会总资本的再生产和流通。社会总资本就是各个单个资本的有机总和。"各个单个资本的循环是互相交错的,是互为前提的,互为条件的,而且正是在这种交错中形成社会总资本的运动。"①

既然社会资本的循环只不过是单个资本循环的总和,因之凡是单个资本循环和周转的条件和规律,也同样是社会总资本循环的条件和规律。那么还有哪些问题需要而且只能在社会资本的流通过程中加以研究呢? 我们知道,每一个单个资本的正常循环是社会总资本正常循环的一个必要条件,但从宏观方面看,单个资本正常循环的根本条件是它通过交换必须在价值上和物质上都能得到补偿,而实现这一点的前提是总供给与总需求保持平衡和社会生产的结构合理,即生产资料和劳动力必须按比例分配于各种生产上。在现实中产品种类是极为繁多的,为了便于揭示社会资本再生产的规律性,马克思把亿万种商品生产部门归结为生产资料生产和消费资料生产两大部类,这就为在最简单的形式上清楚地阐明社会资本再生产的规律性提供了可能。马克思在阐明两大部类的交换中特别强调了货币流通在这种物质变换中的媒介作用,并揭示了其中的规律性。

马克思对社会资本再生产的研究先是在物与物直接交换的形式上进行的,通过研究揭示了再生产正常进行的一个基本规律,这就是两大部类之间 I(v + m) = Ⅱ C。这个规律的基本思想就是要证明为了实现正常的再生产. 两个部类之间的生产必须要有一定的比例关系,因为只有第一部类相当于(v + m)的价值部分的产品全部销售出去,并取得同等价值的必需的消费品;第二部类相当于 C 的价值部分的产品全部销售出去,并换得它所需的生产资料,这样两部类的再生产才能正常进行下去,这是再生产的一般规律。这个规律同样适用于扩大再生产,只是把积累的因素加进去就是了,丝毫不会改变这条基本规律。也就是说,只有第一部类扩大再生产时所必需的消费品在价值上与第二部类扩大再生产的必需的生产资料在价值上相等相换,它们的扩大再生产才能实现,这也正是为什么马克思把研究的重点放在简单再生产上而不是扩大再生产的原因。

马克思用物物直接交换形式对社会资本再生产的观察,尽管为了说明问题,

---

① 《资本论》第二卷,人民出版社 2004 年版,第 392 页。

进行了反复的图式演算,但要说明的问题是单纯的,这就是要求两大部类之间,延伸开来就是指各种生产之问,必须要有正确的比例,否则再生产的正常秩序就会遭到破坏。在以往的长时间里许多同志把马克思的社会资本再生产的理论只归结为上述方面的内容,许多论文都是围绕着马克思设计的图式展开的,拥护者认为图式里包含着很多奥妙,需要进一步探索,围绕着它展开了极复杂的推算,意欲从这里发现新天地;挑剔者则批评马克思的图式所显示的是外延性扩大再生产,而不是内涵性扩大再生产;是速度型的,不是效益型的;还有人认为新的形势要求在图式中再增加一个部类——第三部类,以适应第三产业日益重要的地位。

但是在我看来,无论拥护者还是批判者提出这样的意见表明他们都没有正确理解马克思的本意,他们在探索马克思在这里根本没有或不需要在这里涉及的问题,在要求马克思的图式去解决依据叙述的逻辑尚不可能在里加以解决的问题。实际上,马克思为了更清楚地揭示再生产的基本规律性,在图式中把许多具体问题都舍象掉了,这里的数字完全是假定的;它假设总供给与总需求是平衡的;它抽去了增长速度问题,即使在扩大再生产图式分析中也是假定积累率为一定,为50%,是为了计算方便;它也抽去了技术进步因素,假设资本有机构成是不变的;它抽去资木生产的结构变化;等等。当然,为了深人全面研究扩大再生产和经济增长问题,可以把马克思暂时舍象的因素,一个个加进去,这种研究是很有益的,每增加一个新因素都可以形成一个新的研究领域。但应当理解这并不是马克思在本篇所要研究的对象和重点,如果我们只是把图式中的物物直接交换过程所揭示的再生产的一般规律看作是马克思所要得出的主要结论,那是不符合他的本意的,很明显,通过图式所揭示的规律是生产的自然规律,它与社会制度无关,无论在哪个社会经济制度下,它都是再生产所必须遵循的基本原则。可是我们不应忘记,《资本论》第二卷所要研究的是资本的流通过程,是再生产所采取的特殊社会形式,而不是一般再生产本身,所以上述基本规律的揭示并不是马克思在本篇中所要得出的最终结论,也不是研究的主要任务,实际上揭示这个规律是为揭露这一规律在资本主义制度实现自己的特殊形式以及由此必然会引发的矛盾;它只是作为中介,为后面对资本主义总过程的考察打下坚实的理论基础。

为了校正许多人在学习社会资本再生产和流通理论中存在的认识上的偏颇,我们有必要重新认识第三篇的主要研究对象。从马克思关于社会资本再生产过程的考察的两个手稿的比较中,可以明显看出,社会资本再生产和流通这一篇的研究对象究竟是什么。

本篇是由两个手稿编辑成的。恩格斯在论述本篇时写道:"这是重农学派以后第一次在这里对资本主义社会商品和货币的总循环最出色的阐述。内容很好,形式却难的可怕,因为 1. 这里把按照两种不同方法进行的两次研究合并在一起。2. 第二次研究是马克思在经常失眠脑子有病的情况下勉强完成的。"①关于这一点,恩格斯在《资本论》第二卷编者序里有着更详尽的阐明。

这里所说的两个手稿中的两种不同的方法,显然是指这样一种差别:Ⅱ稿是用产品的直接交换来说明再生产过程的,没有估计货币流通的作用,没有把起媒介作用的货币流通考虑进去。经过修改的第Ⅷ稿,则完全是借助于货币流通来说明社会资本的整个运行过程的。Ⅱ稿中撇开货币流通的那种论述方法,只是马克思开始探讨社会资本正常运行条件的初步成果。这种研究只是针对社会资本再生产运行的物质内容方面,严格说,这属于生产一般的内容。这种方法是与马克思关于《资本论》的研究对象,关于资本的流通过程的研究对象的理论不相容的。在《资本论》第一卷第三章中,马克思就在商品流通一节中批判了那种把商品流通同物物直接交换混同的经济学家的观点。他强调说:"商品流通不仅在形式上,而且在实质上不同于直接的产品交换。"②马克思从这种实质的区别出发,阐述了买卖分离的可能性和由此产生的危机在形式上的可能性,把商品流通归结为直接的物物交换,就会抹杀商品内在矛盾的进一步发展,这显然是不符合资本主义生产方式的基本实际的,也违背了马克思关于资本主义生产方式的基本理解。另外,按Ⅱ稿那种撇开货币流通的研究方法,也与前两篇对单个资本的循环与周转的思想是不一致的。在第一篇中马克思揭示了单个资本流通的特征:G—W…P…W'—G',在那里我们已经强调指出这是资本流通过程的本质规定,社会资本不过是单个资本互相交错运动的总和,因此,社会资本的运动也就是各个资本的 G—W…P…W'—G'的独立循环运动构成的,我们的任务正是要说明社会资本的运动是怎样由无数单个资本的循环构成的。因此,无论如何不能把货币资本和货币流通的作用抽象掉,那样就等于抛开了资本流通过程的本质,抛弃了我们研究的对象,把对社会资本再生产的研究变换成一般再生产过程的研究。正因为如此,马克思在对社会资本再生产过程从物质变换上弄清楚之后,就从根本上修改了他研究的着眼点,转变为研究社会资本再生产是怎样借助于货币流通这一媒介来实现的,即考察资本主义条件下社会资本再生产的正常运行的现实条件。恩格斯说:第三篇"即社会资本的再生产和流通在马克思看来,非重写不可。因为第Ⅱ稿在论述再生产时,起初没有考虑到作为再生产媒介的货币流通,后来考虑到这种货币流通就要再论述一次。原来的部分应当去掉,全篇应当改写,以适应作者已经扩大

---

① 《〈资本论〉书信集》第 581 页。
② 《资本论》第一卷,人民出版社 2004 年版,第 134 页。

的眼界。"①第Ⅷ稿就是这样产生的。因此，为了把握本篇的主要精神，重点应放在探讨第Ⅷ稿部分上，当然，这并不是说Ⅱ稿是多余的。恩格斯说过，在Ⅷ稿中，主要是对Ⅱ稿中不曾表示的新的见解加以论述，有一些Ⅱ稿已有的东西，就被忽略了，所以，对Ⅱ稿也应很好地去研读，但为了学到马克思关于社会资本再生产的主要思想，重点应放在Ⅷ稿上。恩格斯说："我总是把最后的文稿作为根据，并参照了以前的文稿。"②

只有如此理解，才能正确把握本篇的研究对象。关于这一思想可概述如下：1. 分析社会资本再生产的困难，不是由于把一年生产内的生产从整体上进行研究而产生的，而是由于一年生产的总产品的各组成部分都是必须经过流通而产生的。总之，很多单个资本和个人收入的运动在通常的变换的位置中彼此交错地混同起来，而这种通常的位置变换使人眼界模糊，给研究带来了麻烦。2. 本篇所分析的，就是这个位置变换和单个资本形式变换的现实关系……社会总资本再生产过程中的各部分循环运动的关系，总之，第三篇是分析整个社会产品补偿的一般条件，即如何以流通为媒介，采取各种经济形式来实现的。3. 因此，社会总资本再生产过程的分析，归根结底就是对社会总资本的流通过程的分析，即可以归结为对流通的分析。基于这种认识，我认为在学习第三篇时应对以下两点加以重点考察，一是导言的第 1 节：货币资本的作用，二是简单再生产这一章中的第 Ⅴ 节：货币流通在交换中的媒介作用。

1. 货币资本的作用。（1）资本主义生产的特征是商品生产成为占统治地位的生产形式，货币形式的资本，即货币资本是发动整个生产过程的第一推动力，也是生产过程连续进行的持续的动力。每一新开办的企业，都是从握有一定数量的货币资本开始的，为了使生产能持续进行，资本家必须不断地用货币购买劳动力、劳动资料、生产材料，只有用货币不断地购买，才有资本主义生产的连续进行。就单个资本来说是如此，就社会资本来说也如此。当然，这不是说预付的货币资本量的大小能够规定生产的绝对界限，因为决定生产发展的，还有其他物质要素。例如，剥削程度的大小，自然资源的利用程度，周转时间的长短，都可使同量的预付货币资本量产生出大不相同的经济效益。（2）适应着生产资本的一定规模，必然要求有一定数量的与它并存的货币形式的资本存在，以便在成品售出之前用来购买生产资料和支付工资，这是保证生产连续性和正常周转的必要条件。当然，它的数量会受到周转时间长短的影响，但必须有这样一个部分是肯定的，因为生

---

① 《资本论》第二卷，人民出版社 2004 年版，第 8 页。
② 《资本论》第二卷，人民出版社 2004 年版，第 9 页。

产资本发生作用生产出产品,总要经历一段时间,在这个时期内,企业总是从社会取走劳动力和生产资料,而不能同时提供产品出售;而且出售产品,收回货币也需要有一定的时间。

2. 货币流通的作用。在社会资本的运动过程中,商品交换是借助于货币完成的。货币流通是为商品流通服务的,这一点与一般商品流通是共同的。但在这里,它是在资本主义条件下进行的,因而有它的特征,这个特征就是货币流通在完成一般商品流通职能的同时,还完成其货币资本的职能,即同时完成各个资本的特殊的循环运动。马克思从货币运动角度,阐明了社会资本再尘产的实现过程,这全部过程表现为一系列的购买。马克思通过7次购买活动的分析展示了社会资本再生产的全过程,货币流通在这里都不过是起交换媒介的作用,但是,只要仔细观察一下,这一系列的购买行为,都是完成着不同的特殊职能,都是再生产过程中的一个环节,有的是完成资本的职能,有的完成一般货币的职能,这里可以清楚地看出资本流通与一般商品流通是如何地交错在一起,二者明显的区别在于一般商品流通,货币总是在第三者手里,而资本流通中,货币由以开始的出发点,只是资本家。他起着流通起点的作用。关于货币流通在资本主义再生产过程中的地位,马克思强调说:"货币流通成为交换的媒介,同时也使这种交换难于理解,然而它却具有决定性的意义,因为可变资本部分必须一再表现为货币形式,即表现为由货币形式转化为劳动力的货币资本。"①

二、资本流通过程理论与社会主义市场经济体制

社会主义市场经济体制,是指在社会主义基本制度下,在经济运行中引入市场机制的作用,在国家的宏观调控下使市场在资源配置方面起基础性作用。实行社会主义市场经济体制,就表明整个社会主义的再生产过程是借助于货币流通联系在一起的,因此,全社会再生产也就取得了流通过程的形式。从经济运行的形式上说,这与资本主义下社会资本再生产过程有相似的地方。商品流通和货币流通是否顺畅是再生产过程能否正常实现的根本条件,所以,马克思关于资本流通过程的研究对社会主义市场经济体制条件下的再生产过程显然有着重要的理论意义和指导意义。关于流通正常进行的复杂条件和由此必然会引起的一系列矛盾的分析,都会适用于社会主义再生产过程,只要我们把握了《资本论》二卷的研究对象,把握了社会资本再生产和流通理论的实质所在,视线不是被围堵在物物直接交换形态上和一些假设的数字模型的围墙中,而是开阔视野,充分估计到货

---

① 《资本论》第二卷,人民出版社2004年版,第442页。

币资本的决定作用和货币流通的媒介作用,重新认真学习《资本论》卷二卷特别是它的第三篇丰富多采的内容,就会从中发掘出对正确建立和完善社会主义市场经济体制极为有用的思想,扩宽研究的领域。

为了运用马克思第二卷第三篇的理论探索如何正确建立和完善社会主义市场经济体制,我认为至少以下几点应该特别加以注意。

1. 社会总资本的运动,不仅包括单个资本循环范围内的商品流通,还包括不形成资本的一般的商品流通,即包括资本家和工人购买个人消费品的活动,也就是说,社会总资本运动中,不仅包括生产的消费,还包括个人的生活消费。这两种流通紧密地相互联系结合在一起形成社会总资本的流通,它表明了生产与消费的内在联系,不仅在总量上生产依赖个人消费,在人们的消费偏好上,消费时间上的任何变化,都会影响社会总资本的流通的顺畅进行。在现实中这种变化是每时每刻都在发生的。

2. 马克思指出社会资本再生产过程不单纯是生产阶段与流通阶段的统一体,它的特点在于它是无数单个资本的 $G—W…P…W'-G'$ 的循环运动构成的。单个资本循环运动的完整实现是社会总资本循环运动正常进行的前提,单个企业不论在生产阶段还是在流通阶段出现了障碍,都会影响到社会总资本运动的整个链条。各个资本家在无数的地点须付下货币资本,而整个资本的再生产过程就依靠这种货币来实现它们自己的产品。货币流回到预付资本家手里是整个运动正常进行的条件,不回来,再生产就不能继续进行下去。我国目前出现的货币资金短缺和三角债泛滥,就反映了再生产过程出现了障碍。

3. 全部运动和各单个资本的互相交错的内在联系都是依赖货币流通进行的,是通过一系列分别独立进行的买卖实现的,这表明,为了实现社会资本再生产的正常进行需要多么复杂的条件。

货币流通造成买与卖分离的可能性。例如,今年的生产过程完了,全社会产品中的构成上 $I(v+m)=IC$,这样,在实物形态和价值形式上都可得到补偿。如果是物物直接交换,问题就单纯得多,买就是卖,卖就是买,供给与需求永远会相等,但当交换是以货币为媒介时,条件就变得复杂多了,会有多种原因造成买卖关系的变化。例如,第 II 部的资本家由于实行了技术革新,减少了物耗,该部类的资本家为维持原有规模的再生产,按图式上设定的数字,他只需购买 1800 的生产资料就可以了,那 200 就在货币形式上留在这部类资本家的手里,也就是只卖不买,这就会影响 I 部类 200 的生产资料销售不出去,成为多余的,影响再生产在原有规模基础上进行下去。再假如,II 部类资本家由于意外需要提前进行固定资本更新,这就会发生相反的情况。

不仅如此,而且这种单方面的买和单方面的卖,即只买不卖或只卖不买,并非是某种偶然的事情,而是资本主义流通正常进行的条件,例如固定资本的补偿就是这样的因素。固定资本的价值是一部分一部分地转移到产品价值中去的,当它还没有完全磨损失去使用价值之前,并不需要立即用实物补偿,而是先转化为货币,直至这个货币积累到该固定资本需要在实物形式上更新时为止。这种卖与买的分离是再生产过程中的正常因素,但它却可以造成 I 部类的生产资料不能在市场上实现,为了使再生产能正常进行,就需要这样的条件:这就是 II 部类 C 中今年需要在实物形式上更新固定资本的价值量必须与只出售产品而不需要在今年在实物形式更新的固定资本价值量相当,而且在实物上还能相互替代,才符合 I(v + m) = II C,才能保证再生产过程不致中断。所以马克思说只买不卖和只卖不买"是资本主义生产过程的一个内在因素。"①

从以上几方面我们可以看到,使社会资本再生产得以正常进行需要很复杂的条件,而这些条件可以转变为同样多的造成过程失常的条件,转变为同样多的危机的可能性。整个再生产过程和流通过程,"它们是用一个极为复杂的过程作为媒介的。这个过程,包括三个独立进行但又互相交错在一起的流通过程。过程本身的复杂性,呈现出同样多的造成过程失常的原因"。② 在资本主义这种生产自发形式中,平衡是一种偶然现象。

很明显,借助货币流通为媒介来实现社会资本再生产是资本主义生产过程的一个具有决定意义的特征,绝不应把它抽象掉来研究问题,因为很多现实矛盾都缘于此。通过货币流通实现再生产,一方面便利了交换,货币成为交换的润滑剂;另一方面,它又把商品生产和商品交换的矛盾推向了更广阔的领域,使商品交换成为更难以驾驭的过程。货币使得买与卖在时间上和空间上分离,这使商品运动更不易于为人们所了解和控制,它可能造成已在实物上平衡了各部类、各生产部门因货币流向、流量、节奏上的变化而造成货币与实物之间的不平衡,使部分产品无法实现或呈现短缺。货币是一般等价物,可以自由与一切商品相交换,掌握了货币的当事人可以不按原计划购买,导致结构上的失调;货币可以使企业任意改变生产基金和消费基金的分配比例,这当然要影响到生产资料与消费资料实物结构上的变动。

信用制度的发展会使这一矛盾更为加深。货币的出现大大便利了商品交换,但也出现了脱离实物过量发行的可能,出现了国民收入超分配这种新的矛盾现

---

① 《资本论》第二卷,人民出版社 2004 年版,第 554 页。
② 《资本论》第二卷,人民出版社 2004 年版,第 558 页。

象。从理论上说,货币的过量发行只会减少单位货币所代表的价值,普遍提高商品的价格水平,不会对货币与实物的平衡关系产生影响,然而实际情况并不会那样简单。因为增发的货币在各部类、各部门的分配并不绝对按原有比例进行,所以各部类各部门所拥有的货币在总货币量中占的比重会发生变化,这实际上是货币资金在流向、流量上的再分配,已平衡的实物与货币的关系在新的货币资金分配的状况下必然会导向新的不平衡,从而会影响社会产品的实现和社会再生产过程的顺利进行。银行的产生,通过存贷业务满足货币资金的供求,从而对保证再生产过程起着重大作用,但同时它又进一步放大了货币运动的自由度和力度,使由货币流通引起的矛盾更进一步加深,使社会再生产过程正常进行的条件更加复杂化。以上只是对估计到货币资本和货币流通的作用所引发的矛盾简略介绍一二,不过从这里已可窥见它与物物直接交换比较有着本质的不同,马克思恩格斯在《资本论》第二卷研究的重点也正是在这里。只有把握了这个内容,才能真正把握社会资本再生产和流通这一篇内容实质所在,也才能真正把马克思的理论与我国经济体制改革的现实联系起来。这一篇的内容将帮助经济工作者深谙商品流通与资本流通的规律性和与其相伴的一系列复杂矛盾,从而增加工作中的自觉性,克服对市场作用的迷信,在建立社会主义市场经济体制的改革和建设实践中正确规定和处理市场机制与国家宏观调控之间的关系,保证国民经济持续、快速、健康地发展。

在此还应当作以下补充说明。笔者没有着重阐述第三篇中简单再生产和扩大再生产两个图式及有关问题,绝不意味着否定它的重大理论和实践意义,在我国现代化建设实践中,在比例与速度关系问题上出现过重大失误,出现过比例要服从速度的主张,曾因此导致国民经济比例失调与经济效益的下降,今天在这方面仍然存在着不少问题。江泽民同志在十四届五中全会上关于十二个关系的重要讲话中强调正确处理速度与效益的关系和一、二、三产业之间的关系,都是针对着当前经济中存在着重大经济结构失调现象的,例如农业的发展严重滞后、基础产业和基础设施发展落后成为经济发展的"瓶颈"等,"九五"计划强调了克服这种重大比例不协调的紧迫性,马克思关于再生产必须合乎比例的理论当然地具有重大指导作用。有必要指出,马克思在这一篇中只是论述再生产比例关系的实现形式,还没有涉及它的实现机制问题,资本主义再生产的实现机制是市场机制,市场作为一种经济运行机制,首先是为它所依附的社会经济制度的根本利益的实现服务的。只有它适合该制度根本利益的要求,才能成为它的经济运行机制。按照马克思《资本论》的逻辑,只有把资本主义经济制度在总体上弄清楚,不仅了解它的最核心的本质关系,还必须了解这种本质关系采取的现实形式,才能以此为基础研究它的经济运行机制问题。正如马克思所说的"为了理解那种由生产者互相形成的供求,就需要弄清资本主义生产过程的全貌"。①

在资本主义现实中,剩余价值是采取了利润的外貌的,不先弄清剩余价值与利润的关系,就不能在整体上把握资本主义,可是第二卷尚不能解决这个问题,要在第三卷中才能完成,在那里马克思考察了剩余价值到利润的转化和利润到平均利润的转化。在现实中,资本主义经济就是在追逐平均利润和超额利润的基础上运行的,经济运行机制必须为实现这一根本目的服务。商品生产的基本规律是价值规律,但如果按商品价值交换,就不能实现平均利润,从而也不能成为资本主义经济的运行机制,这决定了价值转化为生产价格,这时生产供给的条件就不再是价值而是生产价格。商品的交换必须由按价值交换转化为按生产价格交换,这时价格不再是围绕价值上下波动,而是围绕生产价格上下波动,因此,实际起着调节作用的是平均利润率和生产价格。只有在这个基础我们才有可能说明资本主义的经济运行机制,马克思只是在分析平均利润率规律时才谈到市场机制在资本主义社会中的资源配置巾的作用问题,显然这在第二卷中还不可能涉及运行机制的研究。

---

① 《资本论》第三卷,人民出版社 2004 年版,第 217 页。

我国在利用商品货币关系上的历史发展

　　社会主义国家从它建立的那一天起就面临着如何对待商品货币关系问题,从世界上出现的第一个社会主义国家苏联到我国社会主义发展的今天,从列宁的纠正战时共产主义措施的新经济政策,到我国邓小平同志的在社会主义条件下发展市场经济,建立社会主义市场经济体制,均可以看出,如何使社会主义公有制与商品经济相结合,即社会主义制度如何更好地更充分地利用商品货币关系和价值规律来发展自己,贯穿在社会主义建设史包括我国社会主义建设史的整个过程中,在某种程度上这一问题解决的好坏影响着社会主义建设的兴衰。

一、马克思关于公有制下商品关系将消亡的理论是科学预见

　　马克思和恩格斯都肯定一旦社会主义公有制建立后,商品货币即将被消灭,马克思这一观点不象一些人所说的是带有空想性质的个别结论,而是一个有根据的科学预见。其根据主要在于以下几点:

　　1. 从深层的本质利益上看,商品等价关系与社会主义公有制是不相容的。公有制下人们之间的本质利益关系是等量劳动互换,即按劳分配关系,而商品经济的本质利益关系是按价值交换和按价值分配,二者是对立的,因为形成价值的劳动是社会必要劳动时间,而决定社会必要劳动时间的包含两个方面,一是生产者本人的劳动状况,另外还含有生产资料优劣的作用。同样的劳动,与优良的生产资料相结合,就会有更高的劳动生产率,从而会形成更多的产品和更多的价值,这个劳动就会被社会承认为高级的或倍加的劳动,其所以如此,关键在于生产资料的私有制。既然生产资料属于私人所有,其生产资料带来的好处,当然地应归其所有者所有,这是价值关系的特点。

　　生产资料公有制一旦建立,全体成员对生产资料的占有关系已经完全平等,任何人都不应从公有的生产资料的占有和使用上享有更多的利益,每个人向社会贡献的只能是他个人的劳动,所以这里的本质利益只能是按劳分配,因此一旦实行了公有制,等量劳动互换自然就要取代等价交换关系,商品货币关系必然随之消灭。

可见公有制一旦建立,商品关系将消亡的理论是有科学根据的。一些人总不理解商品货币关系将会随着公有制的建立而退出历史舞台的必然性,关键是没有看到二者在本质利益关系上的对立。

2. 从经济运行的层次上看,公有制一旦建立,全部生产资料将由全社会统一支配和使用,代表全社会的机构当然地要在全社会对资源进行统一安排,有计划地进行资源配置。从总趋势来说,自觉性必将取代自发性,以更有效更合理地配置全社会资源。马克思的这一理论显然也是正确的、科学的,至于脱离现实条件去实行由计划包罗一切的管理体制,在条件还不具备的条件下排斥利用市场机制,则是实践中人们工作上的失误,同马克思上述理论本身无关。

从以上两点可以得出结论,马克思关于公有制下商品关系将消亡的理论是科学预见而不是带有空想性质的个别结论,需要批判和纠正的是对马克思理论的教条主义态度,而不是理论本身。

那么如何解释马克思的商品关系消亡理论与社会主义建设中商品经济的重要性日益显露的实践之间的矛盾呢? 理论与现实之间的矛盾主要是由以下因素造成的:

第一,本质与现象的差别。理论是揭示事物的本质的,但是本质都是通过现象显示出来的,本质与现象不一致是事物客观存在的事实。本质往往是表面观察难以看到的,需要借助理论思维去探索,当还缺乏这种思维能力时,人们往往会把现象当成本质。例如在我国利用商品关系的条件下,国有企业之间的关系看起来都是商品等价交换关系,按价值彼此交换它们的产品,并按创造的价值获取相应的盈利和收入,但这是现象,斯大林把它叫作商品"外壳""形式",这种说法实际上指出了公有制下商品关系的特征,即这里只是形式上的等价交换关系。因为:(1)这里不发生所有权的改变,交换前后的产品都仍属于国家所有。(2)国有企业之间职工的收入实质上不是由创造的价值量决定,而是由他们付出的实际劳动的质与量决定。

举例说明,20 世纪 90 年代初我国几大钢厂的生产率有以下差别:鞍钢 40 万人,生产 800 万吨钢,人均产量 20 吨钢;武钢 5 万人,生产 450 万吨钢,人均产量 90 吨钢;宝钢 1.2 万人,生产 708 万吨钢,人均产量 590 吨钢,如果按创造的价值量来分配,宝钢职工的收入将为鞍钢职工的 30 倍,在私有制或集体所有制下的等价交换关系正是如此决定的,但在公有制下则不可能。因为生产资料是公有制,谁都不应由于使用全民的生产资料而获取特殊经济利益,实际情况是,国家把宝钢由于使用了先进的设备获得的级差收益收归全社会统一支配,无论宝钢还是鞍钢的职工,都是按照他们付出实际劳动的质量获得相应的报酬,这是本质关系,也是马克思商品关系消亡理论在实践中的实现。如果不从本质上看问题,把宝钢与鞍钢的关系看作是对马克思商品关系消亡理论的否定,那就是把现象当作本质。

第二,目标与过程的差别。马克思关于商品关系消亡的理论是指出未来社会的必然趋势,而不是规定社会主义制度建立后要求人们立即采取的具体措施。商品关系必将随着公有制的发展而消亡,但是这一目标要经过怎样的阶段,需要多长的时间,要经历哪些中间环节和步骤,则是需要实践着的人们根据实际情况作出正确决策的。目标和过程必然是有区别的,否则目标就不成其为目标,而是已经实现的现实了。客观的发展可能是这样的:通过在目前大力发展商品经济,以创造更雄厚的物质基础,以为最后消亡商品关系创造条件。如果看到过程中的现实与目标不一致,就否定目标的正确性,那是一种不正确的思维方法这会否定一切科学的存在。

二、从公有制下商品关系消亡论到大力发展商品经济的转变——理论和实践的艰巨探索

列宁领导俄国工人阶级在世界上创立了第一个社会主义国家,从工人阶级掌握政权的第一天起就遇到了如何对待商品经济的问题,列宁在刚刚取得胜利的初期,根据当时的实际情况,曾明确指出在过渡时期必须利用商品关系。可是当敌人不断利用投机和货币来破坏国家与农民的关系并危及政权的命运时,他又转而采取抵制商品交换的措施,试图直接过渡到没有商品货币关系的共产主义的生产和分配,列宁后来坦率地承认这种构想是错误的。但是这一探索过程还是有着巨大的理论意义和实践意义的,它为后来研究社会主义与商品货币关系的结合问题打下了初步的基础。

当时在俄国随着国内战争的结束和农民对余粮征集制政策不满情绪的增长,列宁提出了用粮食税代替余粮征集制的新经济政策,可是这种政策当然地导致商品自由交换。在广大小农存在的客观条件下,利用商品关系是一种必然的选择,问题只在于谁能更快地利用这种形式。无产阶级为了巩固政权和发展社会主义必须迅速地学会利用这种形式,列宁提出了社会主义国家必须学会经商,"如果我们现在能紧紧抓住这个环节,那么不久的将来我们就一定能掌握整个链条。否则我们就掌握不了整个链条,建不成社会主义经济关系的基础。"[1]在这里列宁第一次明确提出来利用商品交换来为建成社会主义经济关系的基础服务,这是对马克思主义理论的重要发展。

斯大林继承了列宁的思想,在许多问题上进一步发展了马克思主义,其中包括社会主义公有制下对商品关系的利用问题。斯大林在《苏联社会主义经济问题》这本著作中概括了关于这个问题的基本论点包括以下几个方面:

第一,他用社会主义制度下还存在着两种公有制形式——全民所有制和集体所有制,来说明商品交换存在的原因,这就把社会主义公有制与商品经济结合的理论大大推进了一步。这一方面证明了,不仅像列宁那样限于用小私有制农民的存在来说明社会主义社会中商品关系存在的原因,公有制本身也可以产生出商品货币关系;另一方面,肯定了存在着社会主义的商品生产,商品生产并不必然与资本主义相联系,社会主义商品生产是特种的商品生产。

第二,商品生产在社会主义公有制下不会导向资本主义,可以为发展社会主义服务。

第三,充分肯定价值规律的积极作用,认为它是一个教育经济工作干部的实践学校,"它促使我们的经济工作干部迅速成长,迅速变成现今发展阶段上社会主义生产的真正的领导者"。[2]

由上述可见,在公有制与商品经济的结合上,斯大林从理论上和实践上都把马克思主义的商品经济理论大大地向前推进了,他的这些论述对在利用商品关系问题上起到了解放思想的巨大作用。

三、建国后前三十年对商品货币关系的利用

我国新民主主义革命取得胜利后,同样面临着一个如何处理商品货币关系问题。建国时,我们面临的是国民党政府给我们留下的经济残破不堪的烂摊子,财政经济状况十分困难,首先遇到的一个困难就是国民党蒋介石20多年的反动统治造成国家财政枯竭,通货膨胀达到了惊人的程度,国民党从大陆败退前夕,上海主要商品批发物价指数比战前涨了200多万倍,恶性通货膨胀使投机活动十分猖獗,正常的生产经营活动根本无法进行。

如何处理这个问题显然是一个首要任务。我们正确地分析了形势和商品货币关系在经济恢复和发展中的作用,没有简单地采取抵制或取消商品交换和货币流通的办法,而是把整治金融市场、稳定物价作为工作的目标。为了实现这一目标国家采取了增加税收、发行公债、物资统一调拨、抓紧征粮、精简节约等措施。当时稳定物价的斗争是与当时民族资产阶级中的投机资本家展开的,谁掌握了市场,谁就在实际上掌握了经济上的领导权。

为了巩固和发展金融物价斗争上取得的巨大胜利,迫切要求实行全国统一财政经济管理。稳定金融物价需要财经统一,恢复和发展经济也需要财经统一,实

行财经统一后不久,1950 年 4 月财政状况就开始好转,收支接近平衡,市场进一步稳定,货币流通速度减缓,物价稳中有降,人民币的信用开始提高,银行存款大量增加,存贷款利用率也有所下降,在这场争夺市场领导权斗争中,社会主义力量取得了胜利,直接领导这场斗争的陈云同志为此获得了毛主席和党中央的极度称赞。

在商品交换领域里,在我国建国初期,粮食收购方面也存在着严峻的形势。最初我们是允许粮食自由上市的,在粮食自由市场存在的条件下,粮食价格波动,会引起一系列物价波动,而价格波动就会引起人心不安,社会震动,大规模经济建设就很难进行。在粮食供应很紧的条件下,为了保证城市有计划的经济建设和居民的生活需要,国家开始限制粮食的自由商品交换,实行了统购统销政策,1953 年 10 月 16 日党中央政治局通过了《中共中央关于粮食统购统销的决议》,12 月初开始在全国城乡实行粮食统购统销。

粮食和某些经济作物的统购统销制度在当时具体历史条件下是被迫采取的一种办法,它曾起到稳定物价、保证供给、支持建设的积极作用,但它毕竟是一种有弊端的措施,限制商品自由交换必然会压制农民生产者的积极性,也就是它限制了价值规律在农业生产和农产品经营中的积极作用。随着生产的发展,它的弊端就日益显现出来,明显地影响到农村商品生产的发展和经济效益的提高。

党的十一届三中全会以后,严格的统购统销制度逐渐有所放松。由于农村经济体制改革的成功和农业生产的迅速增长,1985 年 1 月 1 日党中央、国务院宣布取消统购统销制度,实行合同定购制度,这大大促进了城乡商品经济的发展,从此城乡之间的商品关系获得了充分发展空间,这当然地推动了全国经济的各方面的加快发展。

除了粮食统购统销之外,我国在社会主义经济发展过程中总的说是很重视利用商品货币关系的。1956 年,在党的第八次全国代表大会上,经毛泽东提议,陈云作了关于根据我国国情利用商品货币关系的讲话,得到了毛主席的肯定。陈云批示对一部分产品采取选购和自销,开放小土产的市场管理,不怕有些商品的价格在一定范围内的小涨,改变对某些部门计划管理的方法,所有这些都不会使我国市场退回到资本主义自由市场,而只能是适合于我国情况和人民需要的社会主义的市场。"社会主义的统一的市场里,国家市场是它的主体,但是附有一定范围内国家领导的自由市场。这种自由市场,是在国家领导之下,作为国家市场的补充,因此,它是社会主义统一市场的组成部分。"这些意见反映在周恩来所作的第二个五年计划的报告中,报告指出:"由于价值规律在我国经济生活中还起着一定的作用,在某些方面更起着重要的作用,因此,正确地运用价值规律,正确地掌握物价政策,就可以促进工农业生产的发展。"这一切表明,我们国家是一直重视发挥商品生产和价值规律作用的。

1958 年形势发生了突然的变化,全国"大跃进"声浪日益高涨,同时农村里开始了变革所有制关系的人民公社运动,大刮"共产风",发生了人为地取消商品货币关系、取消按劳分配原则的"左"的错误。这严重地挫伤了广大农民的积极性,极大地破坏了生产力,阻碍了社会生产的发展。

在严峻的现实面前,毛主席开始逐步纠正这些"左"的倾向和做法,为了提高和统一全党的理论水平,纠正错误倾向,毛主席提出读书的建议,主要是读斯大林的《苏联社会主义经济问题》这本著作。他在 1958 年 11 月 9 日到 10 日发表了一系列谈话,在这些谈话中,他批评了主张废除商品和货币流通的错误观点,指出,在社会主义时期废除商品是违背经济规律的,不能避开一切还有积极意义的诸如商品、价值法则等经济范畴,而必须使用它们来为社会主义服务,中国是商品生产很不发达的国家,商品生产不应被消灭,而是要大大发展。他还强调应当区分社会主义商品与资本主义商品的不同性质,不应害怕商品。他同意斯大林的看法,在社会主义公有制条件下,商品生产的发展不会导向资本主义。"商品生产还是一个有利的工具,这点应当肯定,我们应当充分利用这个工具。"

毛主席对价值规律的作用给予了特殊的评论,他说:"算账才能实行那个客观存在的价值法则,这个法则是一个伟大的学校。只有利用它,才有可能教会我们几千万干部和几万万人民,才有可能建设我们的社会主义和共产主义。否则一切都不可能。"[3]

毛主席在我国的具体条件下,又把马克思主义的社会主义商品生产理论向前推进了一大步。

四、社会主义市场经济理论的确立

邓小平指出:"社会主义的本质,是解放生产力,发展生产力,消灭剥削,消除两极分化最终达到共同富裕。"[4]只有生产力发展了,才能坚持社会主义方向,使社会主义制度得以巩固。

怎样才能使生产力得到更快的发展呢?这是考虑问题的出发点。邓小平总结了国际和国内的社会主义建设经验和教训,也总结了资本主义社会经济发展的经验和教训,提出必须在经济体制方面进行根本性的改革,这就是要建立起一种使市场机制能够充分发挥作用的管理体制。邓小平说,社会主义同资本主义比较,它的优越性就在于能做到全国一盘棋,集中力且,保证重点,缺点在于市场运用得不好,经济搞得不活,因此解决好计划与市场的关系问题,关键在于如何利用好市场。

邓小平关于社会主义与商品经济相结合的思想集中地反映在他的 1979 年 11 月的一次谈话中,他说:"说市场经济只存在于资本主义社会,只有资本主义的市场经济,这肯定是不正确的。社会主义为什么不可以搞市场经济,这个不能说是资本主义。我们是计划经济为主,也结合市场经济,但这是社会主义的市场经济。虽然方法上基本上和资本主义社会的相似,但也有不同,是全民所有制之间的关系,当然也是同集体所有制之间的关系,也是同外国资本主义的关系,但是归根到底是社会主义的,是社会主义社会的。市场经济不能说只是资本主义的。市场经济,在封建社会时期就有了萌芽。社会主义也可以搞市场经济。同样地,学习资本主义国家的某些好东西,包括经营管理方法也不等于实行资本主义。这是社会主义利用这种方法来发展社会生产力。把这当作方法不会影响整个社会主义,不会重新回到资本主义。"[8]这段谈话一方面表明他在哪些方面继承了以往的马克思主义领导人的理论,一方面也表明了他在哪些方面发展了马克思主义科学社会主义思想。

在这段谈话中,邓小平强调市场经济不等于资本主义,存在着社会主义的市场经济;市场经济只是一种方法,可以利用来为社会主义服务;发展社会主义经济不会重新回到资本主义等观点都是继承了马克思的基本理论,继承了列宁,斯大林、毛泽东的关于社会主义下利用商品货币关系的理论。市场经济不等于资本主义这是马克思一再强调的,因为资产阶级经济学家们总是企图把二者等同起来以便用商品经济的一般平等关系来掩盖其剥削关系的实质。

邓小平这段谈话中也发展了以往马克思主义经典作家的理论,这主要表现在以下方面:

第一,直接使用了市场经济的概念。商品经济与市场经济二者没有本质区别,可以通用,不过前者强调其本质利益关系方面,后者则强调其经济运行方式或资源配置方式。市场经济就是市场导向的经济,搞市场经济也就是要使市场机制发挥资源配置的作用,也就是使价值规律起生产调节者的作用。如果考虑到以往的理论都是否认价值规律在社会主义制度下起生产调节者作用的话,那么肯定价值规律的调节者作用就是一个很大的突破,实践已经证明这一论点是正确的,是对马克思主义的一个重要的发展。

第二,这段话突出了全民所有制内部企业之间的商品关系。以往谈到社会主义下商品关系时只限于城乡之间、全民所有制与集体所有制之间而不提国有企业之间的商品关系,这样,国民经济的一个主要部分就被排除在外了,这当然也就谈不到市场在全社会资源配置方面的作用。

邓小平的社会主义市场经济理论在党的十四大上得到了全党的确认。十四大报告中指出,我们要建立的社会主义市场经济体制,就是要使市场在社会主义国家宏观调控下对资源配置起基础性作用,使经济活动遵循价值规律的要求,适应供求关系的变化;通过价格杠杆和竞争机制的功能,把资源配置到效益较好的环节中去,并给企业以压力和动力,实现优胜劣汰;运用市场对多种信号反应比较灵敏的优点促进生产和需求的及时协调。

价值规律不像悬挂在人们头顶上的达摩克里斯剑那样是独立存在于人的活动之外的一件工具,它是人本身活动的规律,离开由一定利益支配的人们的活动也就不存在价值规律。要真正使价值规律发挥作用,首要的前提是在国有企业之间建立起商品价值关系,建立起实现这一经济利益的合理价格体系,即反映社会必要劳动耗费的价格体系,建立起价格围绕价值上下波动的市场机制,在这个基础上建立起企业之间的竞争机制。只要企业之间建立起这种关系,价值规律就自然而然地发挥合理配置资源的作用,处在这种关系中的企业自然就感受到市场的经常性的压力,迫使它们去研究市场,理解市场,利用市场发展自己。因此关键不在于字面上强调价值规律的作用,而是塑造现实的价值关系,最主要的就是塑造市场竞争主体,没有市场主体也就没有市场,也就谈不到发挥市场机制配置资源的作用。为了塑造市场主体就必须使企业成为独立的商品生产者,即使企业成为自主经营、自负盈亏、自我发展、自我约束的市场竞争主体,这是使价值规律成为生产调节者、成为教育干部的伟大学校的关键所在,否则,发挥价值规律作用就只能是一句空话。

我国20多年的经济体制改革始终是把国有企业改革作为重点,作为建立社会主义市场经济的中心环节,这是正确的,正是在这一认识的基础上使我们的经济体制改革迈出了关键的一步,实现了对长期形成的僵化的计划体制的重大突破。正是在这一问题上,把马克思主义关于社会主义公有制与商品经济结合的理论大大地向前推进了一步。

国有企业改革经历了一个长过程。从放权让利、利改税、承包制到建立现代企业制度都是在探索建立一个适合让价值规律和市场机制得以充分发挥作用的社会主义市场主体的过程,一些前社会主义国家多年来的改革所以没能取得应有的效果,主要是由于没有抓住塑造社会主义市场主体这一中心环节所致。

我们在建立社会主义市场经济的过程中所以在各方面取得了巨大成就很重要的原因就在于正确处理了计划与市场的关系。邓小平同志说:"计划与市场的关系问题如何解决,解决得好,对经济的发展就很有利,解决不好,就会糟。"我们的改革基本上是按照这一理论进行的,在建立社会主义市场经济体制过程中,一方面放手让市场发挥资源配置方面的基础性作用,另一方面没有像一些人所主张的完全放弃配置资源的计划手段,而是把两者巧妙地结合起来,正因为这样,我们没有出现一些实行市场经济改革的国家那样的混乱和破坏现象,这是非社会主义国家所难以做到的。这充分证明中国共产党人,不仅在实行单一计划经济时期可以做出举世瞩目的成就,而且在实行社会主义市场经济的条件下,能够把社会主义制度优越性与市场经济的积极方面有机地结合起来同样作出了发达市场经济国家难以完成的业绩。

参考文献

[1]列宁选集:第4卷[M]北京:人民出版社,1972,614.

[2]斯大林选集:下卷[M]北京:人民出版社,1979,553.

[3]薄一波若干重大决策与事件的回顾(下卷)[M]北京:中共中央党校出版社,1993,826.

[4]邓小平文选:第3卷[M]北京:人民出版社,1993,373.

[5]邓小平文选:第2卷[M]北京:人民出版社,1994,236.

不断深化和完善对社会主义市场经济体制的认识

我国改革开放以来,把发展市场经济和建立社会主义市场经济体制作为改革的目标,通过改革,国民经济得到了迅速的发展,取得了令世界瞩目的巨大成就。社会主义制度利用市场经济这种经济手段,如虎添翼,更充分地发挥了它本身具有的推动社会生产力发展的潜力,使社会主义制度的优越性也在实践中得到更确定的证明。社会主义市场经济理论是马克思主义中国化的重要的理论成果,是中国特色社会主义理论体系的重要组成部分,不断深化对社会主义市场经济体制的认识,进一步完善社会主义市场经济理论,是新的历史条件下发展中国的政治经济学一个十分重要的内容。

一、什么是社会主义市场经济体制

关于究竟什么是社会主义市场经济体制,人们在认识上并未因此取得统一认识,原因在于它尚未在理论上得到充分的论证。对于社会主义市场经济体制,一般是这样表述的,它是把社会主义基本制度与市场经济相结合,这种表述当然是对的,但这还只是一种同义描述,并没有揭示出它的实质和深刻内涵,这里所说的"结合"没有得到明确的规定,这明显地表现在人们在具体阐释中显露出认识上的很大分歧。

譬如,有的人把社会主义基本制度与市场经济相结合解释为社会公平＋市场效率,还有人对此作了进一步阐释,说社会主义市场经济体制是"把社会主义基本制度所具有的优越性和市场经济制度本身所具有的优越性较好地结合起来,即社会主义基本制度从根本上保证了社会的公平,而市场经济制度又从根本上保证了经济的效率。"这种"1＋1＝2"的简单数学方法和机械组合方法不可能表示出基本制度与市场这二者在经济结构中的内在联系,从而也不能表现二者在社会生产中的地位和结合方式,没有表示出哪些是决定性的,哪些是被决定的,以及它们的主从关系。另外,上面的说法还包含着一个理论错误:把效率与公平割裂开,分配到两个不同制度身上。实际上,每一种制度都包含这两个方面,社会主义制度的公有制由于适应社会化大生产的要求,成为社会生产力发展的主要推动者;市场经济中也包含着它特有的公平——等价交换,正是这种公平关系成为促进生产发展的推动力,可见,上面对二者结合的看法是不能成立的。

我用"如虎添翼"来比喻在社会主义制度下发展市场经济这一改革措施。任何比喻都不可能绝对啮合,但我认为它还能较准确地表示出社会主义基本制度与市场经济二者的有机联系。翼的作用是很大的,但也应看到,翼不是从外部安装上去的,而是从躯体上生长出来的,它是为躯体本身的存在和发展服务的,翼的作用大小和在哪些方面起作用,是由躯体本身决定的。乌鸦的翅膀不同于鹫鹰的翅膀,前者的力量比后者的力量小得多,这种差别是由躯体本身决定的,离开躯体孤立谈翅膀的力量有多大,起什么作用,那只是空谈。同样的道理,市场作用的力度和方向是由它所附着的基本制度决定的,市场在小私有制商品经济条件下的作用就大大弱于在资本主义制度中的作用,这是因为资本主义追求剩余价值的动机比小商品经济中简单地为了通过价值的交换满足个人消费需要这狭隘的生产目的强大得多,从而使价值规律的作用也大大强化。

同样,在资本主义与社会主义这两种不同的经济制度下,市场机制作用的性质和力度也不一样。我们国家之所以在利用了市场经济以后,比老牌的市场经济国家更加发挥了市场的有利于经济发展的作用,是因为我们使它服从于我们基本制度的要求,基本制度也赋予了它新的能力,削弱或消除了它的消极方面。这正是我们虽然与资本主义都同样在利用市场经济,但我们从整体上取得了比资本主义国家更大的效率的原因。

所以,社会主义基本制度与市场经济相结合,不是社会公平与效率的结合,它是社会主义制度利用市场经济来发展自己,发展自己的生产力的问题。社会主义制度相对于资本主义的市场经济的确会使社会更加公平,但公有制的优势首先表现在它能够创造较资本主义更高的劳动生产率,我国经济发展已经证实了这一点。一位印度中国问题专家莫汉·古鲁斯瓦在即将出版的一本新书《追赶中国龙》中说:"历史上从未有过像中国这样在如此长的时间内,保持这么高增长速度的国家,无论日本还是亚洲四小龙都没有。"[1]这样的发展成果,首先是由社会主义制度本身决定的,利用市场经济则起了如虎添翼的作用,"翼"是加强了躯体本身固有的力量,使其得以更好的发挥出来。

发达资本主义是完全地实行市场经济的国家,但今天在与中国的经济发展中所以相对处于劣势,这表明,我们对资本主义国家的经济发展方面的优势,主要并不在于实行了市场经济,而是在于基本经济制度本身,从这里可以得出以下结论:

建立社会主义市场经济体制不是制度的转型,而是在社会主义制度下如何正确处理使用计划手段与市场手段之间的关系问题,建立社会主义市场经济体制实质上就是解决好计划与市场二者的关系。

市场经济与计划经济是两种不同的调节资源配置的手段。虽然说计划和市场都是手段,但不是可以任意选择的工具,从本质上看,哪种手段处于支配地位是由社会基本制度的根本性质决定的。资本主义私有制以及它的生产剩余价值这一根本生产目的决定了市场手段是占支配地位的调节方法,社会主义公有制决定了它生产的根本目的是为了人及其需要,这决定了采用计划手段是其本质特征。马克思就明确指出,"构成资产阶级政治经济学实质的供求规律的盲目统治和构成工人阶级政治经济学实质的由社会预见指导社会生产"[2](P605)是这两种制度在运行体制上的重大差别。

原因很清楚,资本主义生产是建立在各个独立的私人资本在市场自由竞争的条件下追求价值增殖的一种经济制度,各个资本家自由地不受限制地自主决策是它存在的根本条件,所以,它只接受市场竞争的规则,听从"看不见的手"这一"万能神明"的统治,除此以外任何外来的干预,他们都认为是对它的生存的最大威胁,是对"万能神明"的亵渎。

而社会主义公有制所决定的生产的根本目的已不再是利润,而是全体社会成员的物质文化生活和全面自由发展的需要,这一目标是不可能在市场自发调节的社会中实现的,这样的生产目的只有在社会依据生产力和生产关系发展规律的要求形成的社会预见指导社会生产才能实现。胡锦涛总书记提出的科学发展观就是马克思所认为的由社会预见指导社会生产的思想的继承和发展,他在党的十七大报告中指出,科学发展观的核心是以人为本,根本方法是统筹兼顾,这些都从根本上排除了市场对社会生产重大比例关系上的支配作用,在这方面是国家的长期和中短期规划起导向作用。

有的人认为既然市场经济是资本主义制度的一个固有特征,那就应当说市场等于资本主义,或者说市场经济只不过是资本主义制度的别称。这种认识当然是不对的,邓小平对此已经说清楚了,他说市场经济在封建社会已经存在。另外,单纯从一般市场交换关系来说,价值关系是它的最有决定意义的关系,而在资本主义制度下追求的目的不是价值,而是剩余价值,以价值为目的同以剩余价值为目的,这显然存在着根本的区别。所以市场经济等于资本主义的说法是不对的,是非马克思主义的观点,关于这个问题,我们在下一个问题专门谈谈。

二、市场经济在特定生产方式中的地位

这是政治经济学的一个重要的理论问题,关于上述社会主义与市场经济结合问题上的糊涂看法和未能正确理解社会主义市场经济体制的实质,都与对这一理论理解上的偏差有关。

长期以来,在我国理论界,市场经济等于资本主义的看法占有支配地位。在我国经济体制改革中,市场经济等于资本主义的观点有两种截然不同的表现:其一,一些过于迷信资本主义市场经济的人认为市场经济只有在资本主义私有制条件下,才能充分发挥它合理配置资源的作用,要想用市场方法发展生产力,就必须变公有制为私有制。其二,有的人则认定社会主义不能实行市场经济,否则必然背离社会主义,走上资本主义道路,理由是资本主义国家都把自己称作市场经济国家,而那些搞市场经济的原社会主义的国家都解体了,所以,不可能有社会主义的市场经济,"市场经济只是资本主义经济制度的别称"。上述两种不同看法虽然绝对对立,但他们错误看法产生的基础却是共同的,都是没有弄清楚市场经济与它所附着的特定生产方式是一种什么样的关系,正因为缺少这一基本理论,从而从不同立场上得出了不符合实际的片面结论。这种不科学的观点已经在我国中国特色社会主义的建设实践中被否定了。上面谈到的把社会主义与市场经济的结合说成是公平与效率的结合的糊涂看法,也同样植根于不懂得市场经济在特定生产方式中的地位的错误认识基础上,下面就这个问题谈点看法。

科学地认定市场经济的地位和作用,是政治经济学的一个基本理论。在马克思之前,从英国古典政治经济学到庸俗政治经济学,以及现代西方经济学,都是把市场经济等同于资本主义经济,其原因一方面是发达的商品流通是资本主义建立的历史前提,另外就是资本主义制度是建立在商品经济的基础上的。资本主义生产的根本目的——剩余价值只不过是价值的一个部分,是由劳动创造的但归资本家无偿占有的价值部分,但是,商品价值关系与剩余价值关系是有本质区别的。价值的一部分表现为剩余价值,是以生产资料的所有制形式的根本转变为基础的,即以个人劳动为基础的小生产私有制转变为少数人垄断占有生产资料,而广大劳动者成为一无所有的靠出卖劳动力生活的雇佣劳动者的资本主义所有制关系为基础的,所以,一般的商品经济与资本主义经济是本质上决不能等同的经济制度。把一般商品经济等同于资本主义经济,是资产阶级的障眼法,就是用一般商品生产和交换的自由平等关系掩盖资本主义的剥削关系,为了把这种剥削关系说成是一种自由平等的契约关系。

为了揭露资产阶级辩护士们这一不光彩目的,马克思花了很大力量把一般商

品经济和资本主义商品经济剥离开来。那么,商品经济在资本主义经济结构中的地位和作用是怎样的呢? 马克思对此有明确的阐述。尽管商品生产和流通在资本主义经济中是占支配地位的经济形式,但在马克思看来,商品关系从来不是资本主义经济关系的实质,而只是一种表面现象。他说:"在现存的资产阶级社会的总体上,商品表现为价格以及商品流通等等,只是表面的过程,而在这一过程的背后,在深处,进行的完全是不同的另一些过程。"[3](P20) 这就是说,市场上商品等价交换的平等关系只是一个表面现象,在这现象背后隐藏着资本家对雇佣工人的强制、剥削关系,所以,马克思批判说:"还有些人错误地把这种表面关系,把这种质的形式化,把资本关系的假象看做是资本主义关系的本质本身,因而试图把工人与资本家之间的关系说成是商品所有者之间的一般关系,以此为这种关系辩护并抹煞这种关系的特征。"[4](P126)马克思的关于商品关系只是资本主义关系的表面过程、表面现象的观点,是关于商品交换关系在特定生产方式中的地位和作用的普遍适用的观点,也是我们观察商品关系在社会主义生产方式中的地位和作用的科学方法。

正是运用这一观点和方法,在阐述苏联社会主义制度中商品关系的地位和作用时,斯大林做出了在社会主义经济中,商品是"外壳"的概括。斯大林继承了马克思观察问题的方法,他说:"用马克思主义的分析方法来看问题,即把经济过程的内容和它的形式、把深处的发展过程和表面现象严格区别开来。"[5](P579) 运用这一方法,他得出了如下结论:"在国内经济流通领域内,生产资料却失去商品的属性,不再是商品,并且脱出了价值规律发生作用的范围,仅仅保持着商品的外壳(计价等等)。"[5](P578)斯大林上述思想的突出特点,在于他把社会主义下的商品关系认为是"外壳",也就是马克思所说的表面过程、表面现象,这里他继承和发展了马克思关于商品关系在特定生产方式中只是表面过程的理论,把它运用到苏联社会主义制度下经济体系的认识中去,这也是对马克思主义的商品生产理论在新的社会主义经济制度条件下的继承和发展。但我们也会看到,一种新理论在建立初期总不会一下子就是完备的,斯大林的上述论断有不科学的因素。例如,他把"外壳"的规定,不是从生产关系方面,而只是从产品实体上来加以区分;只限于生产资料,而不包括消费品,这显然是片面的。另外,他把这种"商品外壳"的作用仅归结为计价,也是不恰当的,这与他否定价值规律对生产起调节作用的认识有关。虽然此后有人曾批评斯大林的上述观点,认为按照马克思的理论观点,不是从物上看,而是从生产关系上看,商品关系只是"形式""外壳",不能只限于生产资料,也应当包括消费品在内的全部产品(指在全民所有制范围内的商品交换关系)。[4]在这个问题上,邓小平做出了新的重大理论贡献。

邓小平依据马克思关于商品关系在一个特定的社会生产方式中的地位的理论,对在社会主义公有制条件下,商品关系或市场经济的地位问题,作出了准确的概括。他不是一般地把商品经济表述为只是"形式""外壳",而是更明确地把它表述为经济手段或经济方法,把它表述为社会主义利用来发展生产力的手段。这种表述一方面说明了市场经济不是社会主义经济结构中的本质关系,不是社会主义的基本制度范畴,它是一种经济手段,因而是从属于和服务于社会主义基本制度的,是社会主义制度利用它来发展生产力,从而巩固和发展自己的;另一方面,对市场经济的这种规定也必然得出如下结论,这正如邓小平所说:社会主义和市场经济不存在根本矛盾,把它当作方法,不会影响整个社会主义,不会重新回到资本主义。

邓小平关于市场经济只是方法、手段的理论显然具有重大的理论和实践意义,它既极大地推动了充分发挥市场经济促进社会生产力发展的作用,大胆学习、运用资本主义关于市场经济的管理制度和方法;又自觉地把市场经济的作用规制、限定在有利于社会生产力发展和社会主义制度巩固的范围之内。

依据邓小平的市场经济只是经济手段是方法的理论,我们就能科学地认识我们所建立的社会主义市场经济体制的改革的真谛是什么。邓小平提出社会主义可以搞市场经济的思想,不是从本质上认为市场经济优于计划经济,而是要在现有生产力水平条件下,正确处理计划与市场的关系,邓小平明确指出,过去的缺点不在于搞了计划经济,而在于把计划搞得过于集中和覆盖面过宽,完全排除了市场机制对生产的调节作用。他说:"社会主义同资本主义比较,它的优越性就在于能做到全国一盘棋,集中力量,保证重点。缺点在于市场运用得不好,经济搞得不活。"[7]这丝毫没有否定计划的重要作用和要用市场经济完全取代计划经济的意思。

我们党在准备把经济改革的目标确定为建立社会主义市场经济体制时,江泽民同志也明确指出:"社会主义经济从一开始就是有计划的,这在人们的脑子里和认识上一直是清楚的,不会因为提法中不出现'有计划'三个字,就发生是不是取消了计划性的疑问。"[8]

不少人把建立社会主义市场经济体制说成是从计划经济转型为市场经济,这显然不符合我们改革的真实含义。我们并不是要用市场经济取代计划经济,而是通过大力发展市场经济以正确处理计划与市场的关系;我们不能全部搞市场化,也不能全部经济的改革都要市场取向。譬如,全部国民经济发展的总体规划和年度计划、产业政策不能是市场取向的,而是依据反映生产力社会主义发展规律的科学发展观来决定;医疗、卫生、教育、社会精神产品、公共产品的生产等等,也不能完全市场化。主张市场化的提法,一开始就受到理论界一些人的质疑。

三、"中国模式"与社会主义市场经济体制

当世界上第一个社会主义国家苏联解体,中东欧一些社会主义国家纷纷崩溃走上资本主义道路时,资本主义的经济制度和政治制度处于鼎盛的峰顶,美国的政治经济学家弗朗西斯·福山1992年出版了《历史的终结》一书。书中写道,西方民主很可能是人类社会、文化演变的最终阶段,也是政府管理模式的最终形式。这种观点曾得到资本主义国家政治界、理论界的一片欢呼,而在这时,社会主义观念和社会主义国家的发展处于低潮,我国少数人在西方的攻势下也陷于迷茫,有的失去信心,似乎共产主义已经完全失败,马克思主义的基本理论遭到怀疑或否定,但是用马克思主义的历史唯物主义武装起来的中国共产党人丝毫没有动摇。

在当时这种"黑云压城城欲摧"的严峻时刻,邓小平发出铿锵坚定的声音,他说"一些国家出现严重挫折,社会主义好像被削弱了,但人民经受锻炼,从中吸取教训,将促使社会主义向着更加健康的方向发展。因此,不要惊慌失措,不要认为马克思主义就消失了,没用了,失败了。哪有这回事!"[7](P383)最为可贵的是,邓小平不仅表明对社会主义的坚定信心,而且在那种条件下,仍然毫不动摇地坚持通过改革开放探索社会主义向着更加健康发展的道路,把改革开放看做是真正捍卫社会主义、壮大社会主义的唯一正确道路,最后超越和战胜资本主义。

邓小平说:"我们的改革不仅在中国,而且在世界范围内也是一种试验,我们相信会成功,可以对社会主义事业和不发达国家发展提供某些经验。"[7](P135)

曾几何时,社会主义中国60年的经济社会的全面进步和崛起与发达资本主义国家陷入世界金融危机,经济衰退、道德沦丧、拯救乏力,这两大事件使全世界人民进入了新的思想境界。法国《费加罗报》2009年10月17日文章说:"金融危机加快了中国作为世界大国的'和谐崛起'。它的经济比其它国家更具有抵抗力。"

胡锦涛同志在新中国60周年国庆庆典上的讲话中说:"中国人民有信心、有能力建设好自己的国家,也有信心、有能力为世界作出自己应有的贡献。"这个贡献不仅是指我们为全世界提供更多的产品和财富,也是指提供60年来中国经济社会全面发展的经验,也就是西方发达资本主义国家概括的"中国模式"。

正如古巴领导人卡斯特罗所说,中国经济的飞速发展表明,中国"已成为所有第三世界国家最大的希望和最好的榜样。"

谈论"中国模式"最大意义悉在于此。

人们对"中国模式"的认识有个发展过程。最初,改革的一个突出亮点是变革

过去高度集中的计划体制,提出充分利用市场方法,建立社会主义市场经济体制。这当然地给人留下深刻印象,因为市场的作用是一般人都能看得见和体验得到的,别的更重要的改革,例如所有制方面的改革则不易被人们所理解。这样,在充分认识市场经济对解放和发展生产力、更好服务于日常生活方面的优势的同时,也出现了片面扩大它的作用的倾向,甚至把它说成是改革的主要内容和我们经济发展所以能够高速发展的唯一决定性力量;而社会主义的基本方面,如国有经济的壮大和它的主导作用和政府制定的发展规划在重大比例关系方面的导向作用等,则成了批判的对象。认识上的片面使思想走上了邪路,这种倾向在西方舆论界的反映就是把我国利用市场的改革称作中国特色资本主义道路。随着改革的深入和经济发展的客观规律日益为人们所认识,特别是科学发展观的提出,人们对社会主义市场经济体制的实质也愈来愈被他们所把握,这大大有助于对"中国模式"本质的正确理解。

但当前在谈论"中国模式"时,国内理论界偏重强调市场经济的作用,例如有的报刊社论说,"'中国模式'的鲜明特色,就是把社会主义基本制度和市场经济结合起来,建立起社会主义市场经济体制。"还有人这样说:"从计划经济转变为社会主义市场经济,迈出了改革开放最为关键的一步,实现了历史性突破。这是我们能够快速发展起来的关键所在。"话中的两个"关键"突出了市场经济的作用,这种看法虽然当前是流行的观点,但它有缺陷,把流通的作用提到了首位,不符合马克思主义的基本原理,也不符合我国改革的实际过程。"关键"还是在生产过程,在于所有制关系的改革。从公有制范围来说,没有国有经济所有制形式的改革形成自主经营、自负盈亏的市场主体,就不会有市场经济体制的产生;从所有制结构方面来说,没有多种所有制经济的共同发展,也不可能有市场经济的大范围的发展。

如果仔细观察一下西方发达国家提出的"中国模式"时,我们会看到一种有意思的现象:他们讲"中国模式",鲜有提到"市场经济"的,更谈不到认作是关键了。为什么会有这么大的反差呢?理由很简单,因为他们的国家才是最发达的市场经济,中国经济发展取得比它们更优异的成就,显然不会是市场经济,而一定是别的什么。我们应当从国际范围着眼重新思考究竟什么是"中国模式"的关键,这是一个很大的问题,需要做专门的研究,我这里只摘取一些他们的看法,以开拓我们的思路。

什么是"中国模式"的实质和特征呢?

1. 中国共产党的一党执政

这是西方国家最不认同的方面。但他们的有识人士在谈到中国之所以实现了前所未有的发展时,却首先提到这一点。美国著名的未来学家约翰·奈斯比特最近出版的《中国大趋势》一书中写道:"分析中国自身的条件和优点,我们不难发现,共产党的路线方针是坚定不移地为中国人民谋利益的。这种长远策略方针的执行不会像西方国家那样因为总统任期的结束而中断。中国也没有导致国家分裂的党派斗争,没有因为路线的突然改变而使发展受阻。""西方国家仍然宣称西方民主是最好的执政方式。但是从在中国所见所闻来看,我们不得不怀疑现代民主是否是唯一可接受的民主形式。"[9](p1,p2)美国的《纽约时报》专栏作家托马斯·弗里德曼在该报网站上写道:"一党专政当然有它的缺点。但当这个政党的领袖是一群相当开明的人时,正如中国的情况一样,这也会成为巨大的优势。这样一个政党可以强行实施政治上很艰难但对于一个社会在21世纪的发展来说却极为重要的政策。"

2. 国有经济发挥主导作用是中国模式的突出特点

俄罗斯《导报》2009年10月9日发表《自由思想杂志》主编弗拉基斯拉夫·伊诺泽姆采夫著文"向中国学习"说:"中国崛起的前提条件是:保留现有企业的国有制,积极主动建设新企业,因此先进行业得到快速发展。"在这次应对国际金融危机的过程中,他们特别看到了国有制的优势。德国《星期日法兰克福报》2009年4月12日发文说"还有一个将中国区别于其他国家的理由:在其他地方出现放贷困难之际,中国的银行与一年前相比,甚至扩大了向企业的放贷量。这是上面下达的指示。银行根本无法抗拒,因为它们毕竟都是国有的。"

3. 国家计划强有力的主导作用

英国发展问题专家库克认为:中国总的特征是"权威的管理与市场经济体制的结合"。他们谈论市场与计划结合时,强调的是计划一面。诺丁汉大学当代中国学学院姚树洁教授说"中国当然有独特的发展模式。从经济上讲,中国的市场和计划结合得很不错,比如说经济发展中制定五年计划就很有效。有个五年计划就像走路时有了目标,可以更清晰地规划一些大项目。而英国就没有这样的计划,每年只能靠预算来规划,效果就差很多。"[10]

国际上特别看重国家制定规划并用它指导社会生产对经济发展的作用。俄罗斯战略文化基金会网站2009年9月12日发表文章《中国社会主义:普遍性与特殊性》这样写道:"无疑,高瞻远瞩也应该算作中国在管理方面的一项优秀传统。这使中国避免了其他国家的许多毛病。规划、计算,这些东西在中国是根深蒂固的,它们促使许多人想到,中国的社会主义是相对于其他国家的混乱与无秩序的另外一种选择。"以上只是简单地摘出了几点国际上学者的"中国模式"观,从这里至少可以窥见他们的更宽的视野,避免了我国学者视野和观点的偏狭性。

总结以上关于"中国模式"的论述,可以清楚地看出,西方国家所概括的"中国模式"不是什么特别东西,其实质就是中国特色社会主义制度。

参考文献:

[1]莫汗·古鲁斯瓦.追赶中国龙[N].参考消息,2009 - 09 - 17.

[2]马克思恩格斯选集[M].2 版第 2 卷.北京:人民出版社,1995.

[3]马克思恩格斯全集[M].第 46 卷上.北京:人民出版社,1995.

[4]马克思恩格斯全集[M].第 49 卷,北京:人民出版社,1995.

[51 斯大林选集[M].下卷,北京:人民出版社,1981.

[6]胡钧.关于全民所有制内部商品价值形式问题[J].红旗,1959(12).

[7]邓小平文选[M].第 3 卷.北京:人民出版社,1993.

[8]十三大以来重要文献选编[M].下册.北京:人民出版社,1996.

[9]约翰·奈斯比特,中国大趋势[M].北京:中华 T 商联合出版社有限责任公司,2009.

[10]中国巨龙为再次腾空助跑[N].参考消息.2009 - 04 - 14.

对社会主义市场经济基本范式及相关问题的理解

一、邓小平关于社会主义与市场经济理论的基本点

社会主义市场经济理论是中国特色社会主义理论体系的极重要的部分,从这一理论体系的经济方面看,最重要的当然是建立以公有制为主体多种所有制经济共同发展的基本经济制度,这是中国特色社会主义经济理论的本质和核心,再就是在基本经济制度基础上建立的社会主义市场经济的体制。建设中国特色的社会主义经济就是在社会主义公有制占主体的条件下,利用市场经济,进一步解放生产力和发展生产力,促进社会财富更快增长,人民生活水平更快提高。

社会主义市场经济理论是邓小平提出来的,这一理论应当给予科学的理解和诠释,在邓小平那里,这一理论包含以下四个基本点。(1)这一理论提出的理论根源和基础:市场经济不等同于资本主义;市场经济不构成独立的生产方式,它只是特定的生产方式利用的推动生产力发展的手段、方法。(2)既然只是一种经济手段和方法,资本主义可以利用,社会主义也可以利用,可以有社会主义的市场经济,它是社会主义制度把它作为方法、经济手段利用来发展生产力,为社会主义经济发展服务。(3)社会主义与作为利用来促进生产力发展的手段的市场经济不存在根本矛盾;社会主义市场经济不会导向资本主义。(4)社会主义与市场经济结合的核心问题是正确处理好计划与市场的关系,把计划经济与市场经济有机结合起来;结合的基本前提是公有制占主体地位,发挥全国一盘棋、集中力量保证重点的优越性。

关于社会主义市场经济体制,人们都认为是社会主义与市场经济二者的结合,这种结合不可能是机械地拼接,只能是有机结合。但这种说法还比较一般,需要具体阐明怎样有机结合,不具体阐明二者怎样结合,对改革实践不能发挥实际的指导作用。回答这个问题应当说明:(1)怎样才能使二者有机结合。这首先就应明确二者之间矛盾的内容和孰是矛盾的主要方面,从而处于主导地位。(2)结

合的方向怎样决定。苏联实行的高度集中的计划体制完全排斥市场决定资源配置的作用，是一种"有机结合"；美国式的资本主义市场经济市场起主导作用，政府只起弥补市场缺陷的作用，也是一种有机结合；中国特色社会主义市场经济体制的二者有机结合不能走封闭僵化的老路，也不能走改旗易帜的邪路。

不理解马克思主义政治经济学关于市场经济的基本理论和邓小平的社会主义市场经济理论的基本点，谈论有机结合可能陷于盲目性，难以确立中国特色社会主义市场经济体制和指导人们在实践中落实。先谈谈马克思在《资本论》中阐明的资本主义生产方式与一般市场经济怎样有机结合的基本理论。

二、特定生产方式与一般市场经济的结合关系

市场经济的基本关系是价值关系，这里人们之间的经济关系是建立在等价交换基础上的。但市场经济从来没有成为一种独立的经济制度，它只能附着于特定的生产方式上，被利用来为该生产方式的发展和根本利益服务，因此，它总是作为一种经济手段和方法存在并发挥作用，被利用来服务于特定生产方式。

在资本主义生产方式中，市场经济的运行是由资本关系决定的，并被利用来为资本主义的发展服务，表现在以下两个方面。

第一，资本主义把人的劳动力变为商品，通过资本与劳动力商品等价交换，由此把原来小商品生产的为价值生产，转变为资本主义的为剩余价值生产，追逐剩余价值的无限动机成为社会生产力发展的极大推动力，大大超过了为价值生产的一般商品经济。马克思说："资本的伟大的历史方面就是创造这种剩余劳动，即从单纯使用价值的观点，从单纯生存的观点来看的多余劳动""资本作为孜孜不倦地追求财富的一般形式的欲望，驱使劳动超过自己自然需要的界限，来为发展的个性创造出物质要素"。① 资本主义的历史进步性和它的历史作用就表现在这里。

第二，为服从资本家本身的要求，迫使按价值交换的原则发生转型，把已不适应资本主义生产关系要求的按价值交换的原则，改变为按生产价格（成本价格加平均利润）交换，建立起资本家之间的剩余价值再分配关系。这一转变大大推动了资本家的无限资本积累欲望和推动科学技术、社会生产力的更快发展，成就了资产阶级的历史使命，同时，由此带来的周期爆发的生产过剩危机也暴露出资本主义存在的历史暂时性。

从上述论述可以看出，资本主义与一般市场经济是怎样有机结合的，可以把它概括出三点认识：(1)资本主义与市场经济二者是一个矛盾的统一体，资本主义

---

① 《马克思恩格斯全集》(第 46 卷上)，人民出版社 1979 年版第 287 页。

制度是矛盾的主要方面;(2)资本主义与市场经济的有机结合中,资本主义关系是主导方面,它把市场经济作为方法、手段利用来为资本主义服务;(3)推动生产力快速发展的根本力量是资本主义关系,而不是一般的市场关系;是剩余价值,而不是价值一般。所以,马克思在《共产党宣言》中说:"资产阶级在它不到一百年的阶级统治中所创造的生产力,比过去一切世代创造的全部生产力还要多,还要大。"①有人把这句话中的"阶级统治中"几个字换为"市场经济中",这就表明没有理解马克思的理论内容,只不过是为鼓吹市场经济对经济发展虚幻的巨大作用,以便于他们用市场作用贬低抹杀社会主义制度在推动经济发展方面的根本性的决定性作用。这种轻率、任意修改是对经典著作的极大的不严肃,缺乏起码的实事求是精神,背离了马克思主义基本理论。

马克思主义者对市场经济与特定的生产方式的关系和地位都有准确的表述,简述如下。(1)马克思认为,市场关系对资本主义来说是"形式""表面现象",资本家和工人之间的交换关系,仅仅成为"属于流通过程的形式。劳动力的不断买卖是形式,其内容则是,"资本家用他总是不付等价物而占有的他人的已经对象化的劳动的一部分,来不断再换取更大量的他人的活劳动"。②(2)在社会主义经济建设实践中,斯大林依据马克思的思想,作了另一种表述。斯大林认为,在社会主义经济中商品关系是"外壳""在国内经济流通领域内,生产资料却失去商品的属性,不再是商品……仅仅保持着商品的外壳(计价等等)"。③ 这里是把马克思关于市场关系在特定生产方式中地位的基本理论,运用于社会主义经济建设实践中。(3)邓小平把马克思的理论运用于中国特色社会主义制度中,把市场经济看作利用来为社会主义建设服务的"方法""手段""计划和市场都是方法""计划和市场"都是"经济手段"。(4)习近平总书记提出"驾驭市场",他在2014年5月召开的中共中央政治局学习研究市场和政府关系的会议上的讲话中指出:社会主义国家应善于驾驭市场,党和它领导下的政府是市场的驾驭者,"应成为善于驾驭的行家里手"。④

可以明显看出,马克思和以后社会主义建设实践中的马克思主义领导人的看法是一脉相承的,都清楚地表明了市场经济与它所处的特定生产方式之间的真正关系,不在理论上搞清这种关系,贸然去探讨和论述社会主义与市场经济结合,就

① 《马克思恩格斯选集》(第1卷),人民出版社1995年版,第277页。
② 《资本论》(第1卷),人民出版社2004年版,第673页。
③ 《斯大林选集》(下),人民出版社1979年版,第578页。
④ 《人民日报》2014年5月28日。

等于是在黑暗中摸索,不可能科学准确地揭示社会主义和市场经济的有机结合问题,这当然也就不能科学地指导经济体制改革和完善社会主义市场经济体制。

中国共产党关于社会主义与市场经济有机结合的理论,邓小平已表述得十分清楚,这就是社会主义把市场经济当作利用的手段、方法,明确地为二者关系做了科学定位,从而也指明了二者怎样有机结合和更好结合。当前党中央习近平更明确地提出"驾驭论",这是更简明科学的概括,这就简要地阐明了社会主义与市场经济这二者的基本关系和在经济发展中的科学定位,把二者有机结合的理论又向前又迈进了一大步。没有比"政府驾驭市场"的表述更简明、科学、准确地表明社会主义市场经济的本质,也回答社会主义与市场经济怎样结合问题的了。

邓小平把社会主义与市场经济的结合问题概括为计划与市场的关系,当前我们把二者概括为政府与市场的关系,实际内容是相同的。十八大报告和十八届三中全会的决定指出,经济体制改革的核心问题是处理好政府与市场的关系,使市场在资源配置中起决定性作用和更好发挥政府作用,这里的实质内容也就是处理好社会主义与市场经济的关系问题。

关于社会主义与市场经济结合问题,还有人提出这样的问题:社会主义是不是适应市场经济的要求,这样提问从理论上说是不正确的,它容易误导人们的认识。社会主义要利用市场,是要适应它的要求,就像驾驭一匹马,你不适应它的脾性是没法利用它的。但是从二者基本关系上讲,不是社会主义适应市场经济,而是市场经济要适合社会主义的需要,因为市场经济只是一种交换方式,是被社会主义生产方式利用的,主导地位在社会主义,因此,市场经济必须适应社会主义的要求,不适合的必须改。像资本主义制度下那样,市场经济中的不适合资本主义要求的方面必须改变,按价值交换不适应资本主义获取平均利润要求,它驾驭市场,把按价值交换原则改为按生产价格交换,很清楚市场经济本身没有决定力量,它的力量主要从它所从属的社会制度中去找。还有些人说市场经济一些基本原则不能改,因为市场经济存在这么多年了,发挥那么大的作用,这类说法显然不符合历史事实,市场经济原则必须根据所在的生产方式的要求调整,上述观点是我们探讨市场经济的作用必须有的正确判断。

三、关于对社会主义市场经济基本范式的理解

从上面的马克思主义者对这个问题的阐述来看,从马克思的"表面过程"论到斯大林的"外壳"论,再到邓小平的"手段、方法"论,以及习近平总书记的"驾驭"论,已经明确地定位了社会主义政府与市场经济二者的关系和各自的基本作用,社会主义市场经济的基本范式也就有了明确的答案了。十八届三中全会通过的

《中共中央关于全面深化改革若干重大问题的决定》(以下简称《决定》),特别是在 2014 年 5 月政治局特别召开的研究政府和市场关系的会议对此有了更明确的表述,会上,习近平总书记把马克思主义的基本理论运用到中国特色社会主义中,他在说明政府和市场的关系时,特别强调要发挥社会主义的优势,党和政府要站在总揽一切的地位,对于市场来讲,就是要驾驭市场,党和政府应该成为驾驭市场的行家里手。从这里我们可以看到,我们党对于社会主义和市场经济的关系比以前表述得更为明确,就是政府驾驭市场的关系,党和政府必须提高驾驭市场的能力,利用市场的决定资源配置的力量,调动市场主体的主动性、积极性推动生产力发展,为社会主义服务,这就回答了社会主义市场经济基本范式是什么这个问题。按照习近平总书记的讲话来讲,这个基本范式就是党和在它领导下的政府,驾驭市场以完成社会主义的根本任务,全面建成小康社会,最后达到共产主义目标。社会主义市场经济的模式或基本范式就是党处于驾驭一切的地位,它驾驭市场使整个生产按照社会主义生产的规划,一步一步地达到全人类的解放和每一个个人的全面自由的发展。准确理解习近平总书记关于党总揽一切、党要成为驾驭市场的行家里手的观点,对把握社会主义市场经济的基本范式具有关键意义。

关于社会主义市场经济基本范式,我们应该更认真地学习党的文件,研究和尊重自己国家的实践,避免各取所需,哪一句话符合我的看法就加以片面关注这种不科学的态度。我们要认真学习好、领会好中共中央十八届三中全会文件,关于正确理解社会主义市场经济的很多关键性问题,文件中也都讲得很清楚,不认真学习领会文件精神就会引致片面的理解,影响我们国家的改革开放,影响经济、社会、文化等各方面的建设,影响到社会主义发展目的的实现。关于社会主义市场经济基本范式的理解,一定要与我们现在搞社会主义建设总的目标联系起来,社会主义国家的政府必须像骑手那样驾驭市场,利用市场,充分发挥市场的一些优势,更应牢牢把握根本方向,使整个生产发展方向和资源配置方向的引导有利于人民生活水平的提高,最终实现每个人的全面自由发展。

四、澄清对市场"决定作用"的误解

当前,人们关于中国特色社会主义制度中在资源配置方面政府和市场应怎样有机结合的问题展开热烈的讨论,讨论的实质就是在党的领导下的中央政府与市场资源配置中的地位和作用。这个问题具有根本性的重要意义,因为生产要素资源配置是决定整个国民经济发展根本方向、目标的重大问题。

十八届三中全会对社会主义市场经济中政府(指在党中央直接领导下的中央政府)与市场在资源配置中的作用做了明确的表述,指出市场在资源配置中起决

定性作用和更好发挥政府作用。但在一个时期的讨论中,理论界和国家经济干部中对如何发挥市场的决定性作用和更好地发挥政府的作用这两个方面发表了的一些不同的看法。这些看法中存在不少误解,澄清这些误解,准确把握社会主义市场经济的基本范式,是马克思主义理论工作者应有的社会责任。

市场经济的根本特征就是市场在资源配置中起决定性作用,这里所说的"决定性作用",其内容就是指市场主体是企业生产经营方向的决定者,他只是根据商品的市场价格影响的盈利水平决定把资本投向哪里、生产什么、生产多少,如果市场主体不能决定资源配置方向,就意味着不允许市场主体根据市场状况自主决策、独立经营,那就不能称其为市场经济。习近平总书记在《关于(中共中央关于全面深化改革若干重大问题的决定)的说明》(以下简称《说明》)中指出:"市场经济本质上就是市场决定资源配置的经济",所以《决定》指出"市场决定资源配置是市场经济的一般规律,健全的社会主义市场经济体制必须遵循这条规律"。

但只知道市场经济的一般规律,并不能把握社会主义市场经济的基本范式,特别是,市场经济的一般规律是在生产资料私有制基础上产生和发挥作用的,而且只有在资本主义生产的基础上,商品生产才表现为生产的标准的、占统治地位的性质,因而市场机制才成为整个国民经济的资源配置方式。市场经济一般本身虽然不等于资本主义,但它深深地带有资本主义私有制关系的烙印,习近平总书记正是针对这种情况,在确定必须遵循市场经济的一般规律的同时强调指出:"我国实行的是社会主义市场经济体制,我们仍要坚持发挥我国社会主义制度的优越性,发挥党和政府的积极作用。市场在资源配置中起决定作用,并不是起全部作用。"(《说明》)为了更加明确地阐明这一点,习近平总书记在 2015 年 5 月召开的中共中央政治局就市场在资源配置中起决定性作用和更好发挥政府作用进行的集体学习会上,再次强调指出:"坚持党的领导,发挥党总揽全局、协调各方的领导核心作用,是我国社会主义市场经济体制的一个重要特征。——在我国,党的坚强有力领导是政府发挥作用的根本保证。在全面深化改革过程中,我们要坚持和发展我们的政治优势,以我们的政治优势来引领和推进改革,调动各方面的积极性,推动社会主义市场经济体制不断完善、社会主义市场经济更好发展。"①"发挥党总揽全局、协调各方的领导核心作用",当然包括了在全国范围的资源配置。

有的人对我们提出使市场在资源配置中起决定性作用做了错误的解说,他们说"决定性作用"意味着一切"市场说了算",市场是"主角",政府只是"配角",只起配合市场的作用,这类看法对资本主义市场经济来说是适用的,这些看法也是

---

① 《人民日报》2015 年 5 月 28 日。

资本主义企业家观念的反映。还有的学者说市场决定资源配置表明政府要退出资源配置领域，政府"主要不是进入资源配置领域，而是进入收入分配领域"。更有人说"政府应当从介入过深的经济领域逐步退出，不再充当资源配置主角"，①这是要求政府退出对生产过程的管理。提出这种观点的人是否考虑到，这样的不控制和不主导社会生产领域的社会主义能存在吗？这还是社会主义吗？

　　还有一种流行的说法，说社会主义与市场经济的有机结合就是"发挥社会主义的优越性和市场配置资源的有效性"，或者表达为"有效的市场和有为的政府"，这类说法似乎也肯定了社会主义的优越性，但是却在根本上否定了社会主义最大的优越性，即否定了社会主义在资源配置效率上较资本主义市场经济更为有效，具有更大的效率。社会主义在资源配置上比较资本主义有更高的效率是社会主义制度的根本优越性，我们的道路自信、制度自信、理论自信就是建立在这种认识的基础上，上引的那类看法表明他们骨子里不相信社会主义具有较资本主义更高的效率，这里表明他们缺乏道路自信、制度自信，迂回地贬损社会主义的声誉。如果社会主义不能创造比资本主义更高的劳动生产率，为什么还要用它取代资本主义呢？上述观点也是严重不符合历史事实的，社会主义制度从它在世界上产生以来，就明白地表明它创造了比资本主义更高的效率。苏联社会主义国家建设以来，前30年的工业化取得经济的高速发展，与当时陷入全面生产过剩危机中的资本主义国家形成鲜明对照，当时形势甚至迫使英国高傲的科学院领导人威尔斯带队去苏联拜会斯大林，请教搞计划经济的经验。英国前首相丘吉尔曾说："对于俄罗斯万幸的是，在它经受艰难考验的年代里，领导它的是天才而且坚忍不拔的统帅约·维·斯大林。斯大林接受的是还在使用木犁的俄罗斯，而他留下的却是装备了原子弹的俄罗斯。"（20世纪50年代，苏联由于没有找到正确的改革道路和西方新自由主义的干扰，滑向改旗易帜的邪路，发展遭受挫折）新中国成立以来60余年的发展特别是改革开放以来35年的迅速发展，都证明了社会主义能创造比资本主义更高的效率，应批驳那种对社会主义国家的发展史采取历史虚无主义的态度，肃清这类错误思想的影响。

五、端正对更好发挥政府作用的认识，"发挥党总揽全局的核心作用"

　　与上面对市场决定性作用错误相联系的，一些人也未能正确地理解更好发挥政府作用的内容，他们主张大大遏制政府的作用，把政府职能限制在服务领域，说"在市场经济条件下，政府的主要职能就是提供公共服务"。社会主义的政府既然

---

　　①　张卓元：《经济日报》2014年7月29日。

要利用市场在资源配置中的决定性作用,当然需要为市场经济发挥作用服务,创造必要的社会条件,但这种服务的性质,不是像资本主义制度下那样,只是在市场对整个经济发展发挥主导作用下,为实现市场主体自发竞争的目标服务。按照社会主义制度下政府是市场的"驾驭"者的观点,这种服务只能是像骑手给马提供必要的饲料和饮水那样,为使它更好奔驰,更快达到国家发展的目标。

市场在资源配置中起决定性作用,与资本主义市场经济不同,在中国特色社会主义制度下主要是就微观经济领域说的,政府的职责和作用不应是直接管理微观市场主体,一般地说,它的职能主要是保持宏观经济稳定,加强和优化公共服务,保障公平竞争,加强市场监管,维护市场秩序,推动可持续发展,促进共同富裕。市场自发竞争必然有缺陷,政府的作用就是必须遏制这些缺陷的破坏性,才能发挥市场正能量,维持社会再生产得以正常进行。不过应当看到,以上这些作用,一般地说,在资本主义国家里,也是它们政府的职能,对此,英国《金融时报》首席经济评论员评论中共十八届三中全会的文献时说:"这份文件是下一轮改革的蓝图,值得注意的是:文件指出要让市场在资源配置中发挥'决定性'作用。政府则负责'宏观调控、市场监管、公共服务、社会管理、保护环境'。西方人将承认上述一切。"①这表明这种职责规定与西方的市场经济模式是相同的,是它们可以接受的,这里没有包含社会主义制度中央政府在资源配置上的特有的核心职能。

社会主义国家的政府在实行市场经济的条件下,也必须具有这些职责和作用,但是我们应注意到,这里所阐述的政府的作用和职责主要是就微观市场主体的自发竞争对全部资源配置发挥决定性作用情况下说的,规定要政府做好哪些事情才可以保证分散的私人企业具有最良好的条件以获得最大的盈利。这对资本主义国家的政府来说,完成这些职能就足够了,因为它的根本任务就是为私人企业主谋利自主活动服务的。显然,社会主义国家政府的职责绝不能限于这些,因为社会主义生产的根本目的不是为私人企业主获取利润,而是以人为本、为了最大限度满足全体社会成员的物质文化需要。因此,这里党和它领导下的政府首要关注的是宏观经济问题,是国民经济整体发展的方向、生产各个领域重大比例关系、重大经济结构安排和调整以及劳动者的就业和人民生活水平的提高。这就决定了政府有着因社会主义制度要求产生的更根本的职责和功能,这就是决定经济发展的方向和长期战略目标、重大比例关系,这主要通过党和政府制定国民经济发展规划、产业政策和它的实施,使它发挥对整体资源配置的引导作用。因此,社会主义市场经济中党直接领导下的中央政府的核心职能,主要的不是上述那些保

---

① 《参考消息》2014 年 3 月 27 日。

持宏观经济均衡、事中事后监管、弥补市场失灵等资本主义市场经济中资产阶级政府也必须尽的职能,它的首要的核心作用是决定国家的长远发展目标、重大比例关系和产业政策,并围绕实现这些目标组织资源的合理配置。

我们应当仔细研读和准确理解十八届三中全会的《决定》,实际上《决定》已较全面地指出了党领导下的中央政府在经济发展方面包括哪些特殊的职能。在"加快转变政府职能"部分中,指明政府的作用是"科学的宏观管理",包括:"健全以国家发展战略和规划为导向,以财政政策和货币政策为主要手段的宏观调控体系,推进宏观调控目标制定和政策手段运用机制化,加强财政政策、货币政策与产业、价格等政策手段协调配合,提高相机抉择水平,增强宏观调控前瞻性、针对性、协调性。"另外,更应强调指出,社会主义国家的政府绝不是局限于利用市场一种手段,它还有更有力的手段,《决定》还指明了政府的直接投资的重要性。《决定》指出:"关系国家安全和生态安全、涉及全国重大生产力布局、战略性资源开发和重大公共利益项目",这里也包括重大的基础建设主要靠政府直接投资解决,近几年,我国高速铁路的快速发展充分显示出政府不是束缚于市场信息而是直接根据社会需要及时投资的效率和巨大作用。如果依赖市场信息来配置资源,高铁的建设不说不可能,至少要推迟几十年,以等待高铁建成可以立即获得盈利的信息的出现。《决定》还强调政府要加强发展战略、规划、政策、标准等制定和实施,加强中央政府宏观调控职责和能力。很清楚,这里绝没有把政府的经济职能限制于"提供公共服务""弥补市场缺陷""维护市场秩序"等外部条件的建造,而是整个经济发展进程的"驾驭"者,是主角不是配角,这体现在中央政府职责的如下规定上:"政府要加强发展战略、规划、政策、标准等制定和实施,加强市场活动监管,加强各类公共服务提供。加强中央政府宏观调控职责和能力""健全以国家发展战略和规划为导向、以财政政策和货币政策为主要手段的宏观调控体系,推进宏观调控目标制定"。这些特殊的政府的职责和作用才鲜明地展示出社会主义市场经济体制的本质特征,阐明了党和政府在宏观领域资源配置中的核心地位,社会主义市场经济的决定性优势也表现在这里。

所以,在社会主义条件下,强调市场在配置资源中的决定性作用,并不像在资本主义制度下那样,政府只起配角的作用,是配合市场的作用,职能只是弥补市场的缺陷,这些看法只不过是资本主义市场经济模式的模仿,它既不符合马克思主义的基本原理,也丝毫没有反映我国经济发展的实际。社会主义政府的最重要的职能是依据客观规律制定经济发展长远目标和一定阶段的发展规划使经济发展更带自觉性,在与市场的关系上,是把分散的市场主体对资源配置的决定性作用引导到党和政府规划制定的发展战略和长远目标的实现上,形成一股合力。实现这种结合的关键就在于认识和尊重市场经济的内在规律和在此基础上切实提高政府驾驭市场经济的能力,社会主义国家的政府这个骑手应如习近平总书记所说的,成为"驾驭"市场的行家里手,善于利用马的奔跑能力,通过各种手段和方法控制和引导它更好更快地跑向自己预定的目标。

关于经济体制全面改革,很多说法是政府管得过多,应该下放权力,简政放权,觉得政府不应管的管得很多,政府应当做好的方面却做得少。其实我们在宣传上、在理论界,没有真正吃透党的政策,与中央文件的精神不吻合。实事求是地看,政府在整个经济发展当中的作用,有时候大家并没有看到,或者说大家看问题时不把它归结到政府发挥作用的认识上来。比如现在发展高铁,高速铁路的发展对我们国家的作用越来越大,这是政府投资的结果,这不是依据市场,市场需求根本提供不了这种信息。如果是依据市场价格提供信息,以盈利为追求目标,我们几十年都不会投资发展高铁的。有些干部开始的时候否定政府的作用,但是越来越发现它制定的资源配置规划真正是对国民经济发展全局起决定性的重大作用的。应实事求是地思考问题,不要受一些意识形态和新自由主义教条的影响,不要受西方模式的影响,要相信我们自己。工作上有缺点应加以改正,提高我们的治理和管理能力,但不是削弱它取消它。进一步弄清社会主义与市场经济的关系,对认识政府与市场作用的关系有好处,也有利于我们以后的研究和认识。

六、市场经济是"公平经济""法制经济"等说法的评析

还有几个问题影响人们对一般市场经济的认识。

在解释市场经济的时候,有一个大家都很熟悉的说法,即认为市场经济是最公平的经济,但从科学上说这种判断并不正确。很多人讲到市场经济的公平,就是指等价交换,为什么把等价交换规定为是公平标准呢?我们都知道,价值不是由实际花费的劳动时间,而是由社会平均的或社会必要的劳动时间决定,有良好生产工具的生产者就有更高的劳动生产率,同样的劳动耗费就能生产更多的产品,从而形成更多的价值,他也就从等价交换中获得更多的产品。从这个角度讲,等价交换就是不公平的,占有更先进生产工具的生产者从等价交换中占了便宜。但是,在私有制商品生产条件下,大家都承认这是公平,因为生产工具是属于私人所有,由此得到的好处也就当然地属于私人,由此可见,"公平"不是什么绝对永恒的标准,是特定的生产关系决定的。到了资本主义制度下,这样的"公平"就被否定了,产生另一种"公平":资本家按照劳动力商品的价格支付工资,是等价交换。但是,这个等价交换的结果是资本家有权无偿占有工人的剩余劳动,是剩余价值的生产和占有,这种现象被资本主义社会看作新的"公平",这被说成是认可资本

的"贡献"。资本主义的进一步发展,这又被看作一种不公平,这种单个企业主把本企业创造的剩余价值占为己有这种所谓的"公平"又被否定了。又产生了一种新的"公平":资本家不是完全占有本企业创造的剩余价值,而是大家都把占有的剩余价值拿出来,按照投入的资本量来重新分配,因此把按价值交换改变为按生产价格交换,这又确立了新的"公平"标准。

可见,"公平"只是一个抽象语词,它本身没有固定的标准,实际上公平还是不公平,只是占支配地位的生产关系的反映。一般地说凡是能够推动生产力发展的关系,都会被认为是公平的,我们不要绝对地说市场经济就是永恒、绝对的"公平"。

在关于市场经济的议论中,有一种提法是大家比较熟悉的,就是认为"市场经济本质上就是法制经济",这个提法本身似是而非。这句话本来应该是这样的:市场经济如果没有法制来加以监督规范,它是不能正常发展的,因为市场经济是私人自发盲目竞争的一种经济,没有法制规范的话,社会再生产根本存在不了。应当这样说,市场经济必须有国家的法制来规范,才能正常运行,否则会威胁到整个社会的存在。

还有一种说法,从市场经济是自由的公平的引申出说市场经济有反依附、反封闭的特点,这也是把市场经济的作用虚幻地夸大了。不是市场经济有巨大的反依附作用,是资本主义具有反依附力量。资本主义摧毁了封建制度,破坏了小生产,剥夺了小生产者的土地,使他成为自由的无产者,摆脱了人身依附关系,然后在这个基础上发展成资本主义的商品经济,不应把资本主义的作用,说成是一般市场经济的作用,它没那么大力量,它只是被资本主义利用来扩大支配力量的一种手段、方法。混淆资本主义制度与一般市场经济的作用,就会导致把资本主义特有的关系当作一般市场经济引进来,引致改旗易帜,这是我们今天强调科学认识一般市场经济作用的重要意义所在。

三、社会主义市场经济条件下政府与市场关系

政府与市场关系论

　　把建立社会主义市场经济体制作为经济体制改革的目标模式,是中国特色社会主义理论体系中的极重要组成部分。十八大报告再次把"加快完善社会主义市场经济体制"作为一个独立部分提出来,并且明确指出,要全面深化经济体制改革核心问题是处理好政府与市场的关系,更加尊重市场规律,更好地发挥政府作用,这指明了当前完善社会主义市场经济体制的基本内容和根本目标。我认为这里包涵着实践经验的新概括,我们应当对此在理论上加以阐释。

　　邓小平同志说,计划或政府与市场的关系问题,在今天的资本主义制度和社会主义制度下都存在,资本主义国家也有计划,社会主义制度下也有市场,计划多一点,还是市场多一点,不是社会主义与资本主义的本质区别,但这绝不是说资本主义市场经济与社会主义市场经济没有本质区别。这两种不同社会制度下的市场经济的本质区别在于:体现在政府与市场在国家资源配置上的地位和作用的不同。当前有一些人把市场看作是我国资源配置的根本的和主导的力量,把政府与市场的地位和作用弄颠倒了,我认为必须把颠倒了的关系颠倒过来,不然,在贯彻社会主义市场经济体制的实践工作中会陷入盲目性,给实际工作带来重大损失,甚至有引向改旗易帜邪路的现实危险。

一、计划(政府)与市场关系问题的产生及二者关系

　　计划与市场的关系就其本质来说,是所有制关系派生出来的问题。在一个或大或小的集体中,如果生产资源是该集体成员共同所有,他们的共同需要是很清楚的,他们会按照共同需要有计划地配置资源,以满足该集体的各种需要,不管这个集体是一个氏族、一个奴隶主庄园、一个封建主庄园,或一个企业、一个家庭,都必然是如此,人类社会历史发展的实际表明了这一点。

　　1. 市场——"看不见的手"

　　如果生产资料属于分散的私人所有,他们又都处于互相依存的社会分工之

中,那么,它们之间的经济联系都只能通过他们产品的交换,即把产品变为商品,来互相满足自己和他人的需要,以维系个人和社会的存在和发展,这就产生了市场这个事物。市场就是商品生产者交换关系的总和,是私人企业主为私利相互竞争的关系的总和,在这种关系中,人们的各种需要和需要多少,就不可能直接知道,只能通过商品市场价格的波动间接地了解,如果某种商品的市场价格低于其价值,即劳动花费,就表明该商品生产过多,必须对生产要素配置加以调整,分配到那些市场价格高于其价值的商品的生产方面,这样,市场成为社会资源配置的基础手段和方法,亚当·斯密把这种市场关系比喻为"看不见的手"。实际上,并没有这样一只独立存在的"手",它只是私有商品生产者在市场上自发的盲目生产和相互竞争活动,实际存在的只是千百万只私有生产者的"手",他们获取社会需要信息的唯一来源就是天天波动的市场价格。把这种私有生产者盲目竞争的活动比喻成一只"看不见的手",是这种关系被物化,马克思把它称作"商品的拜物教"。就像宗教一样,人们把自己的活动的结果看作是由神决定的,拜倒在它面前,亚当·斯密把"看不见的手"称作"全能的神",当有些人把市场说成是资源配置最优方法时,这同说由"神""上帝"来决定同义,实际是在说由分散的私有生产者根据市场价格自发生产是最好的资源配置方式,实际内容是在说由私人生产者为自己私利分散地从事生产是最好的生产方式,因此,对市场作用的评价就是对建立在生产资料私有制基础上的生产方式的评价。说市场最能高效率地配置资源,就是说私人企业主分散决策是最有效配置资源方式。

美国前总统小布什的一句话讲得非常明确,他攻击奥巴马的国家干预经济的主张时说,"我深知私营企业才能带领美国走出目前我们所处的经济局面""你们比政府更能花好自己的钱"。[1]这就是为什么资产阶级崇尚市场的根源。布什的话是在重复亚当·斯密的信条,它最明白不过地说明了,崇尚市场实质就是崇尚私有制。不过布什忘记了时代已经变化,斯密当时崇尚自由主义市场是符合实际的,是正确的,可是,当前已经进入金融垄断资本主义阶段,正是垄断资本企业主按自己的意志花钱,导致了当前空前严重的经济危机。

自发的市场盲目竞争对资本主义经济的发展起过巨大作用是确实的,追逐私利激励着企业主的活力,通过市场价格的波动调节着整个社会资源的配置。这种资源配置方式,尽管经历着不断的震荡,但毕竟实现着全社会的共同利益,这是社会化大生产发展水平还很低的条件下唯一可能的,也是最好的资源配置方式,这正是为什么市场被赋予了"神"一般的作用的原因。

2. 市场与政府——"看不见的手"与"看得见的手"

资本主义国家为挽救市场盲目性产生的负面效应,都不得不违背意愿地采取国家干预的措施,从这里可以看出所说的"看不见的手"与"看得见的手"之间的关系。这两只"手"有一个很大的区别,"看不见的手"并不是实在的有形存在,它没有任何自然的物质存在,它的存在纯粹是社会的,是一种社会关系,是私人生产者为私利的市场竞争关系的总体。如果说有具体存在的话,那就是分散的私人企业主的"手",除此,它没有别的现实存在形态。斯密用"看不见的手"来表达这种自发竞争的关系,会给人一种幻觉,似乎有一个"实在的手"存在,像宗教中那样泥塑神像显示它确实存在,人们拜倒在它面前。与"看不见的手"不同,"看得见的手",是指代表全社会的共同利益的国家机构——政府,这是一种实际的物质存在,看得见,摸得着的。

在资本主义私有制条件下,在资本主义私有制资源配置上,"看不见的手"是基础性的,资产阶级国家这只"看得见的手"则是"看不见的手"的维护者。正是由于政府的保护,市场这只手才得以发挥资源配置的正面作用,政府通过制定各种法规,像财产法、契约合同法、物权法、劳动法、工厂法、竞争法等游戏规则,以及完成那些私人企业主不愿做和做不了的生产职能,例如,初期修建铁路等活动。正是由于存在政府的保驾护航,才使这种分散的生产过程得以维持,使这只"看不见的手"的负面作用不至于在私人生产者的相互厮杀中导致整个资本主义制度的崩溃。所以,"看不见的手"一开始就是在"看得见的手"的呵护下才得以发挥其配置资源的正面作用的,正如诺奖获得者美国经济学家约瑟夫·斯蒂格利茨所说,市场"如果没有政府的干预,就不能实现有效的资源配置"。[2]

二、社会主义市场经济是一个矛盾统一体

1. 社会主义公有制与市场经济的矛盾

(1)社会主义制度是建立在生产资料公有制的基础上,即全社会的生产资料属于全社会成员共同所有和共同支配,目的是为了全社会所有成员的物质和文化生活需要及其全面发展。而市场经济则是建立在生产资料私有制基础上的商品经济发展到一定阶段的产物,其生产目的是为了私人利益。私人生产者只是为了其私人利益,小商品生产者是为了个人及其家庭的生活需要从事生产活动。

(2)社会主义生产资料公有制决定了全社会生产摆脱了分散的私人生产者的盲目性支配,是按照预定的目标有计划地配置全社会资源为实现共同目的服务。私有制则决定了生产的动机和目的只能是由各个私人自发地进行,全社会生产资料在不同生产领域的合理配置只能借助于市场价格波动间接告诉私人生产什么,生产多少,这个过程不是平稳地进行的,而是充满了激烈的竞争、经济震荡和破坏,会有生产者的失败与成功、企业的兴起与破产、产品的不足与过剩,总之,如马

克思所指出的全社会生产过程的均衡只能经历着不断的混乱才能得到实现。

（3）分配关系方面，社会主义公有制决定了人们只是以个人的劳动参与生产过程，所以，个人消费品分配只能是按每个人投入的劳动量，在社会总产品中对满足共同需要的部分扣除后，其余部分实行按劳分配。这是社会主义制度下，人们之间的最核心的利益关系。

在商品经济中，人们的分配关系是按照该私人生产者在生产某种商品所花费的劳动量创造的价值来交换，即等价交换，通过这种交换每个生产者获得与本人劳动所创造价值量相等的价值。形成商品价值的劳动，不是劳动者本身实际上花费的劳动时间，而只能是社会必要劳动时间，或社会平均的劳动时间。所以，从分配关系上看，社会主义按劳分配与商品生产中按价值分配，有着本质的区别，体现着两种本质不同的所有制关系和经济利益关系。按劳分配只能是公有制范围内才会产生的分配关系；按形成的价值分配（等价交换）则体现着私有制关系，它承认生产资料私有者获得由握有更优良的生产条件获取相应利益的权利。

2. 社会主义公有制与市场经济的结合

以上分析表明，社会主义与市场经济的结合不能是机械式地拼装，而是一种有机结合。依据马克思主义理论，商品经济、市场经济是处在社会分工中私有制的产物，它与社会主义公有制是对立的。但是，市场经济不等于资本主义经济，虽然它们都是以生产资料私有制为基础，但二者的根本区别在于：一般商品经济是以生产者个人的劳动为基础的，资本主义经济则是把货币转化为资本以无偿占有他人的剩余劳动为基础。

在资本主义制度下，商品由按价值交换转化为按生产价格交换，解决了资本主义经济与一般商品经济之间的矛盾和对立，实现了资本主义与一般商品经济的有机统一，构成资本主义市场经济。资本主义利用市场这种手段、方法为资本增殖服务。

社会主义公有制与一般市场经济之间的对立和矛盾，必须得到解决，二者才能构成有机整体，建立起社会主义市场经济体制。矛盾解决的途径是：（1）从所有制方面看，那就是公有制企业（国有企业）转变为相对独立的商品生产者，独立经营、自负盈亏，这实际上就是模拟私有制企业的经营方式，使企业成为独立的市场主体，在竞争的自发市场上从事经营，让他们在市场竞争中求得生存与发展。（2）从生产经营方面来看，企业必须根据市场需求状况，自己决定生产什么，生产多少，并获得盈利。与私有制企业不同的在于，国有企业必须遵循政府依据科学发展观制定的发展规划从事经营活动，把实现规划作为根本目标，如果某种活动背离了规划目标则不能做，应自觉地接受政府的宏观调控，校正自己的经营方向，这样,就保证了整个国民经济符合科学发展观要求的以人为本和全面协调可持续发展的目标。(3)从分配方面来看,为了使社会主义公有制与一般市场经济有机结合,必须解决按劳分配关系与等价交换关系之间的矛盾,要通过一定的方式把按价值交换(实际上是按生产价格交换)的结果转化为按劳分配关系,剔除由于生产资料优良带来的同样劳动不能得到同样收入的因素,这是通过国有企业的利润上缴、政府的税收等方法加以调节。

解决了以上矛盾,社会主义公有制经济与一般市场经济的矛盾就会得到解决,才能构成社会主义市场经济。我们所要求的建立和完善社会主义市场经济体制,其内容就是正确解决好上述矛盾。

3. 社会主义市场经济矛盾统一体中谁是矛盾主要方面

毛泽东指出,任何一个矛盾体中,"矛盾着的两个方面中,必有一方面是主要的,他方面是次要的。其主要的方面,即所谓矛盾起主导作用的方面。事物的性质,主要地是由取得支配地位的矛盾的主要方面所规定的"。[3]社会主义市场经济体制中社会主义与市场经济体制这一对矛盾,哪一个是矛盾的主要方面,哪一个是矛盾的次要方面呢? 首先从基本理论上谈谈社会主义与政府规划、计划的关系。

从本质上说,社会主义公有制之所以必然要取代资本主义私有制,是因为市场的盲目竞争和生产无政府状态愈来愈带来对生产力的巨大破坏。马克思认为自觉地有计划组织社会生产是社会主义的本质特点,他说,问题的争论在于"构成资产阶级政治经济学实质的供求规律的盲目统治和构成工人阶级政治经济学实质的由社会预见指导社会生产"。[4]由社会预见指导,当然就是指代表全社会利益的政府制定的规划的指导和引导。恩格斯指出社会主义国家作为整个社会的代表,将实行"对生产过程的领导"[5]。由国家代表全社会有计划地分配资源是社会资源配置的更高级的形式。在第一个社会主义国家苏联的建设实践中,其领导人斯大林依据马克思主义的基本理论,提出了国民经济有计划发展规律是社会主义特有的经济规律,不过,在实践中,由于缺乏经验,没有考虑从现实生产力状况出发,教条主义地对待马克思主义,在组织社会生产时,完全摒弃市场在资源配置中的作用,奢望在条件尚不具备时,建立高度集中的全面的计划经济体制。尽管其有计划经济发展和全国一盘棋的指导思想的优越性得到了发挥,推动了经济的高速发展,但由于超越了现实的客观条件,完全否定了在一定发展阶段上市场在资源配置方面的积极作用,高度集中的计划经济体制,大大挫伤了基本生产单位的积极性和创造性,问题日益积累,造成经济效益日趋低下,社会生产力的发展速度日趋下降,人民生活水平的提高也受到极大的影响。

　　我国社会主义革命取得胜利后,在经济建设方面基本是继承苏联时期的计划体制,不过也逐渐开始思考苏联计划体制过于集中的缺点问题,毛泽东在1956年《论十大关系》中,指出了苏联体制的缺陷。在这一基础上,邓小平对此进行了全面思考。

　　到1979年代末,形成了对社会主义市场经济基本理论问题的全面认识。这包括:不能说市场经济是资本主义的,社会主义可以搞市场经济,这是社会主义利用这种方法来发展社会生产力。我们应注意到,邓小平在谈到发展社会主义市场经济时,论述非常严谨,这表现在他没有否定计划经济的优越性,且明确地指明了市场经济只是社会主义利用的一种方法、手段。按照马克思主义的基本理论和邓小平的建立社会主义市场经济的理论,社会主义公有制当然是主要的矛盾方面,市场经济是次要的矛盾方面。

三、处理好政府与市场的关系是科学发展观的客观要求

　　由于市场经济有着它固有的缺陷,特别是新自由主义经济发展模式已经完全不适应已经极大提高了的社会生产力状况,其破坏性也愈来愈严重,更为关键的因素是,由于全世界的资源状况日益紧张,生态状况日趋恶化,社会矛盾日趋尖锐,这在20世纪还是不太明显的矛盾,现在解决它已成为全世界迫在眉睫的紧急任务。实现可持续发展已成为当务之急,在我国反映这种客观现实的理论成果就是科学发展观。

　　党的十八大报告指出:"科学发展观是马克思主义同当代中国实际和时代特征相结合的产物,是马克思主义关于发展的世界观和方法论的集中体现。"[6]这里准确表述了科学发展观形成、实践和理论根据,说它是马克思主义关于发展的世界观和方法论的体现,是因为它依据了马克思的构成工人阶级政治经济学实质是由社会预见指导社会生产。所说的中国实际,就是指自觉贯彻社会主义以人为本的核心思想和迫切要求,国民经济的全面协调可持续发展;时代特征是指与20世纪前一时期不同,当前资源紧张、环境破坏的状况已成为严重威胁人类生存的现实,要求必须建立资源节约型和环境友好型的社会,如任社会生产继续盲目扩大生产,将直接造成毁灭性后果。

　　为了切实贯彻科学发展观,十八大报告明确地指出要全面深化经济体制改革"经济体制改革的核心问题是处理好政府与市场的关系,必须更加尊重市场规律,更好发挥政府作用"。[6]"更加尊重市场规律"当然是非常重要的,因为不依照市场规律行事,就不可能利用市场机制为发展社会主义生产力服务,重要的是十八大强调了"更好发挥政府作用",这有很强的针对性。例如,当前理论界和媒体的

一种主流观点认为,"现在资源配置的基础性手段是市场,计划是弥补市场缺陷的必要手段"。这种理解和表述显然不适应贯彻科学发展观的要求,因为为了保证经济社会的科学发展,在资源配置上最根本的不能是依靠市场的自发性,而必须是对整个经济的有科学预见的计划的引导和强有力的实施,这只能靠发挥代表全社会利益的政府的指导作用。当然,在资源配置的大的目标和方向确定后,具体贯彻实施时,在现阶段还必须重视尊重市场规律,充分发挥市场机制的激励和一定范围的调节作用,以有利于整体目标的实现。

这是社会主义市场经济体制的特有经济发展模式,是与资本主义市场经济模式的根本区别所在。把政府的管理经济的职能只归结为弥补市场的缺陷,这显然是把矛盾的主要方面与矛盾的次要方面弄颠倒了,这是资本主义市场经济模式的特征,我们不应该把资本主义市场经济模式当作市场经济一般,更不能把它当作我们经济体制改革的目标。

四、把颠倒了的关系颠倒过来

尽管社会主义公有制和市场经济的关系在我们看来是很清楚的,但是,从理论界的状况看,不少人把二者的基本关系颠倒了,模糊了改革的主要方向,进而也就不能提出真正有利于科学发展的对策和措施。他们没有真正理解邓小平的建立社会主义市场经济体制的科学思想,错误地理解了经济体制的实质,没有把改革看作是一种创新,是创造一种新型的中国特色社会主义的管理经济的模式,而是理解为要在中国"复制"资本主义市场经济模式。

在关于社会主义与市场经济体制解释上,很多人只是抽象地说这是社会主义基本制度与市场经济相结合,但不明确这是怎样一种结合和对二者的地位做准确的规定。实际上存在着多元的解释,比较典型的一种说法是:把社会主义基本制度同发展市场经济结合起来;发挥社会主义制度的优越性和市场配置资源的有效性,使全社会充满改革发展的创造活力,这里把二者的结合说成是社会主义优越性与市场经济有效性的结合。还有一种说法与此类似:社会主义解决公平问题,市场解决效率问题。这些说法无论从理论上还是从实践上看都是不能成立,其一,表面上看起来这里似乎是在肯定社会主义制度,但是实际上否定了它的根本优越性,即它能按科学预见有计划地配置资源,以及全国一盘棋的巨大优越性;其二,把公平与效率分摊到不同的两个制度上的观点,是一种在理论上很幼稚的想法。任何一个历史上存在的社会经济制度,都必然是公平与效率的结合,如果一个制度只是有公平而无效率,这样的制度必将被抛弃,不可能存在;另外,现实也不可能存在一种只是有效率而无公平的制度,试想,如果没有等价交换这种公平关系,市场能会有效率吗?哪种公平关系更优越,就看哪种类型的公平关系更适合生产力的性质,这是马克思主义的一个基本原理。

混淆矛盾主要方面和次要方面的另一个表现是论述中采取折衷主义态度。例如,有位理论工作者说:"社会主义与市场经济相结合,是社会主义和市场经济两个方面相互适应的过程。公有制要适应市场经济,市场经济则要适应社会主义共同富裕目标。这样,就能实现社会主义与市场经济的有机结合。"[7]这种不分主次、不指明谁是起主导作用,只是抽象地讲二者"相结合""相互适应",没有指明这种相结合的内容是社会主义把市场经济当作手段、方法来利用,这种抽象表述显然同样不符合邓小平关于是社会主义利用市场经济发展自己的观点。当然,要利用市场,必须尊重市场规律,但从根本关系上说,二者不是"相互适应的过程",而是社会主义把市场经济作为手段为自己发展生产力服务的过程,市场机制必须服从社会主义制度的发展目标,不利于这一目标的实现,则必须在政府的宏观调控中校正。

另一种不正确看法是颠倒了主次矛盾,把市场作用看作是根本的,国家计划只看作是弥补市场缺陷,这种观点在理论界很为流行,实际上是典型的资本主义市场经济模式,也是今天美国经济的发展模式。由于一些人在理论上没有搞清楚社会主义与市场经济的基本关系,所以,无意地在照搬资本主义社会的模式,并把它当作我们改革是否到位的尺度,这表明,在这些人的思想里,没有建立起创造中国特色的社会主义市场经济模式的信念,缺乏理论自信、道路自信,被西方模式所迷惑。十八大报告强调指出"我们坚定不移高举中国特色社会主义伟大旗帜,既不走封闭僵化的老路、也不走改旗易帜的邪路。"[6]这是在敲警钟,如果我们的改革沿着资本主义市场经济模式走的话,将有发生改旗易帜的现实危险。

还有一种倾向就是美化市场。一位记者在报道广东的行政审批体制改革时,要求"缔造小政府、大社会、好市场",报道中特别强调"社会主义市场经济,归根结底依赖于一个'好市场'。"[8]这里的"好市场"是指他们幻想的"理想"的市场,只有激励市场主体活力、配置资源的正面作用而没有必然导致一些企业破产、比例失调、危机、失业、假冒伪劣频出的负面作用,企望"好的市场"实际上就是企望有好的不追求私利的企业主,这显然是不了解市场本来意义的表现。追求私利的企业主的活动,没有好和坏的区别,在我国现阶段,私有企业主追求私利的生产活动有积极的一面,我们要鼓励支持其发展,但他的逐利性、盲目性也必然与这种积极方面同时并存。去掉"坏"的方面,也就没有了"好"的方面;只要"好"的,不要"坏"的,那也就不存在市场;真实的市场就是无数为私人利益的生产者互相竞争抢夺利润制高点的关系总体。把我们的改革建立在出现一个"好市场"虚幻的假定上是非常危险的,用它来指导实践必然会贻误经济的健康发展。

正确的思想应当是,不去幻想、期待一个"好市场",而应当是探索怎样"把市场利用好"。怎样才能利用好呢?那就要通过加强政府运用规划和其他必要措施,尊重市场规律,扼制市场中的消极因素,支持它的正面作用,期待"好市场"只能是信教者的祈祷。

我国有些人执意否定政府对市场管理的必要性,由于对美国的市场经济模式的迷恋和受到现代西方经济学话语的影响,出现了对政府的经济职能妖魔化的倾向。有位教授这样说"政府日益强化的资源配置权力和对经济活动的干预,强化了寻租活动的制度基础,使腐败迅速蔓延和贫富差距日益扩大,一旦进入政府主导的路径,既得利益者会使'半统制、半市场'的经济体制向国家资本主义乃至权贵资本主义蜕变"。[9]这里把一盆子脏水一股脑地都泼到政府管理经济体制上,而不顾这些丑恶现象产生的根源,在他眼睛里,政府制定国民经济科学发展规划指导和组织经济社会贯彻以人为本、全面协调可持续发展的根本性作用都是不存在和不正确的。这种敌视政府经济作用的思想继承了资产阶级的观点,美国开国时期的一位资产阶级民主派代表——时任美国的总统杰弗逊就把国家看作是"狼",主张绝不允许它进入私人企业主"羊群"。

我们知道,马克思认为建立公有制就是为了从根本上消除生产无政府状态的盲目统治,进步到由社会预见指导社会生产,按照现代科学要求,自觉地有计划地发展经济。这里所说的社会预见指导,是指社会在取得社会革命胜利后的一定阶段上,当国家还必须存在的条件下,国家就是全社会利益的有形代表,恩格斯明确指出,这时,国家真正作为整个社会的代表所采取的第一个行动,即"以社会的名义占有生产资料……对物的管理和生产过程的领导。"[10]所以,社会主义公有制建立后,政府的最重要的职能就是管理经济,领导经济的发展。这里根本谈不到出现国家资本主义。

否定我们国家、政府的管理经济的职能的观点至今还很有影响,这与十八大报告精神不符合。十八大报告要求更好发挥政府的作用。发挥政府什么作用呢?一些人往往把政府职能局限在市场监管、社会管理和公共服务等方面,他们说"当前更好地发挥政府作用,一方面需要弱化政府在微观方面的一些管理职能,从不该管的领域退出来,让市场真正发挥配置资源的基础性作用……另一方面需要强化政府在社会管理和服务方面的职能……弥补市场本身具有的不足和缺陷,为市场经济健康发展创造良好环境。……需要由政府这只看得见的手通过制定政策加以弥补。"[11]这篇文章给我们的印象,是把政府管理组织经济的职能完全取缔,政府的职能只是在市场配置资源的基础上,弥补市场之不足。这里社会主义基本制度的特色不见了,科学发展观指导整个国民经济的健康发展,国家制定的五年规划的主导作用,都从他们的视野中消失了。这就严重脱离了我国发展经济的现实,对现实资本主义处于严重经济危机中的状况也缺乏研究;思想束缚在资本主义市场经济模式中,忽视马克思主义基本理论,是持这种观点的人的共同缺点。

最后,还有的人提出一些更偏激的观点,即神化市场。有的人今天还在说'在资源优化配置方面到目前为止人类还没有发现比市场经济更好的体制。'[12]这种看法表明,他缺少马克思主义政治经济学理论知识,无视近百年的社会主义国家发展的历史;也没有吸取苏联一步到位的市场化改革的失败事实和拉丁美洲一些国家实行"华盛顿共识"的惨痛教训。当前的发达资本主义国家再次陷入长期的经济危机现实,也没有促使他们摆脱迷信市场的观点的束缚。

在十八大开会前后,一些人更为积极推崇市场经济的功能,有人颂扬市场经济能力说"市场经济的魅力就在于符合人类本性,有着超越政府的收集和处理信息的能力。"[13]照此理解,市场经济是符合人类自私自利的本性的。但是,既然它是建立在追求私利的基础上,那就必然包含着侵占他人利益的追求。在市场上,每一个私有生产者都在追求占有更大的市场,你死我活的争夺市场的残酷竞争不也是符合人类本性吗?真实的市场绝不像那些把它抽象理想化的人所想象的具有田园诗般的情景。

有的人说,我们选择了市场经济,就应当按市场经济的要求设置政府职能部门,改变思维方式和行为方式……少干预就是真正尊重市场规律。这意思就是,应按照市场经济的要求,取消制定国家长远和近期发展规划职能,并组织贯彻和实施的部门,他们对十八大报告所说的"更加尊重市场规律"解释为"尊重市场规律就是政府少干预",要"无为而治"。很明显,这些看法是不符合我们国家自己的实践经验,它只是对西方模式的复写。十七大报告明确的指出"完善国家规划体系。发挥国家发展规划、计划、产业政策在宏观调控中导向作用,综合运用财政、货币政策,提高宏观调控水平。"[14]这里明确指明了我们国家的宏观调控的特点,即它必须以发展规划、计划、产业政策为导向,而不是以自发的市场为导向,持上述观点的人与党的大政方针已经背离很远了。

五、处理好政府与市场的关系,不走改旗易帜的邪路

政府与市场的关系,也可以称作计划与市场的关系,不过计划只是政府管理经济的职能之一,它还含有许多其他的职能。马克思主义的基本原理告诉我们,社会主义国家机构的主要职能应当是管理经济,而不是放弃对经济的管理,其他方面的管理职能都是为管理好经济服务的。社会主义国家管理经济是科学社会

主义的基本原理。2013 年 1 月 5 日,习近平同志在中央党校的讲话中强调"中国特色社会主义是社会主义而不是其他什么主义,科学社会主义基本原理不能丢,丢了就不是社会主义"。要遵循十八大报告所强调的,我们要有道路自信、理论自信、制度自信,彻底摆脱资本主义市场经济模式的影响,从现代西方经济学的话语权束缚中解放出来,进而创新一种中国特色社会主义的经济运行模式。

邓小平关于市场经济是利用来发展经济的手段、方法的观点,是指导我们沿着正确方向进行完善社会主义市场经济体制的根本理论依据。在利用市场上,主体当然是社会主义的国家、政府,削弱政府管理经济职能的道路不是社会主义道路。当然,不当地对市场进行过多的干预必须坚决制止,这也是当前经济体制改革的重要任务,但决不能用一些实践中政府工作上存在的缺陷,从根本上反对政府管理经济,要求削弱、取消政府管理经济的职能。

从总体上说,在当前的状况下,正确处理政府与市场关系,首先应当明确加强政府对经济发展过程的管理的重要性。政府对经济发展最关键的、具有决定意义的功能,是市场根本不具备的,十八大报告指出,要"加快形成符合科学发展要求的发展方式和体制机制",包括更加自觉地把以人为本作为深入贯彻科学发展观的核心立场,更加自觉地把全面协调可持续作为深入贯彻科学发展观的基本要求,更加自觉地把统筹兼顾作为深入贯彻落实科学发展观的根本方法,这些对国民经济发展最有决定意义的工作,都是依赖政府的宏观管理职能才能实现的。

1. 科学发展观的核心是以人为本,社会主义经济发展的根本目的,是为了人本身及其需要,是最大限度地满足全社会成员的物质文化生活和他们发展的需要。这一目的只能依靠代表全社会利益的政府统一组织和管理来引导分散的单个企业的经营活动去实现,这个根本目的不可能由市场提出和主动贯彻,因为在市场经济条件下,即使撇开私营企业(它们的唯一目的是利润),就以国有企业来说,也不可能把最大限度满足全社会需要作为经营的直接目的。在实行市场经济体制的条件下,国有企业是相对独立的商品生产者,它的直接目的也是获得盈利,这是国家赋予它的任务。由谁来贯彻以人为本的核心内容呢? 只能是政府。政府通过对全国生产力数量的较全面的掌握,依据生产力的发展规律,制定长期、短期的经济发展规划和计划,确定积累与消费的正确比例,正确处理人民的长远利益和当前利益的关系,确定一定时期人民的物质文化生活水平,据此在对全国资源的现状研究的基础上,确定基本的发展战略和恰当的资源配置规划。依据经济发展规律制定长远规划并通过必要的手段措施组织实施,是社会主义政府的基本经济职能,这也是社会主义市场经济不同于资本主义市场经济的最根本的特点。

关于这一点,西方一些政治家、经济学家看得很清楚。一位美国学者对中国模式与美国模式进行了比较,他说,2008 年发生的经济危机,使得"美国模式……陷于困境''西方国家领导人、决策者和记者质疑自己的制度是否已经失败''在中国模式中,北京政府保持着对经济的高度控制,但它又没有重新回到社会主义(指原苏联模式的社会主义)。……在一定程度上开放了本国经济,但也确保政府控制战略行业,精选商界获胜者,通过动用国有资金决定投资,并推动银行支持国家龙头企业。"[15]美国《新观察系列》的主编加德尔斯说"中国非常擅长达到共识、统一目标和执行长期政策……美国已经从工业社会过渡到消费主义社会,短期效应凌驾于一切之上,催生追逐短期利益的行为,市场、政治和媒体无一例外……我们需要进一步达成共识和长远的眼光。"[16]这里讲的美国模式的缺陷正是资本主义市场经济模式的特点。

2. 政府制定规划自觉地建立合理的经济结构,并根据全局的发展状况,推进经济结构的战略调整。这是政府在资源配置方面所起的根本的重要功能,当前,必须强化这方面的职能,着力解决制约经济持续健康发展的重大结构性问题,牢牢把握扩大内需这一战略目标,加快建立扩大消费需求长效机制,保持投资合理增长,扩大国内市场规模,推动战略性新兴产业健康发展,合理布局建设基础设施和基础产业。依据政府的经济规划,不断增强基础保障能力,过去五年(2008 - 2012 年),在持续应对国际金融危机冲击下,两年新增投资 4 万亿元,进行了一系列重大基础建设,新增铁路里程 1. 97 万公里,其中高速铁路 8951 公里,新增公路 60. 9 万公里,其中高速公路 4. 2 万公里。如果依靠市场配置资源,这些基本建设都是不可能够实现的。另外,政府有力地组织和积极推进节能减排和环境保护,把生态文明理念和节能减排行动贯彻到经济结构调整的全过程和各方面,加快建设资源节约型、环境友好型社会。

3. 政府还要在组织经济发展中,坚决维护社会主义正义,保证人民平等参与、平等发展的权利,坚持共同富裕道路,使发展成果更多更公平惠及全体人民;不发挥政府的作用,这些方面也是难以实现的。2013 年《政府工作报告》强调"重要的是优化资源配置和产业布局,解决产能过剩、核心技术缺乏、产品附加值低的问题,解决低水平重复建设和地区产业结构趋同的问题。"[17]p25"要切实按照科学发展观的要求,引导各方面把工作重心放到加快转变经济发展方式和调整经济结构上,放到提高经济增长的质量和效益上,推动经济持续健康发展。"[17]p21这里所讲的"引导"工作就是政府的重要经济职能。我国经济快速发展,已成为世界制造业大国,但是,产业结构很不合理,也就是资源配置方面没达到最优,当前,这一矛盾更加加剧,因为经济增长下行压力和产能相对过剩同时并存,产能过剩在多行业凸显的深层次原因在于产业结构不合理,发展方式落后。但是应当看到,这一矛盾就其发生原因来说,更多的恰恰在于是市场的盲目性,特别是地方的分散的经济决策,由于其有更大的财力,因而大大强化了市场的盲目性。这表明,对全局性的优化整体资源配置的重要工作,正是政府的职能,要加强政府的组织职能,采取更加有力的措施,综合运用法律、经济、技术及必要的行政手段,进一步建立健全淘汰落后产能的长效机制,确保按期实现淘汰落后产能的各项目标。十八大要求更好发挥政府作用,政府在发挥作用时应当像钢铁般的坚硬,增强政府的执行力,不能像胶泥那样可以随意拿捏。

有人提出产能过剩这个矛盾应主要靠市场来解决,通过"发挥市场作用,化解产能过剩",这是南辕北辙,反其道而行。因为落后的产能所以还能顽强地存在,抵制中央政府的调控并在加深和发展这一矛盾,正是市场盲目性作用的结果,正是因为在当前的市场支配条件下,该产品的市场价格还使该类企业能获利。市场推动了矛盾的尖锐化,主要表现在,一些地方政府屈从市场盲目力量的支配,以土地优惠、税收优惠等公共资源,引导投资者进入本已过热的投资领域,导致产能过度无序扩张,强化了市场盲目性;一些地方政府追逐局部私利的动机强过政府规划和政策的引导力量,在这种条件下,认为依靠市场调节来解决产能过剩问题,显然是不切实际的幻想。当然,不是说在控制落后产能方面市场毫无作用,但指导思想必须改变,必须把市场作为可利用的手段、方法,使其服从政府规划的要求,政府可以利用一些市场方法,例如价格杠杆,迫使那些企业或改进技术、提高产品档次,或退出该领域,进入更符合资源配置优化的领域。一些人主张政府绝对不能干预微观经济,这是缺乏起码实事求是精神,是被对市场作用的盲目迷信蒙住了眼睛。

上述情况充分表明,在社会主义制度下,不发挥政府的重要作用,不对市场经济正确利用,没有政府的强有力的引导和控制,我们就不可能实现把经济转到以人为本、全面协调可持续发展的科学发展的轨道上,就会发生极大的混乱,浪费大量的可贵资源,延缓发展速度。

有的人由于眼光的局限,视野只停留在东南沿海省区私人企业的发展和市场繁荣上,满足于私人企业的生机活力和市场机制配置资源的积极作用。笔者认为,我们还应从科学发展的大局和全局出发,充分发挥社会主义市场经济体制的优势,政府通过科学规划的制定和实施,把市场自发的为私利生产的积极性,引导到服从全局的经济科学发展的道路上。

经济理论工作者肩负重任,要有宽阔的眼光,摆脱局限于单个厂商追求私利的积极作用的狭隘性,科学地阐明怎样正确处理政府与市场、宏观与微观、全局与个体的关系,使国家经济坚定地沿着科学发展的轨道前行。凡市场能做好的,必须交由市场。但也应当明白,所谓市场这只手,不是虚幻的,它的实在内容就是私有企业主的"手",应充分肯定私有企业追求私利的生机和活力,及其判断市场需求的快捷反应,不过这只是在微观领域,而且主要是在与人们日常生活相联系的轻纺食品工业等方面。社会主义制度的最大优越性——全国一盘棋和科学发展观,这只能由政府来执行,这只"手"无论如何不能削弱,更不能装到市场上,因为交给市场就是交给单个私人企业主。没有政府的宏观经济管理和组织的手,建立在追求私利基础上的市场的手的积极作用也发挥不出来,在当前的生产力已发展到极大规模的条件下,没有宏观管理市场的作用,恐怕负面作用会成为主要的,如当前的发达资本主义国家的情况。

参考文献

〔1〕布什演讲抨击奥巴马破不批评继任者规矩〔OL〕. http://news. sma. com. cn. 2009 - 06 - 23.

〔2〕约瑟夫·斯蒂格利茨. 社会主义向何处去〔M〕. 长春:吉林人民出版社,1998:281.

〔3〕毛泽东选集:第1卷〔M〕. 北京:人民出版社,1966:310.

〔4〕马克思恩格斯选集:第2卷〔M〕. 北京:人民出版社,1995:605.

〔5〕马克思恩格斯文集:第3卷〔M〕. 北京:人民出版社,2009:562.

〔6〕胡锦涛. 坚定不移沿着中国特色社会主义道路前进为全面建成小康社会而奋斗〔R〕. 北京:人民出版社,2012.

〔7〕张卓元. 把坚持社会主义基本制度同发展市场经济结合起来〔N〕. 人民日报,2008 - 10 - 06.

〔8〕缔造"小政府、大社会、好市场"〔N〕. 人民日报,2013 - 03 - 09.

〔9〕陈雪娟. 近期政治经济学重大问题研究述评〔J〕. 经济学动态,2013,(5).

〔10〕马克思恩格斯选集:第3卷〔M〕. 北京:人民出版社,1995:631.

〔11〕王天义. 正确处理政府和市场的关系〔N〕. 经济日报,2012 - 12 - 07.

〔12〕常修泽. 新时期改革的战略思维〔N〕. 人民日报,2012 - 11 - 27.

〔13〕李义平. 为什么必须选择市场经济〔OL〕. http:,/www. qstheory. cn,2012 - 05 - 09.

〔14〕胡锦涛. 高举中国特色社会主义伟大旗帜,为夺取全面建设小康社会新胜利而奋斗〔R〕. 北京:人民出版社,2007.

〔15〕美刊:中国模式为何得以"流行"?〔N〕. 参考消息,2013 - 03 - 27.

[16]外媒:中美治理模式各有千秋不能互相照搬[N]. 参考消息,2013 - 03 - 27.

[17]温家宝. 政府工作报告——2013 年 3 月 5 日在第十二届全国人民代表大会第一次会议上[R]. 北京:人民出版社,2013.

正确认识政府作用和市场作用的关系

十八届三中全会指出,经济体制改革是全面深化改革的重点,全会通过的《中共中央关于全面深化改革若干重大问题的决定》(以下简称《决定》)指出:"经济体制改革,核心问题是处理好政府与市场的关系,使市场在资源配置中起决定性作用和更好发挥政府作用。市场决定资源配置是市场经济的一般规律,健全的社会主义市场经济体制必须遵循这条规律。"这里全面地指明了社会主义市场经济体制实质和内容,表明社会主义市场经济体制包含两个不同方面:社会主义与市场经济,既要坚持社会主义基本制度和发挥社会主义制度的优越性,又要使市场在资源配置中起决定性作用,充分发挥市场经济的优势,把这两个方面有机地结合起来,更大程度上提高资源配置效率,推动国民经济快速、稳定、可持续发展。

社会主义与市场经济的有机结合,具体体现在政府作用与市场作用的结合关系上。由于社会制度不同,政府性质、作用不同,市场的地位、市场主体的构成不同,政府与市场的关系也就不同。在中国特色社会主义制度下,政府不再是资产阶级的统治工具,为资本家企业主追逐利润服务,社会主义国家的中央政府是共产党领导下的全体社会成员整体利益的代表,它一切活动的出发点和落脚点只能是以人为本、最大限度地满足全体社会成员不断增长的物质文化需要和他们的全面发展,是为了满足其所必需的国民经济的全面高速可持续的发展。社会制度的本质区别决定的政府性质和市场主体构成的差别,决定着不同社会中政府与市场二者的地位和关系的不同。

很明显,不存在抽象的、一般的政府与市场的关系,不同的社会经济制度下有不同的政府与市场关系。当然,从经济运行角度看,政府对市场的作用也有共同的方面,譬如通过宏观调控保持经济总量平衡、加强市场监管、创造公平竞争环境、实现经济的持续发展等;但从本质上看,生产资料公有制决定了社会主义国家的中央政府具有资本主义国家的政府所没有的、由社会主义制度所赋予的更多方面的特有的作用和职能,这主要包括制定国家经济的长期发展目标和规划,并通过各种手段引导市场实现政府的发展战略目标。在资本主义社会里,没有整个国民经济战略目标的制定,那是由自发的市场主体的竞争所决定,政府在经济发展上只起辅助性的作用,其任务是弥补市场失灵、创建正常的市场竞争环境,以保证各个私人市场主体盈利目标的实现。

所以,从研究方法上说,应避免抽象地探讨政府与市场的关系,应从现实的社会经济制度出发,弄清该社会制度的所有制关系和它的生产的根本目的,以及由此决定的政府和市场这两个不同方面的作用的特殊性。在讨论我们国家政府与市场的结合关系问题时,应先了解在中国特色社会主义制度下政府机构与市场经济各自的本质和特征。

一

市场经济的根本特征就是市场在资源配置中起决定性作用。这里所说的"决定性作用",其内容就是指市场主体是其企业生产经营方向的决定者,他只是根据商品的市场价格影响的盈利水平决定把资本投向哪里、生产什么、生产多少。如果市场主体不能决定资源配置方向,就意味着不允许市场主体根据市场状况自主决策、独立经营,那就不成其为市场经济,所以习近平同志在《关于(中共中央关于全面深化改革若干重大问题的决定)的说明》(以下简称《说明》)中指出:"市场经济本质上就是市场决定资源配置的经济。"《决定》指出,"市场决定资源配置是市场经济的一般规律,健全的社会主义市场经济体制必须遵循这条规律"。实行社会主义市场经济体制是由中国特色社会主义制度决定的必然选择,那就必须遵循使市场在资源配置中起决定性作用这样一条规律,很好地利用这个规律;否则就不能更好地发挥市场经济的优势,不利于进一步解放生产力和促进社会生产力的稳定快速发展。

当然,我们只知道市场经济的一般规律,对全面理解和进一步完善社会主义市场经济体制来说是不够的;特别是市场经济的一般规律是在生产资料私有制基础上产生和发挥作用的,而且只有在资本主义生产的基础上,商品生产才表现为标准的、占统治地位的性质,因而市场机制才成为整个国民经济的资源配置方式,所以,市场经济一般本身自然地带有资本主义私有制关系的烙印。因此,在充分发挥市场对资源配置的决定作用时,应避免把这个规律绝对化、一般化,它不可能简单地套用到以生产资料公有制为基础的社会主义制度身上。

习近平同志正是针对这种情况,在确定必须遵循市场经济的一般规律的同时强调指出:"我国实行的是社会主义市场经济体制,我们仍要坚持发挥我国社会主义制度的优越性,发挥党和政府的积极作用。市场在资源配置中起决定作用,并不是起全部作用。"①这就告诉我们,必须在坚持社会主义道路的前提下发挥市场经济一般规律的作用。这个界限在《决定》中表述得很清楚,这就是在确定市场的决定性作用时,必须同时强调更好地发挥政府的作用。这是社会主义市场经济体制不同于资本主义市场经济的一个带根本性的特征,这是由社会主义制度与资本主义制度的根本区别决定的。

有的人讳言社会主义市场经济与资本主义市场经济的区别,他们只讲"先发市场经济国家"与"后发市场经济国家",把市场经济从而把政府与市场关系视为抽象的、中性的,似乎在不同的社会制度中会有同一的政府与市场关系模式。这种意识阻碍对中国特色社会主义制度下政府与市场关系做出有创新性科学判断。世界知名经济学家、诺贝尔经济学奖获得者约瑟夫·斯蒂格利茨最近在接受《中国社会科学报》记者访问时说,政府与市场"二者间需要一个平衡,但这种平衡在各个国家的不同时期和不同的发展阶段又各不相同,因此这个问题还没有统一的结论""政府如何作为会"因国家而异"。②

为了更加明确地阐明这一点,习近平同志在最近召开的中共中央政治局就市场在资源配置中起决定性作用和更好发挥政府作用进行的集体学习会上再次强调指出,"坚持党的领导,发挥党总揽全局、协调各方的领导核心作用,是我国社会主义市场经济体制的一个重要特征。在我国,党的坚强有力领导是政府发挥作用的根本保证。在全面深化改革过程中,我们要坚持和发展我们的政治优势,以我们的政治优势来引领和推进改革,调动各方面的积极性,推动社会主义市场经济体制不断完善、社会主义市场经济更好发展"。③

资本主义私有制下,资本家最根本的要求就是企业经营的自主决策权。资产阶级在 1789 年法国大革命中打出了"自由、平等、博爱"的革命旗帜,这里的"自由、平等"口号下的实际内容,就是指自由投资、自由决策。在私人企业主看来,这是他们存在的生命线,任何外部的干预都被看做是对其自主决策权的侵犯。马克思指出,资产阶级意识"责骂对社会生产过程的任何有意识的社会监督和调节,把这些说成是侵犯资本家个人的不可侵犯的财产权、自由和自决的'独创性'",斥责

---

① 习近平:《关于〈中共中央关于全面深化改革若干重大问题的决定〉的说明》,http://news-xinhuanet. com/politics/2013 – 11/15/c – 118164294. htm。

② 姜红:《不平等现象加剧是新兴国家面临的一大挑战——访诺贝尔经济学奖得主、哥伦比亚大学教授约瑟夫·斯蒂格利茨》,《中国社会科学报》2014 年 4 月 28 日。

③ 《正确发挥作用和政府作用推动经济社会持续健康发展》,《人民日报》2014 年 5 月 28 日。

"这种组织将把整个社会转化为一座工厂"。① 在私有企业主看来,自主决策是最基本的人权,政府是外部力量,政府干预妨害他盈利目标的实现。作为资本的人格化,绝对排斥政府干预是由资本本性决定的。

社会主义制度则不同,习近平同志强调指出,在实行社会主义市场经济体制时要"发挥党和政府的积极作用"和"党总揽全局"的领导核心作用,这首先是因为社会主义制度的建立和发展不像资本主义制度那样,是在人们追逐私利的竞争中自发地产生和发展的,小商品生产者间的自发竞争每日每时产生资本主义,资本主义制度和它的生产力也是在自发的竞争中发展、壮大。社会主义制度则根本不同,它不能也不是工人阶级在争取经济利益的斗争中自发地产生,而只能是在马克思主义科学理论的指导下和本阶级政党的领导下自觉地建立和发展的,因此,马克思主义的政党和人民政权的领导和组织,是社会主义制度产生和发展的决定性因素。这也决定了社会主义经济发展中,党和人民政权自觉地有意识地组织工作也具有重要的决定性意义,这既是保证社会主义公有制的巩固和发展的需要,也是克服资本主义生产无政府状态造成的巨大经济损失、有计划地组织社会化大生产、大力提高资源配置效率、保证国民经济健康和可持续发展的需要。

以上分析表明,正确认识和处理社会主义制度中的政府与市场的关系是一个崭新的课题,对中国特色社会主义制度来说,更是一个前所未有的新课题。理论和实践都表明,关键在于弄清政府与市场在资源配置和经济运行中科学定位。习近平同志在《说明》中指出,对政府与市场二者作用的科学定位,有利于在全党全社会树立关于政府和市场关系的正确观念,可以进一步解放思想,更充分地发挥市场机制的正面作用,调动市场主体的主动性,进一步增强经济活力,更大范围更深程度上调动全社会的积极性,推动经济的快速发展。

二

习近平同志在《说明》中指出,党从十四大以来对政府与市场关系一直在根据实践拓展和认识深化寻找新的科学定位,其内容就是坚持社会主义根本制度的政府与在资源配置上起决定性作用的市场这两个方面的在社会再生产过程中职能的厘清问题。从深层理论上说,马克思关于市场经济一般与它所依附的特定的社会生产方式的关系,是认识这一问题的理论基础。马克思主义政治经济学认为,市场经济不是能够独立存在经济制度,它总是隶属于特定的社会生产方式,为实

---

① 马克思:《资本论》(第1卷),北京:人民出版社,2004年,第395页。

现该生产方式的生产目的服务。在资本主义制度下,生产的根本目的不是价值一般,而是剩余价值,价值规律为剩余价值的生产和实现服务,在这里市场交换不能按商品的价值交换,必须遵循利润率平均化规律按成本价格加平均利润决定的生产价格交换。所以马克思严厉批评资产阶级经济学家把资本主义经济等同于一般市场经济的辩护论观点,指出在资本主义制度下,商品交换关系只是"属于流通过程的一种表面现象",是"质的形式化",是"资本关系的假象"。

　　根据马克思的上述理论,在社会主义制度中,市场经济同样也只能是从属于社会主义根本制度、为实现社会主义生产目的服务的。市场经济这种从属地位从世界上出现第一个社会主义国家苏联开始,直到今天我国的中国特色社会主义制度,都是自觉不自觉地依据这一理论行事的。在苏联,斯大林总结了社会主义经济建设经验,认为社会主义制度中的商品关系不是社会主义本质关系,这里的产品只是采取了商品的"外壳",它只是被社会主义政府利用来发展生产推动改善企业经营管理的方法。在中国社会主义建设中,毛泽东同样支持商品关系是"工具"的观点,并指出,"现在利用商品生产、商品交换和价值法则,作为有用的工具,为社会主义服务"。① 邓小平在提出社会主义可以实行市场经济这一创见时,更进一步确定市场经济只是"手段""方法",指出搞市场经济,"这是社会主义利用这种方法来发展社会生产力。把这当作方法,不会影响整个社会主义"。② 这一观点具有重要的理论意义和实践意义,是建立社会主义市场经济体制时制定具体措施的根本指导思想,此后党中央在发展和完善社会主义市场经济体制中,在贯彻这一指导思想过程中取得不断进展,这表现在在市场经济只是社会主义利用来发展生产力"方法"的认识的基础上,提出了党和政府"驾驭"市场的观点。胡锦涛同志在 2004 年 12 月的中央工作会议上的讲话中谈到加强和改善宏观调控时讲:"全党同志深化了对科学发展观的认识,增长了驾驭社会主义市场经济的本领。"在党的十八大上,习近平同志在《说明》中指出,"我们对市场规律的认识和驾驭能力不断提高"。他在后来政治局集体学习会上再次强调领导干部要"学会正确运用'看不见的手'和'看得见的手',成为善于驾驭政府和市场关系的行家里手"。

　　"驾驭论"是一个浅显明白的比喻说法。市场犹如野马,它有极强的奔跑能力,就能在无人驾驭的时候,它为寻找水、草盲目奔驰,当骑手发现了它,驯服和驾驭了它,就能利用它的奔跑能力为自己服务,到达自己所要去的地方。市场决定资源配置的作用就相当于马的奔跑能力,政府则是驾驭马匹的骑手,对骑手来说,

---

① 《毛泽东文集》(第 7 卷),北京:人民出版社,1999 年,第 425 页。
② 《邓小平文选》(第 2 卷),北京:人民出版社.1994 年,第 236 页。

重要的是深谙和顺应马的习性,摸透马的脾气,熟练掌握缰绳、鞭子等工具的运用,不断提高自己的驾驭能力。骑手与马的关系浅显但深刻地表明了社会主义制度下党和政府与市场相互关系的基本范式,也是二者结合的实质和内容,这是中国特色社会主义制度中二者关系的科学定位,理解这一点是处理好社会主义制度中政府与市场关系的关键所在。这一浅显的比喻,可以明白地确定社会主义市场经济中党和政府与市场在经济发展中职能的基本定位,党和政府作为驾驭者,最主要的作用和职能是确定奔跑的方向、目标,以及为保证这一目标实现所必须的资源在各领域和地区的配置,另外,还要选择恰当的途径和控制适当的奔跑速度。所说的更好发挥政府作用,这些职能应当是最基本、最重要的。

市场在资源配置中起决定性作用,在社会主义制度下主要是在微观经济领域,政府的职责和作用不应是直接管理微观市场主体,一般地说,它的职能主要是保持宏观经济稳定,加强和优化公共服务,保障公平竞争,加强市场监管,维护市场秩序,推动可持续发展,促进共同富裕,这些是市场自发竞争所必然具有的缺陷,政府的作用必须遏制这些缺陷的破坏性,才能发挥失常正能量,维持社会再生产得以正常进行。以上这些作用,一般地说,在资本主义国家里,也是它们政府的职能,对此英国《金融时报》首席经济评论员评论十八届三中全会的文献时说:"这份文件是下一轮改革的蓝图,值得注意的是,文件指出要让市场在资源配置中发挥'决定性'作用,政府则负责'宏观调控、市场监管、公共服务、社会管理、保护环境'。西方人将承认上述一切。"①这表明这种职责划分与西方的市场经济模式是相同的,是它们可以接受的。

社会主义国家的政府在实行市场经济的条件下,也必须具有这些职责和作用,但是我们应注意到,这里所阐述的政府的作用和职责主要是就它对微观市场主体说的,规定要政府做好哪些事情才能保证分散的私人企业具有最良好的条件以获得最大的盈利。这对资本主义国家的政府来说,完成这些职能就足够了,因为它的根本任务就是为私人企业主谋利服务的。显然,社会主义国家政府的职责绝不能限于这些,因为社会主义生产的根本目的不是为私人企业主获取利润,而是以人为本,为了最大限度满足全体社会成员的物质文化需要。因此,这里党和它领到下的政府首要关注的是宏观经济问题,是国民经济整体发展的方向、生产各个领域重大比例关系、重大经济结构安排和调整,以及劳动者的就业和人民生活水平的提高,这就决定了政府有着由社会主义制度要求产生的更根本的职责和功能;这就是决定经济发展的方向和长期战略目标,主要通过党和政府制定国民

---

① 《看空中国经济向来是愚蠢的》,《参考消息》2014 年 3 月 27 日。

经济发展规划、产业政策和它的实施,使它发挥对整体资源配置的引导作用。

有的人对我们提出使市场在资源配置中起决定性作用做了错误的理解,他们说,"决定性作用"意味着一切"市场说了算",市场是主角,政府只是"配角",只起配合市场的作用,这类看法对资本主义市场经济来说是适用的,这些看法也是资本主义企业家观念的反映。还有的学者说,市场决定资源配置表明政府要退出资源配置领域,政府"主要不是进入资源配置领域,而是进入收入分配领域",这是要求政府退出对生产规程的管理,这样的不控制社会生产的社会主义能存在吗? 与上面错误看法相联系的,还有些人把政府职能限制在服务领域,说"在市场经济条件下,政府的主要职能就是提供公共服务",社会主义的政府既然要利用市场在资源配置中的决定性作用,需要为市场经济发挥作用服务,创造必要的社会条件,但这种服务的性质不是要为市场对整个经济发展发挥主导作用、为实现市场主体自发竞争的目标服务,这种服务只能是像骑手给马提供必要的饲料和饮水那样,为使它更好奔驰、更快达到国家发展的目标,任何一位骑手都绝不会把自己的职责限定为只是为自己的坐骑服务而不掌握奔跑的方向,任凭它盲目驰骋,除非是他要自取灭亡。上述的这些奇怪看法都是从哪里来的呢? 不可能来自马克思主义理论,也不可能来自我们的社会主义建设实践,只能是来自西方经济学,这些话语都是来自资产阶级经济学的教本,也是来自对资本主义市场经济模式的迷信。正是针对这种片面看法,习近平同志指出,在市场作用和政府作用的问题上,要讲辩证法、两点论,"使市场在资源配置中起决定性作用和更好发挥政府作用,二者是有机统一的,不是相互否定的,不能把二者割裂开来、对立起来,既不能用市场在资源配置中的决定性作用取代甚至否定政府作用,也不能用更好发挥政府作用取代甚至否定市场在资源配置中起决定性作用"。①

以上片面看法的出现,主要是没有很好研读和准确理解十八届三中全会的《决定》的精神,实际上《决定》已较全面地指出了党领导下的中央政府在经济发展方面包括哪些特殊的职能。在"加快转变政府职能"部分中,指明政府的作用是"科学的宏观管理",包括:"健全以国家发展战略和规划为导向、以财政政策和货币政策为主要手段的宏观调控体系,推进宏观调控目标制定和政策手段运用机制化,加强财政政策、货币政策与产业、价格等政策手段协调配合,提高相机抉择水平,增强宏观调控前瞻型、针对性、协调性。"另外,也不是指局限于利用市场一种手段,《决定》还指明了政府的直接投资职责重要性:"关系国家安全和生态安全、涉及全国重大生产力布局、战略性资源开发和重大公共利益项目",这里也包括重

---

① 《正确发挥作用和政府作用推动经济社会持续健康发展》,《人民日报》2014 年 5 月 28 日。

大的基础建设主要靠政府直接投资解决。《决定》还强调,政府要加强发展战略、规划、政策、标准等的制定和实施,加强中央政府宏观调控职责和能力。很清楚,这里绝没有把政府的经济职能限制于"提供公共服务""弥补市场缺陷""维护市场秩序"等外部条件的建造,而是整个经济发展进程的"驾驭"者,是主角而不是配角,这体现在中央政府职责的如下规定上:"政府要加强发展战略、规划、政策、标准等制定和实施,加强市场活动监管,加强各类公共服务提供。加强中央政府宏观调控职责和能力""健全以国家发展战略和规划为导向、以财政政策和货币政策为主要手段的宏观调控体系,推进宏观调控目标制定"。这些特殊的政府的职责和作用鲜明地展示出社会主义市场经济体制的本质特征,阐明了党和政府在宏观领域资源配置中的重要作用。

所以,在社会主义条件下,强调市场在配置资源中的决定性作用,并不像在资本主义制度下那样,政府只起配角的作用,是配合市场的作用,职能只是弥补市场的缺陷,社会主义国家的政府的最重要的职能是依据客观规律制定经济发展长远目标和一定阶段的发展规划,使经济发展更带自觉性;在与市场的关系上,把分散的市场主体对资源配置的决定性作用引导到党和政府规划制定的发展战略和长远目标的实现上,形成一股合力,实现这种结合的关键就在于认识和尊重市场经济的内在规律和在此基础上切实提高政府驾驭市场经济的能力。社会主义国家的政府这个"骑手"要如习近平同志所说的,成为"驾驭"的行家里手,善于利用马的奔跑能力引导它更好更快地跑向自己预定的目标。

在确认市场在资源配置中起决定作用的同时,又强调更好发挥政府作用,就是要发挥党和中央政府在宏观领域方面对市场主体自主决策上的导向作用和调控能力。习近平同志强调,要不断提高对市场规律的认识和驾驭市场的能力,是推进国家治理体系和治理能力现代化的极重要方面。政府一般是通过经济、法律、行政等手段引导市场决定资源配置方向,加强科学宏观调控,使它符合国家规划制定的国家发展战略目标。十八届三中全会《决定》明确指出:"宏观调控的主要任务是保持经济总量平衡,促进重大经济结构协调和生产力布局优化。减缓经济周期波动影响,防范区域性、系统性风险,稳定市场预期,实现经济持续健康发展。"政府在重大经济结构协调和优化生产力布局这些对全局发展有决定意义方面发挥职能,是社会主义制度的根本特点,也是社会主义市场经济体制的一大优势,这是资本主义国家一般不可能具有的职能。在资本主义制度中,重大的经济结构和必要的比例关系,都只能依赖市场上自发的竞争来实现,这种实现方式当然是与经济的经常激烈动荡和周期地爆发导致巨大破坏性生产过剩危机联系在一起的。例如,奥巴马上任后曾一度提出要参照中国的做法在美国发展高速铁路,但这立即遭到卸任总统小布什一反常规地对新当选总统进行批评,攻击新总统这是对经济进行国家干预,他说,"我深知私营企业才能带领美国走出目前我们所处的经济局面"。他对企业主说,"你们比政府更能花好自己的钱"。① 一位学者更批评奥巴马说,这是对美国模式的"自然否定和自我质疑",这是"中国的世界观威胁到美国的地缘政治和经济利益",是"决心把美国经济送进产业政策令人窒息的怀抱里"。② 另外,奥巴马这一建议还由于遭到既得利益集团如高速公路和民航等垄断资本的坚决反对,结果是计划泡汤。

　　上述分析表明,市场在资源配置中的决定性作用,其内容就是通过市场上企业间的盲目竞争这种方式实现社会再生产要求的客观比例以保持经济的正常发展,发挥市场主体配置资源的主动性,是我们要利用市场经济的主要方面。《决定》指出,要"最大限度减少中央政府对微观事务的管理",这是完善社会主义市场经济体制的极重要方面,但是从宏观层面来观察,暴露出市场失灵。在资本主义条件下,重大经济结构失衡不能得到及时的调整,只能依靠周期性爆发全面生产过剩危机来解决,例如,从美国开始的 2008 年爆发的世界性金融危机和经济危机,一个重要原因就是资本在金融部门和实体经济这两个领域重大经济结构方面配置失衡的结果。有人说,可以通过危机形式来调整,表明资本主义还有自纠能力,不过,不能把这种"自纠能力"说成是资本主义的优势和具有生命力的表现,这恰恰是它在资源配置上丧失效率的最致命的弱点。"十年一次的危机不仅毁灭生产出来的生活资料、享受资料和发展资料,而且毁灭生产力本身的一大部分以此来重建平衡。"③2008 年开始的世界金融危机使英国经济萎缩超过 7%,2009 年 5月英国智库发布数据表示,长达 6 年的英国大衰退宣告结束,英国国内生产总值刚回升至 2008 年 3 月的水平。④ 这不能说成是资本主义市场配置资源高效率的表现。

　　自党的十四大确定实行社会主义市场经济的经济体制改革的目标以来,20 多年的经济发展实践充分证明,这是人类社会历史发展至今的最有效率的资源配置形式,我们应当坚定地树立起道路自信、制度自信。

　　虽然我国社会主义市场经济体制已经初步建立,取得巨大成就,但仍存在不少问题,主要是市场秩序不规范,以不正当手段谋取经济利益的现象广泛存在;生

---

① 　新闻来源:http://news. sma. com cn,2009 年 6 月 23 日。
② 　新闻来源:《参考消息》2011 年 3 月 17 日。
③ 　《马克思恩格斯选集》(第四卷),北京:人民出版社,1995 年,373 页。
④ 　《英国宣告六年大衰退结束》,《参考消息》2014 年 5 月 12 日。

产要素市场发展滞后,要素闲置和大量有效需求得不到满足并存;市场规则不统一,部门保护主义和地方保护主义大量存在;市场竞争不充分,阻碍优胜劣汰和结构调整,等等。市场封锁和地方保护阻碍了统一市场的形成,阻碍了资源的优化配置,损害了市场主体的利益和消费者的合法权益,这些弊病当前还主要发生在地方政府身上,这当然要求全面深化改革,着力消除市场封锁和地方保护,促进统一市场的形成。

必须实现凡市场能发挥正面作用的活动,都应交给市场,不这样就不能更好地利用市场经济的长处。一方面,要进一步激发市场活力;另一方面,要把市场激发起来的活力引导到贯彻以人为本的根本方向、全面协调可持续发展、转变经济发展方式和调整经济结构这些重大目标上。

三

正确认识政府作用和市场作用的关系,明确二者在经济发展中职责的准确定位,对当前深化经济体制改革具有重要的理论意义,对保证经济社会的科学发展和战略目标的实现更具有重要的实践意义。当前经济体制改革中要求重点解决经济结构调整和经济发展方式转变问题,当前经济结构调整中一个突出的问题,即许多行业产能严重过剩矛盾的解决。就这个目前急需解决的现实问题探讨一下政府与市场在重大结构调整中的相互关系,具有现实意义。2012 年的中央经济工作会议就强调,把化解产能过剩矛盾作为调整产业结构的工作重点,那时以来,尽管中央政府一再强调必须消除这一现象,向社会提供了足够的信息,但问题未能解决,新一轮的产能过剩波及领域更广,形势更严峻。

有的人提出,这个问题应当主要交给市场来解决,但实践表明,这种主张难以达到预期目的。在思考这个问题时必须严格区别开中央政府与地方政府的作用,不应把对地方政府过多干预市场的不当行为引向中央政府头上。中央政府是宏观调控的主体,而地方政府一般是宏观调控的对象,应看到,学术界和媒体所揭露的地方政府在与市场关系方面职能上错位和越位的地方,恰恰是中央政府在这方面职能缺位的结果,不能把二者混淆起来。一些地方政府为本地区从本单位的经济利益出发从事经营活动,它不是宏观整体利益需要的代表,而是市场主体,是市场盲目力量的组成部分,而且以其丰富的公共资源强化了市场的盲目性,因此,期待用市场的盲目性去化解市场的盲目性造成的后果是不可靠的。

事实证明化解产能过剩的矛盾,必须依靠中央政府的出于国民经济整体利益的有力决策。为了坚决遏制产能严重过剩、行业盲目扩张势头,2013 年 5 月 10

日,发展改革委、工业和信息化部联合通知,要求各地充分认识遏制产能过剩的重要性,坚决停建严重过剩行业违规的在建项目,并要求各地的人民政府对本地区这项工作负总责,切实加强领导,严格监督检查;还有针对性地提出化解产能过剩矛盾的具体措施。中央政府强化了执政能力,明确公布了一些严重过剩的行业的首批淘汰落后产能企业的名单,并指出必须淘汰的规模和执行时间,媒体说,这是打响了化解产能过剩矛盾的第一枪。这种产业结构调整所以不能依赖市场,是因为淘汰过剩产能会带来巨大经济损失,例如,石家庄拆除 35 家水泥企业带来直接经济损失 10.8 亿元,减少产值超过 60 亿元,因此,这项政策只有从全局整体利益出发的中央政府才能坚决贯彻实施。当然,政府在贯彻宏观决策时也必须尊重市场经济一般规律,引导企业和地方政府自愿接受政府对经济结构调整的要求,实现全国的资源优化配置。

这些措施表明,更好发挥政府作用,是加快完善社会主义市场经济体制、深化经济体制改革的战略目标的切实行动。

2014 年的经济发展形势可以更好地说明这一问题。30 多年的改革实践一再表明,改革需要有适当的社会环境,需要在经济稳定合理增长的条件下持续有效地推进,才会成为发展的动力,如果一项改革举措不能最终落到经济的增长上,其合理性将难以令人信服,改革也会遇到阻力。

国外有人说,中国政府曾承诺让市场力量在经济中发挥更具决定性作用,而当前的环境从某种程度上成为检验中央政府这一承诺的试金石。今年前两个月,我国宏观数据和行业数据出现了下滑。2014 年一二月份中国规模以上工业增加值的增长率为 5 年来最低,有几个行业利润总额同比下降,全国小型微型企业的 46.84% 反映市场需求不足,产品销售困难,新公布的 3 月中国制造业采购经理指数 PMI 结束三连降,较上月小有回升,但总趋势未能得到根本改善。这期间虽然经济结构有了改善,但不能忽视当前经济下行压力增强、实体企业经营压力很大的现实。处于这种宏观境遏下,强调激发微观主体市场活力难以立见成效,现实要求必须发挥政府宏观调控的重大作用。

李克强总理在部分省市经济形势座谈会的讲话中指出,在这种情况下,"既要保持定力,又要主动作为",政府必须加强调控,出台有力措施稳定增长,防止出现大起大落。经济运行不可能都是一马平川,出现一定波动是必然的、难免的,走路总是两条腿一前一后,关键在于发挥政府对经济的及时的预调、微调,防止过度波动,这正是社会主义市场经济体制的优越性所在。

2014 年 4 月 2 日召开的国务院常务会议针对当前的经济形势提出一系列政策措施体现出中央政府的宏观调控思路,通过更大规模棚改缓和房地产投资大幅回落趋势,加快铁路尤其是中西部铁路建设,扩大有效投资,其中国家投资近80%投向中西部地区,确保铁路投资稳定增长和铁路建设加快推进,加快铁路建设是重中之重,进一步优化"十二五"规划目标,加大规划实施力度。这一切表明,我国经济运行面临的潜在风险不仅可以有效防范,一旦显现,依靠政府的及时有力的宏观调控完全有能力加以化解,应当避免的是排斥中央政府在资源配置上发挥重大作用思想的干扰。

习近平同志在今年元旦人民日报上发表文章《切实把思维统一到党的十八届三中全会精神上来》,指出:"要处理好活力和有序的关系,社会发展需要充满活力,但这种活力又必须是有序活动的。死水一潭不行,暗流汹涌也不行。""通过不断改革创新,使中国特色社会主义在解放和发展社会生产力和增强活力、促进人的全面发展上比资本主义制度更有效率,更能激发全体人民的积极性、主动性、创造性,更能为社会发展提供有利条件,更能在竞争中赢得比较优势,把中国特色社会主义制度的优越性充分体现出来。"我们应当依据这一指导思想实事求是地研究怎样正确处理政府和市场的关系,努力形成市场作用和政府作用有机统一、相互补充、相互协调、相互促进的格局,推动经济社会持续健康发展。

社会主义市场经济理论是马克思主义的中国化

30 年来,我们取得一切成绩和进步的根本原因,归结起来就是:"开辟了中国特色社会主义道路,形成了中国特色社会主义理论体系。"中国特色社会主义理论体系是中国特色社会主义的经济、政治、社会、文化全面健康发展的最根本的思想保证和最深厚的精神动力,这一理论体系是马克思主义基本原理与我国社会主义建设实际相结合的产物,是马克思主义中国化的伟大成果。只有用它武装全党和全国人民,才能不断提高全党的马克思主义理论水平,才能增强全国人民对中国特色社会主义的政治认同、理论认同、感情认同,坚定党对建设中国特色社会主义的信心和决心,万众一心,开拓经济社会发展新局面。

中国特色社会主义经济理论体系是中国特色社会主义理论体系的主要组成部分,社会主义市场经济理论是其中具有突出意义的部分。党的十五大报告就指出,"建设有中国特色社会主义的经济,就是在社会主义条件下发展市场经济"。科学地阐明这一理论,取得全社会的认同,对进一步解放和发展生产力,调动全社会的积极性和创造性,凝聚全体人民的力量到促进国民经济又好又快发展中去有重大意义。完善社会主义市场经济体制是实现未来经济发展目标的关键因素之一。

社会主义市场经济理论是由邓小平同志系统地论证和确立的。怎样进一步地解放和发展社会生产力是他思考这一问题出发点。邓小平总结了国际和国内的社会主义建设经验和教训,也总结了资本主义社会经济发展的经验和教训,提出必须对我国过去的经济体制进行根本的改革,这就是要建立起一种使市场机制能够充分发挥作用的管理体制。邓小平说:"社会主义同资本主义比较,它的优越性就在于能做到全国一盘棋,集中力量,保证重点。缺点在于市场运用得不好,经济搞得不活。"因此,解决好计划与市场的问题,关键在于如何利用好市场。

邓小平关于社会主义与市场经济相结合的思想集中地反映在他的 1979 年 11 月的一次谈话中,他说:"说市场经济只存在于资本主义社会,只有资本主义的市场经济,这肯定是不正确的。社会主义为什么不可以搞市场经济,这个不能说是资本主义,我们是计划经济为主,也结合市场经济,但这是社会主义的市场经济。虽然方法上基本上和资本主义社会的相似,但也有不同,是全民所有制之间的关系,当然也是同集体所有制之间的关系,也是同外国资本主义的关系,但是归根结底是社会主义的,是社会主义社会的。市场经济不能说只是资本主义的。市场经济,在封建社会时期就有了萌芽。社会主义也可以搞市场经济。同样地,学习资本主义国家的某些好东西,包括经营管理方法,也不等于实行资本主义。这是社会主义利用这种方法来发展社会生产力。把这当作方法,不会影响整个社会主义,不会重新回到资本主义。"这段谈话一方面表明他在哪些方面继承了以往的马克思主义领导人的理论,一方面也表明了他在哪些方面发展了马克思主义科学社会主义思想。

根据邓小平的上面论述,他的社会主义市场经济理论包括以下主要内容。

一、确认市场经济概念

以往我国经济学界一般很少使用市场经济这一个概念,都称作商品生产、商品经济。商品经济与市场经济二者实际上没有很大区别。凡是有商品生产的地方．都是借助市场建立他们之间的联系,也就是通过市场来配置劳动时间和生产要素,因此也可以说属于市场经济。如果说有区别的话,二者含义的重点可能不同。使用商品经济或商品生产概念时,主要着眼于揭示它的经济利益关系特点．例如揭示价值量由社会必要劳动时间决定．商品生产者之间实行等价交换,从而按创造的价值实行分配;使用市场经济概念时．是偏重于从运行的角度来考察,也就是主要着眼于通过怎样的方式把资源配置于多个不同生产领域,以实现整个国民经济的按比例发展。

从邓小平同志的论述中可以清楚地看出,他很重视使用"市场经济"这个词。他在1979年11月提出这个问题时,直截了当地说社会主义可以搞"市场经济",这反映出邓小平的一些明确的思想:(1)他是从经济运行机制方面思考利用市场方法的。他不是要考察商品生产和商品交换中经济利益关系的本质规定,而是考虑运用怎样的机制来实现生产者的利益关系,以推动资源在不同种生产部门之间正确配置,保证国民经济高效率地运行。(2)充分肯定价值规律自发地起调节生产的重要作用。过去一般都承认在社会主义下大力发展商品经济的必要性,甚至强调价值规律是教育经济工作干部的大学校,但是并不承认价值规律在社会主义条件下起生产调节者的作用,邓小平显然是要纠正这种看法,使用市场经济概念就是对价值规律起生产调节者作用的肯定。(3)在用词上用市场经济代替市场调节。市场经济当然意味着生产由市场调节,二者是可以通用的,但是二者对市场调节的范围和深度的认识上可以是不同的,市场调节只是显示出调节生产这种方式,而不显示它作用的范围;市场经济则是确认市场调节的作用是覆盖整个经济的。我们可以看到,邓小平在表述自己的思想时,都是说市场经济,而很少说市场调节,几次出现这种情况:邓小平在谈话中用的是市场经济这个词,而在报上公开发表时却改为市场调节,这反映出一部分干部在发展市场经济问题上还未取得一致意见,邓小平等待在经济发展实践中全党逐步取得共识。

20 世纪 90 年代,邓小平连续在谈话中强调发展社会主义市场经济的重要性,以解除有的干部在这方面的顾虑。他年年讲这个问题,反映出他的急迫心情,在 1990 年同几位中央负责同志的谈话时说:"不要以为搞点市场经济就是资本主义道路,没有那么回事。计划和市场都得要。不搞市场连世界上的信息都不知道,是自甘落后。"[1]在 1991 年视察上海时的谈话中,再次说明这个问题,他说:不要以为"一说市场经济就是资本主义,不是那么回事,两者都是手段,市场也可以为社会主义服务。"[2]邓小平为了推动全党更快取得共识,举了实行家庭联产承包制的例子说:"光我一个人说话还不够,我们党要说话",他说有人"嘴里不说,心里想不通,行动上就拖,有的顶了两年,我们等待""太着急也不行,要用实际来证明"。多年的改革开放和实行市场经济推动解放和发展生产力上取得了不容置疑的巨大成就,使更多干部的思想不断获得解放,发展市场经济问题逐渐取得了共识。

经济理论工作者在这一段时间里没有跟上邓小平这一思想,没有从理论上细致论证市场经济为什么不等于资本主义,甚至有的人还特别在杂志上公开发文论证市场经济等于资本主义,这显然不利于推动广大干部在发展市场经济问题上尽快解放思想、统一认识。

1992 年邓小平的南方谈话再次系统地表述市场经济不属于资本主义的观点,以说服大家,解除在利用市场上的担心,到拟定党的十四大报告时,邓小平的这一思想在全党取得了认识上完全统一,在十四大报告中确定了经济体制改革的目标就是建立社会主义市场经济体制,并给社会主义市场经济体制作了以下的表述:"使市场在社会主义国家宏观调控下对资源配置起基础性作用。"基础性作用这一表述表明了市场调节在全国经济的资源配置中作用的广度和深度。以上关于经济体制改革目标形成历程显示了邓小平在创立社会主义市场经济理论过程中的独特作用。

---

[1] 《邓小平文选》,第 3 卷,人民出版社 1993 年版,第 364 页。
[2] 《邓小平文选》,第 3 卷,人民出版社 1993 年版,第 367 页。

二、思考发展市场经济问题的出发点是全民所有制企业之间的关系

这里涉及到所有制与市场经济之间基本关系的认识。经济理论界一些人说我们实行市场经济是由多种所有制经济并存所决定的,这种看法没有表现出我们提出发展社会主义市场经济这一问题实质,也没有表明我们的理论创新所在。商品交换关系本来就是社会分工和商品私有制决定的。产品属于处于分工中的生产者私人所有是商品关系存在的一般基础,这已是政治经济学的一般常识,它不能说明社会主义市场经济的特殊性,也不能说明它发展了马克思的政治经济学。发展社会主义市场经济理论,其所以成为中国特色社会主义经济理论体系的重要组成部分,构成我党重大理论创新的,恰恰应当论证在全民所有制企业或国有企业之间实行市场经济的必要性。邓小平 1979 那次关于社会主义可以搞市场经济的谈话中明确表示他所说的是"全民所有制之间的关系",这清楚地表明提出发展市场经济是以全民所有制经济的存在和发展为研究对象的,这里显示出了一个重要理论,即所有制关系与经济运行机制之间是怎样的关系。马克思主义政治经济学的基本理论是生产资料所有制关系决定经济运行机制的样式,而不是相反。

社会发展规律一再表明,一定所有制关系决定市场经济的存在,这是马克思主义一条基本原理,是一定所有制关系选择利用市场经济而不是市场经济选择所有制的形式。有的人忽视了马克思主义政治经济学这一基本理论,提出由市场经济选择所有制的主张,认为市场经济只能是在生产资料私有制基础上产生,它只能在私有制基础上才能得到充分的发展,公有制特别是国有经济由于产权不明确,不适合市场经济的要求,所以必须转变为私人所有制、企业所有制或混合所有制经济,他们在理论上加以论证说:"在正在进行经济改革的我国的今天,大力发展商品经济的实践事实上导致了生产资料所有制的重新选择。"①

这些观点是不对的,不符合社会经济的发展规律。市场经济本身是一种流通方式,是指生产者之间是借助市场实现他们之间的产品和劳动的交换,流通方式是由生产方式决定的。交换的性质和形式是由参与交换的生产主体的性质决定的,小私有生产者决定了是简单商品经济,资本主义企业决定了市场经济的资本主义性质。市场交换方式不能对生产方式有反规定作用,在历史上商品交换曾起过瓦解封建生产方式的作用,但它不能决定资本主义生产方式的产生。

依据马克思主义政治经济学的基本理论,以下说法就是不正确的,不符合实际的:发展市场经济的需要决定了我们的所有制结构是多种所有制经济共同发

---

① 范恒山:《所有制改革:理论与方案》,首都经济贸易大学出版社 2002 年版,第 67 页。

展;按照市场经济的要求,决定了国有经济的改革方向,决定了股份制是社会主义公有制的主要实现形式。这些看法都把所有制与市场经济的关系颠倒了,这种错误理论观点会导致在实践中背离我国经济改革的正确方向,例如有的人认为,国有企业股份制改革不是为了壮大国有经济,增强它的竞争力、控制力,而是为了削弱国有制,最后用股份制这种混合经济取代国有制。

邓小平一开始提出是在全民所有制企业之间发展市场经济关系,清楚地表明他坚持马克思主义的基本原理,是全民所有制选择市场经济,利用它发展自己,而不是由市场经济选择和规定基本所有制关系。

三、市场经济不等于资本主义

这一观点是邓小平肯定社会主义可以与市场经济相结合的基本理论前提。资产阶级经济学,从古典政治经济学到现代西方经济学,它们有一个共同的基本认识,就是市场经济等于资本主义。这种认识在理论上是根本错误的,从思想方法上看,这与他们局限于从流通领域观察问题有关,或者说他们只关注事物的形式和表面现象而不看它的本质。

马克思从生产关系的本质上考察,深刻地指出商品生产与资本主义生产是两种本质不同的经济关系。在《资本论》中马克思是从考察没有资本主义的一般商品开始的,这就表明存在着没有资本主义生产的商品生产,随后,才揭示了一般商品关系到资本主义关系的转化,指明一般货币转化为资本的根本条件,这就是生产资料垄断在少数人手里,劳动者失去了一切生产资料,因而不得不出卖自己的劳动力给资本家,一般商品关系由此才转变为资本主义生产关系。转变的基础是生产资料所有制形式改变,所以把商品关系等同于资本主义是根本不符合实际的。

马克思揭露了资产阶级经济学力图混淆商品经济与资本主义经济的区别的理论错误及这种错误所要达到的狭隘的阶级目的。马克思说:"在现存的资产阶级社会的总体上,商品表现为价格以及商品流通等等,只是表面过程,而在这一过程的背后,在深处,进行的完全是不同的另一些过程。"[①]这里所说的另一些过程就是指资本家无偿占有雇佣工人的剩余劳动。马克思尖锐地批判说:"还有些人错误地把这种表面关系,把这种质的形式化,把资本关系的假象看做是资本关系的本质本身,因而试图把工人与资本家之间的关系说成是商品所有者之间的一般

---

① 《马克思恩格斯全集》第46卷,人民出版社1979年版,第200页。

关系,以此为这种关系辩护并抹杀这种关系的特征。"①

资产阶级经济学包括现代西方经济学一直坚持市场经济等于资本主义经济,他们喜欢把资本主义国家称作市场经济国家,尽力避免使用资本主义国家的名称,如马克思所指出的,这完全是出于资产阶级意识形态的目的,用市场一般平等、自由交换关系掩盖占有剩余价值的剥削关系。

市场经济等于资本主义这一错误理论观点产生了两种不相同的错误看法,一种认为既然只有资本主义私有制才能发展市场经济,因而主张为了发展生产力,利用商品经济,必须在所有制上实行私有化,"国退民进",这显然违背了经济体制改革是社会主义制度的自我完善的方针。另一些人则认为既然市场经济等于资本主义,那就不应主张发展市场经济,只能讲实行市场调节,否则必然会导致资本主义,应限制和逐步取消市场经济,建立计划经济为主的经济体制,这就把自己置身于否定经济改革的境地上。由于把市场经济看作等同于资本主义,一些西方的媒体和经济学家看到我们实行市场经济而把中国特色社会主义叫作是有中国特色的资本主义。

只有认可市场经济不等于资本主义,它与资本主义经济关系存在着本质区别,才有可能提出社会主义可以与市场经济结合的问题,否则就不可能提出社会主义市场经济这个概念。

四、市场经济是方法,是手段

这是对市场经济这种经济形式在社会主义经济制度中的地位和功能的确认。对特定社会经济制度来说,市场经济作为一种资源配置方式,当然只是手段、方法,是该社会经济制度利用它配置资源,实现不断的扩大再生产,以为它的根本利益服务。

有人说,市场经济就是市场经济,不存在社会主义的还是资本主义的区别,持这种说法的人,他们的看法是建立在这样一个错误理论的基础上的,即把市场经济看作是中性的,是一种独立经济制度,可以独立存在的,因此,不论社会主义还是资本主义,对市场经济来说都是外在的,是附着在市场经济这一独立实体经济上的社会形式,所以他们反对讲社会主义市场经济、资本主义市场经济,只讲"现代市场经济",既没有社会主义规定性,也没有资本主义规定性。这种看法当然是不对的。市场经济不是一种能独立存在的经济制度,因为作为市场主体,都是有规定性的,或者是资本主义企业,或者是社会主义公有制企业,没有不存在规定性

---

① 《马克思恩格斯全集》第49卷,人民出版社1982年版,第126页。

的抽象的市场主体,所以也不可能存在抽象的没有规定性的市场经济,不是现代社会主义市场经济,就是现代资本主义市场经济,在现实中不会有独立存在的抽象的"现代市场经济"。

但是,如果只是作为一种资源配置方式来规定的话,作为手段,就不存在社会主义与资本主义的区别,社会主义可以利用,资本主义也可以利用,区别只在于资本主义利用它是为资本主义制度的根本利益服务,社会主义利用它是为社会主义的根本利益服务。邓小平一再强调计划经济和和市场经济都是方法,是手段,指出,搞社会主义市场经济,"这是社会主义利用这种方法来发展社会生产力"。

把市场经济看作发展生产力的方法是马克思主义政治经济学的重要观点,在《资本论》中,马克思科学地阐明了资产阶级是怎样利用市场方法来推动生产力发展的。马克思和恩格斯都分析了资本主义为实现剩余价值的生产目的,是怎样把商品经济价值规律中所包含的促进生产力发展的潜力最大限度地调动了起来。但市场经济不是一种独立的经济制度,市场经济的一般原则必须服从资本主义生产的根本目的,当一般商品经济的等价交换原则不能与同量资本要求获取等量利润这一资产阶级根本利益要求相适应时,它必须被改变,必须从按价值交换转变为按生产价格交换。这清楚地表明了市场经济一般作为一种调节工具,它必须服从它所依附的社会经济制度,为该制度的根本利益关系服务。

邓小平把市场经济看作是手段、方法,完全是继承了马克思的政治经济学关于商品关系与特定社会经济制度之间相互关系的基本理论的;马克思把资本主义制度的商品关系看作是资本主义制度的"形式""表层""表面过程";斯大林把它看作是社会主义经济的"外壳"。邓小平则把它看作是"手段""方法",这几种不同的提法表现出了一个相同的理论观点,即商品关系是从属于特定的经济制度的,为它服务的,三种表述的区别是提问题的角度不同。马克思是要强调商品关系与资本主义关系的本质区别和它对资本主义关系本质的掩盖,斯大林则是要强调商品关系与社会主义本质关系存在着根本区别和前者对后者的从属地位,邓小平则是从实践的角度强调怎样更好地利用它为发展社会主义的社会生产力服务。

不过,对市场经济是手段、是方法的观点,不能作简单的机械的理解,它不是可以随机选择、任意取舍的一个外部工具,它是该社会生产关系体系的一个有机部分。说它只是一种方法、手段,是相对于利用它的特定社会基本制度而言的,本意是说对特定的基本经济制度来说,它本身不直接体现该制度的根本性质,是被该制度利用来为其基本利益服务的。应当看到,市场经济本身也是一定的生产关系,也体现一定的利益关系,例如,按价值交换就是市场经济的一种基本利益关系,不过这种利益关系必须从属于特定基本制度的根本利益关系,为后者的实现服务,它也正是由此构成该社会经济体系的内在有机组成部分。例如,资本主义制度的价值与剩余价值的关系就是如此,价值关系是为剩余价值生产服务的。另外,市场经济作为一种经济形式,有它本身特殊的运动规律,价值由劳动时间决定就是市场经济的客观规律,不过它也是从属于特定社会的基本经济规律的,并由此构成该社会经济规律体系的有机组成部分。因此,为了利用好市场经济这个手段,必须研究市场经济的客观规律,在经济活动中,遵循价值规律的要求和实现规律要求的各种机制,像价格,竞争等,通过这些机制对市场上的供给和需求关系的调节,实现资源的合理配置。价值规律会指导和强制企业微观主体紧盯着社会市场的需求和把产品生产成本降到最低限度,这不需要外部人为力量的干预,一般地说,从上而下的直接管理都很难比它做的更好。

市场经济能否融入特定的社会经济制度成为该社会的生产关系的有机组成部分,关键并不是在于计划手段与市场手段如何匹配的问题,而是在于市场经济的一般经济利益能否与它所附着的特定社会经济制度的根本利益结合起来,前者能否为后者的实现服务。例如,在资本主义条件下,一般商品经济的按价值交换这种利益关系是不能与资本主义的平均利润这种利益关系相适应的,前者必须服从后者,交换从按价值交换改变为按生产价格交换后,二者就能结合起来,市场经济因此成为实现资本主义根本利益关系的有力的手段和方法。

在社会主义制度下,为了能利用市场经济这一手段,也必须解决一般市场经济的利益关系与社会主义本质利益关系的结合问题。社会主义制度下人与人之间的本质利益关系是等量劳动互换或按劳分配关系。等价交换关系与表现为按劳分配的等量劳动互换关系是矛盾的。只有很好地解决了这对矛盾,才能真正实现社会主义与市场经济相结合共同组成一个生产关系的有机整体,使市场经济成为实现社会主义根本利益的有力的手段和方法,这是一个重要理论问题和实践问题。例如,当前全国人民关心的工农之间、区域之间、国有企业职工之间、国有企业内部管理者与直接生产者之间的收入差距问题,都表现出利用市场方法和如何使它与社会主义本质利益关系的正确结合问题。只有这些问题在理论上和实践上解决了,才能说我们真正实现了社会主义与市场经济的有机结合,这需要专门加以研究和论述。

只有揭示和阐明了市场经济一般的利益关系与社会主义本质利益关系之间的矛盾和找到解决这一矛盾的途径,才能真正实现市场经济成为发展社会主义社会生产力的有力手段。把建立社会主义市场经济体制看作是一个从西方经济学那里随意选取现成方法的技术过程,是把问题简单化了。

五、社会主义搞市场经济不会导致资本主义

这是从以上的观点得出的必然结论。邓小平说，"把这当作方法，不会影响整个社会主义，不会重新回到资本主义"，把市场经济只作为方法来定位，具有重要的方法论意义。根据这一方法来思考，就不会在发展市场经济中迷失政治方向。社会主义只能在有利于社会生产力的发展和有利于社会主义制度的巩固前提下来选择运用市场的方式、方法、范围和力度。

这一切都有赖于对社会主义市场经济理论的内涵有科学的准确的理解，对市场经济在社会主义经济制度中的定位和功能有明确的认识，有了这些，就对发挥市场经济的作用时有明确的方向。这应当是我们在充分发挥市场作用时不致走偏方向的理论保证。

20世纪30到60年代，原东欧一些社会主义国家的经济学家曾提出了市场社会主义学说，主张把社会主义与市场经济结合起来，他们看到在社会主义下利用市场的必要性，但是，他们不少人并不是站在马克思主义的立场上思考问题，结果成了用市场经济有效率来攻击社会主义公有制、国有制的理论。他们在所有制与市场经济的关系上缺少基本的马克思主义理解，所以没有对社会主义市场经济理论的创立提供多少有益的见解。相反，很多市场社会主义者都陷入了用市场否定公有制，颂扬资本主义私有制的泥潭，其中一些人后来与新自由主义成为伙伴，公然主张在社会主义国家恢复资本主义制度的统治。

六、马克思主义政治经济学的中国化

从上面关于社会市场经济主要内容的阐述中可以看到有些人的看法是不正确的。有人说，我国的经济体制改革一直在黑暗中摸索，只有在受到现代西方经济学原理的启迪，运用它去分析中国的经济问题后，从而"提出了应当发挥市场的作用和建立商品经济的改革主张"：由于热心读了P.萨谬尔逊的《经济学》，进行了现代经济学的补课，在这基础上，"我们逐步形成了对于市场经济和它的各个子系统动作原理的认识"，才提出了有科学依据的建议。他说，"现代市场制度是一种经过几百年演变形成的巨大而复杂的系统，如果按传统的某种理论（指马克思主义）指引来进行，它的建立和建设是不可能的，没有对反映这一系统运动规律的现代经济学的深切把握，没有以西方的理论为指导，这一艰巨的历史任务是不能完成的""一些经济学家冲破'左'的束缚，逐渐恢复了与世界经济学界的联系，开始运用现代经济学的基本理论和基本分析工具用以指导中国市场化改革"。按照他的说法，我国经济体制改革目标的确定是在现代西方资产阶级经济学的指导下

得出的。这显然不符合事实。

从上面我们阐明的社会主义市场经济理论的五个方面的内容上看,邓小平提出社会主义可以与市场经济相结合的思想,其理论前提和根据,哪一条也不是西方经济学所能提供的,而且都是与它们的基本理论相对立的。现代西方经济学对我们来说,只能是作为一种研究运用市场经济的方法的学问来学习的,而不是用他们的理论作指导,如果把西方经济学所坚持的市场经济等于资本主义等观点作为指导思想,就根本不可能提出社会主义市场经济这个概念。邓小平在评价1984年十二届三中全会通过的《中共中央关于经济体制改革的决定》中确立了社会主义是有计划的商品经济这一结论时,高兴地说:这"是写出了一本政治经济学的初稿,是马克思主义基本原理和中国社会主义实践相结合的政治经济学",可见把社会主义可以与市场经济相结合的看法看作是在西方经济学指导下提出的,是违背起码的事实的,这表明对马克思主义政治经济学和现代西方经济学的基本理论和二者的本质区别都缺乏真正的理解,不认同把中国特色社会主义理论体系看作是马克思主义的中国化的伟大成果。

关于当前的宏观调控(2005 年)

一、科学发展观与宏观调控

科学发展观是党在邓小平发展才是硬道理的理论指导下,总结我国现代化建设的历史经验和长期发展实践,从国家经济社会发展全局出发制定的重大战略思想和指导方针,它是我国全面建设小康社会和推进社会主义现代化建设始终要坚持的重要指导思想。不断深化对科学发展观的认识,增强贯彻科学发展观的自觉性和坚定性,对于我们提高驾驭社会主义市场经济的能力,具有十分重要的意义。

科学发展观是指对发展的一种科学认识,把发展道路、发展模式和发展战略的确立建立在科学基础上,使发展符合社会发展的客观规律和生产力本身发展的自然规律,也就是要求解决好为什么发展和怎样发展的问题。科学发展观的提出表明我们将根据客观经济条件的成熟程度,使发展从不完全自觉进到人们更加自觉地有意识地依据客观规律加以组织和安排以实现既定战略目标的过程。

全国经济社会发展是一个整体,科学发展观就是要求把经济社会全面、协调、可持续发展统一起来。在实行社会主义市场经济条件下,必须正确处理发挥市场机制的作用与加强宏观调控的关系。市场机制和宏观调控都是社会主义市场经济的有机组成部分,二者相辅相成,只有处理好二者的关系,才能既保证经济发展充满活力,又保持经济运行平稳,促进国民经济持续快速协调发展,实现我们的战略目标。

党的十六届三中全会作出《中共中央关于完善社会主义市场经济体制若干问题的决定》,把树立科学发展观与完善社会主义市场经济体制同时提出,表明了二者的内在联系,党的十六届四中全会通过的《中共中央关于加强党的执政能力建设的决定》又指出:"要适应世界经济、科技发展趋势和我国改革发展的新形势,根据社会主义市场经济的内在要求和运行特点,自觉遵循客观规律,充分发挥社会主义制度的优越性和市场机制的作用,不断提高领导经济工作的水平。"这表明完善社会主义市场经济体制是落实科学发展观的最重要因素。

什么是社会主义市场经济的内在要求和运行特点呢？这就是把社会主义制度的优越性和市场经济的优势很好地结合起来。市场经济是要使市场在资源配置上起基础性调节作用，要求人们的经济活动遵循价值规律的要求，依据反映市场供求状况的价格的波动作出经营决策；通过竞争机制引导生产经营者加强主动性，发挥创造性，不断改进技术，降低成本，节约资源，社会主义制度实行市场经济就是为了利用市场机制这些优势，推动生产力的发展。但是市场的作用必须在社会主义本质关系的主导下发挥作用，而且也只有在发挥社会主义制度的优越性的前提下，市场经济才能充分发挥它的积极作用，弱化它的负面影响，社会主义制度的优越性突出表现在它发展的根本目的和决定性动机不是利润最大化这一狭隘生产目的，而是为了全体社会成员的物质和文化生活水平的提高。为了人及其需要这一社会主义生产目的，为生产力的发展开辟了广阔的余地，提供了更为强大的动力，最大限度地调动了广大人民群众的主动性和创造性；同时社会主义公有制提供了可以集中主要力量办大事以及对全国经济社会发展全局统一安排和调整的可能性，能把人民的当前利益和长远利益、局部利益和整体利益、经济发展和社会发展更好地结合起来。把发挥社会主义制度的优越性与发挥市场经济的积极作用有机结合起来，才能实现经济社会的全面、平稳、快速发展。

当前在这两个方面都还存在着缺点。一方面，市场机制配置资源的基础性作用未能充分发挥，主要表现在政府（主要是地方政府）对市场主体的经济活动干预过多问题仍未很好解决，妨碍了市场机制调节生产功能的发挥，政府干预由于不单纯是出于经济目的，结果是放大了市场微观主体活动的盲目性和滞后性，更大程度上影响经济的协调发展。为克服这一缺陷使市场真正得以发挥调节生产和流通的作用，必须进一步解决政企分开的问题，凡是市场能合理配置资源的地方，都必须放手让市场发挥作用，制止政府的不当干预。

另一方面，社会主义制度的优越性和它对整个经济社会发展的引导作用未得到有力贯彻。这首先表现为发展的根本目的不是很明确，在为什么发展的认识上有些模糊。不断提高人民生活水平应当是社会主义经济发展的出发点和归宿，但党中央制定的这一重大方针未能全面贯彻，一些地方片面追求增长速度，把GDP的增长当成经济发展的核心目标，陷于为生产而生产，与此相关的，在处理积累与消费的关系上重积累、轻消费的现象相当突出，消费率落后于积累率的差距日益扩大，人民生活水平没有得到应有的提高。这种现象削弱了经济进一步发展的动力，消费过大地落后于生产的增长，严重阻碍了整个扩大再生产的顺利进行。

其次是表现在经济非均衡增长方面。防止经济出现大的波动，实现总供求平衡;防止各生产部门之间大的比例关系的失调和重大经济结构失衡,应是社会主义制度下国民经济发展的本质要求。但近年来,由于市场经济固有的自发性的特点和地方政府权力的干预,盲目扩大建设规模和进行低水平重复建设现象屡禁不止,妨碍重大经济结构的调整,造成资源严重浪费和生态环境破坏;另外,一些地方还片面强调经济发展,忽视社会事业发展和精神文明建设,这一切显然是不符合社会主义制度的根本要求的。

以上现象给我们提出了如何正确看待发展的问题,要求用科学的态度看待发展,明确为什么发展和怎样发展等重大问题。

树立和落实科学发展观,就是使发展符合社会发展规律、生产力发展规律和我国国情,使国民经济保持快速、协调和可持续发展。为落实这一点,首先要求制定经济和社会发展的战略和规划,必须以提高全体人民的物质、文化生活水平和他们的全面发展为根本出发点和归宿,正确处理积累与消费的比例关系,切实保证随着生产的发展人民的各种需要得到最大限度的满足。这是科学发展观的最本质的要求。其次,按照十六届三中全会提出的"五个统筹"的要求,合理调整经济结构,转变增长方式,促使经济社会事业全面、协调、可持续发展。

科学发展观和"五个统筹"的提出表明发展模式的重要变化,它表明,随着生产力总量日益雄厚和人们对生产力发展规律以及经济与社会发展的有机联系的日益深刻的认识,人们已愈来愈有可能自觉地安排和组织经济社会的发展,这不仅是可能的,而且是必要的甚至是一种必然。因为实现这些重大的战略任务,靠自发的市场机制在今天已经是很难实现的,这就决定了在科学发展观指导下,完善社会主义市场经济体制,加强和改善宏观调控具有了新的更加突出的意义。

把科学发展观作为现代化建设的指导思想,提高了宏观调控在社会主义市场经济体制中的地位和作用,宏观调控已经不再是西方经济学所讲的只是起着熨平"由市场调节所造成的经济波动的作用,而是具有了更新更广的意义。

在社会主义市场经济条件下,宏观调控实际上包含两个不同方面:一是国家对宏观经济的有意识的管理,包括制定长远发展战略目标、长期规划和计划,影响全局的重大经济结构的建立和调整,城乡之间、地区之间经济规划,确定基础设施、基础产业、支柱产业和高科技产业专项发展规划并组织实施;二是它的一般含义即对已出现的经济发展的不合比例和不协调现象加以宏观调控,以避免大的波动,保证建设事业的平稳、均衡发展。上述两种含义的宏观调控是有区别的,前者是直接依据按比例发展这一自然规律和生产力本身的发展规律的要求对经济发展的自觉安排,这里不再是依据市场价值规律和价格波动机制的作用,而后者则是依据价值规律的要求进行调节;前者是事前的计划调控,后者是事后的随机调控,这两个方面的宏观调控是保证市场经济沿着社会主义方向健康发展,使市场机制配置资源的功能真正起到实现社会主义建设的战略目标的积极作用。

科学发展观深化了我们对宏观调控的认识,对科学发展观的认识愈深刻,就愈对加强和改善宏观调控有更高的自觉性;同时,树立和落实科学发展观也进一步提高了宏观调控的水平。在科学发展观的指导下,加强和改善宏观调控是完善社会主义市场经济体制的关键因素,是提高我们驾驭社会主义市场经济能力的重大政策措施。

二、近年来加强宏观调控的提出和特点

2003 年初我国的经济发展中就出现了一些值得注意的情况,积累投资过大,投资在前一年快速增长的基础上又增长了 1.3 倍,部分行业和地区出现了盲目投资和低水平重复建设倾向,如钢铁、汽车、电解铝、水泥、纺织等行业在建和拟建规模过大,不少地方盲目兴办开发区,各地攀比经济增长速度,货币信贷增长过快;消耗过高,污染环境等粗放经营的状况普遍发生。

由于部分行业过快增长,这些产品生产的资源、能源消耗甚高,造成煤、电、油、运全面紧张,电力和运力难以支撑。另外这次投资过快增长,并没有导致消费的增长,结果积累率与消费率的比例失衡,投资在总需求中所占比重上升,最终消费率进一步下降,这导致整个社会的扩大再生产失去了基础,国内市场的需求不振。实践证明,片面追求速度,势必加剧结构矛盾和重大比例失调,还要付出资源和生态环境恶化的巨大代价,导致经济发展出现不正常的波动。

针对这种经济形势,党的十六届三中全会的《决定》提出了树立全面、协调、可持续的发展观问题,并把完善社会主义市场经济体制作为会议的主题,突出了加强和改善宏观调控的地位。在这种思想指导下,2003 年下半年到 2004 年上半年,从整体上加强了宏观调控的力度。

由于这次宏观调控是在科学发展观指导下进行的,所以它具有不同于以往几次宏观调控的特点。首先,由于是站在科学发展观的高度俯视整个经济的运行,能及早发现经济生活中一些不正常现象,当矛盾刚刚显露尚未成为全局性问题时,就果断地进行调控,所以,这次调控是一次具有预见性的主动调控,降低了宏观调控的成本。其次,它不是一次经济的全面紧缩,而是细致地加以分析,区别对待,把握全局,有抑有扬,压缩不正常过快发展的行业,制止低水平重复建设,大力支持经济社会发展中的薄弱环节。再次,这次宏观调控的重点不是简单总量性的调控熨平经济的不平衡状态,而主要是为落实科学发展观的一次结构性调整,一方面着力加强农业基础地位,对农业生产进行了大规模的财政、技术、政策上的支

持,大力支持十分紧张的煤、电、油、运的发展,清除经济运行中的瓶颈制约,对社会发展方面的薄弱环节,包括教育、科技、卫生、文化事业等大力加强;另一方面,全面调整投资结构,消除不合理的方面,以适应科学发展观的要求。

为了落实科学发展观,这次宏观调控的另一个重要特点是特别注意把治标和治本很好地加以结合,不是限于解决已出现的浅层次的矛盾,而是更重视解决这些矛盾反复出现的深层次原因,在宏观调控中深化体制改革,从制度上、体制上消除这些矛盾的根源,以切实保证经济社会全面、协调、可持续发展。这次宏观调控既是着眼解决当前经济生活中的突出矛盾,又着眼于为长远健康发展奠定良好的体制基础。

正因为这次宏观调控是在科学发展观指导下进行的,在一年多的调控期间取得了明显成效,党中央、国务院采取的宏观调控措施逐步落实。在农业生产方面,中央连续出台了一系列更直接、更有力、更有效的农业支持政策,极大地调动了广大农民的生产积极性,全年粮食总量比上年明显增产,农民收入实现快速增长,农村经济全面发展,成为宏观调控取得成效的突出亮点,对稳定全局、促进经济平稳快速发展作出了积极贡献,实现了粮食产量与农民收入同步增长。

在工业方面同样取得极大成绩。2003 年以来,党中央、国务院在树立和贯彻科学发展观的思想指导下,指导工业发展的方针更加明确,坚持五个统筹,走科技含量高、经济效益好、资源消耗低、环境污染少、人力资源优势得到充分发挥的新型工业化道路。在发展中,产业政策的实施在很大程度上代替了单纯的行政命令,取得了更加有效的结果;通过将钢铁、电解铝、水泥等行业的项目资本金比例提高 15 个百分点,增加了过热行业的进入门坎,引导了社会资本的投资方向;根据环保、安全、能耗、技术、质量等技术标准对鼓励类、限制类、淘汰类工业产品实行差别电价,抑制了部分高耗能行业盲目发展,引导了企业的经营行为,这一切都促使整个国民经济的运行质量有极大提高。

宏观调控的加强也使得固定资产投资规模过大、投资过快增长的势头得到了有效的抑制,国家通过宏观调控的各项措施主动调控,很快取得成效,避免了局部性问题演变成全局性问题,保持了经济发展的良好势头。

通过宏观调控,在扼制了经济运行中的不稳定不健康因素的同时,国民经济的发展保持了良好的势头,整体说增长比较快,效益比较好,活力也进一步增强,很多社会事业发展的薄弱环节得到了增强。

事实证明,一年多来的宏观调控是及时、正确、有效的,是落实科学发展观的重大实践,必须加以充分肯定。当然这些成果还只是初步的,为了进一步落实科学发展观,还必须坚持加强和改善宏观调控,而不是减弱它的力度。

三、宏观调控手段的综合运用

近年来我国经济发展中发生的问题,不是全面过热,而是局部过热;不是投资膨胀和消费膨胀同时并存,而是投资过热,消费偏冷,所以宏观调控面临的现实,不是单纯总量调控,而是应把调控的着力点放在经济结构的调整和经济增长方式的转变上,降低投资率,扩大消费率,压缩过热的行业和部门,大力支持薄弱环节,加大对制约经济发展的瓶颈行业的投资,以贯彻科学发展观,这当然就决定了当前宏观调控的艰巨性和复杂性。如果把当前进行的宏观调控理解为只是"熨平"出现的经济波动,将会导致经济的衰退,这虽可以获得一时的均衡,但却不能落实科学发展观所要求的在调控中保证经济社会的全面协调快速发展。

这轮宏观调控的复杂性除了由于重点在于经济结构的调整和转变经济增长方式外,还有很多因素影响着调控经济手段的运用。譬如货币政策是宏观调控的重要手段,但是由于我国经济已经融入国际经济的循环之中,与发达资本主义国家相比,我们的综合实力尚处在弱势地位,因此我们的货币政策的独立性就受到影响,有时难于自由运用利率、汇率这些重要经济杠杆来实现宏观调控的目标。再有,当前的投资主体已经变化,投资主体已不单是国有企业,民间资本比重已有了很大的增长,这些是这次宏观调控的复杂性的重要方面。

宏观调控的艰巨性和复杂性,决定了为取得应有的效果,必须实事求是地综合运用各种必要的手段,在实行社会主义市场经济的条件下,主要是运用经济手段和法律手段,同时辅之以必要的行政手段。党中央及时指出要提高宏观调控水平,准确把握力度和节奏,更加注重运用市场机制和经济、法律手段解决经济生活中的问题。为什么还要采取行政手段呢?这也是与我国当前经济转轨时期的现实相关的。我国尚处于体制转轨时期,市场机制不完善,市场生产要素价格特别是资金、土地价格仍存在不少扭曲,政府职能转变还没有到位,单靠市场机制"看不见的手"调节,难以达到预期目标,特别是部分行业和地方出现盲目投资和低水平扩张,往往是地方政府的行政干预的结果,是它们在利益驱动和追求政绩"的压力下用行政力量推动的,针对这类情况,只有采取一定的行政手段强制执行,才能达到预期效果。对待这类现象必须有实事求是的态度。

财政政策是国家宏观调控的重要工具。在 2004 年适当调整了长期建设国债的力度和结构,数量上比上年减少了 300 亿元;同时调整了国债项目的使用结构,主要用于农林水利、生态、技术进步和产业升级以及卫生、教育等社会事业发展项目;针对固定资产投资增长过快等,适当放慢了国债项目资金拨付进度。财政部门加大了对"三农"投入力度,采取促进粮食生产和农民增收的各项政策措施,大力推进农村税费改革,减免农业税,实行对种粮农民直接补贴。财政部门还对企业的社会保障工作给予六力支持,安排再就业补助资金比上年增长 76.6% 。这些措施对加强宏观调控和推动经济结构的调整,发挥了积极作用。

金融是宏观经济调控的重要杠杆。金融部门与国民经济各部门都有着密切的联系,同时,利率、汇率、信贷、结算等金融手段对微观经济主体有着直接的影响,所以在社会主义市场经济条件下,它对加强和改善宏观调控,贯彻科学发展观起着重要和关键的作用。一年多来,金融系统在贯彻宏观调控中做了大量很有成效的工作,当 2003 年上半年部分行业和部门投资过热、经济运行中出现了不健康现象时,金融系统就着手控制货币信贷规模,优化信贷结构,把好信贷"闸门",坚持有保有压、区别对待,准确把握调控的力度和节奏,围绕实现调控预期目标进行工作,2004 年的信贷调控目标已基本实现,这保证了国民经济整体的平稳、协调和较快的发展。

这次宏观调控的手段中土地政策的作用凸显出来,这是一大特点。我国实行城市土地国家所有,土地用途管制、农地转用审批、建设用地统一供应等制度,这使政府对土地供应具有较强的调控能力,可以通过控制土地供应总量、土地用途等抑制或鼓励市场需求,有效引导投资、消费的方向和强度,从而实现稳定经济运行、促进经济结构调整的目标。2003 年国家针对部分行业投资过热的现象,要求对 2000 年以来新建、扩建(政建)钢铁、电解铝和水泥用石灰岩企业的用地情况进行检查,对铁合金、电石等行业的土地供应采取了相应措施,停止了不符合国家产业政策和市场准入条件的项目用地供应,控制了一些地方大面积占地建大广场、宽马路、行政办公楼和培训中心等项目,继续停止对高尔夫球场用地的供应,限制高档公寓等高档商品房用地供应,停止别墅类土地供应。同时,以开发区清理为重点的土地市场治理整顿取得了阶段性成效,新增建设用地得到控制,促进土地集约利用。

这次宏观调控发现了土地政策的特殊作用,在实践中逐步学会了运用它为宏观经济管理服务,建立起土地政策与产业政策、货币政策、财政政策互相配合的调控机制,这大大扩展了宏观调控的力度和落实科学发展观的效果。

近年来的宏观调控的手段中还有一个重要方面,这就是中央国有企业在宏观调控中的作用。国家所有制企业特别是中央国有企业,与资本主义制度下的私营企业不同,不能把它看作是资产阶级经济学所说的"经济人"或"资本人格化",社会主义制度下的国有企业具有双重性,它既要尽力实现国有资本的保值和增值,获取最大盈利,同时又要为实现国家的发展战略、长远规划、国民经济全局利益以及宏观调控服务,这是社会主义制度下的国有经济的重大特点,也是社会主义制度的优越性的体现。

在这次宏观调控中,中央国有企业为落实国家的调控政策发挥了重要作用。中央国有企业在国民经济中占有相当比重,尤其是在煤、电、油、运行业中更占有举足轻重的地位,如果这些特大型国有企业不坚决贯彻国家的宏观调控政策和措施,国家的调控目标是很难顺利实现的,正是由于这些国有企业以国家利益为重,充分发挥自身的优势,通过科学调度、扩能增潜等方式,积极增加产量和能力,最大限度地保证了产品的有序供应,努力缓解供需矛盾,为保持国民经济持续快速协调健康发展作出了重要贡献。实践证明,在关键时刻,国有大型企业是落实宏观调控政策的一支重要力量。

关于发挥国有企业在贯彻宏观调控中的作用方面,有的人持有不同的看法,有人说"把国有经济当作调控宏观经济的重要工具,而这是难以成立的。……目前,西方国家一般已不再将国有企业作为宏观调控的工具",他们认为国有企业作为企业,就必须按照市场经济的基本规律办事,国家调控职能主要是通过财政政策和货币政策实现的。这种看法显然是片面的,他们把发挥财政政策和货币政策的作用与发挥国有经济的调控作用对立起来。我们不应过分迷信资本主义市场经济的模式,不敢越雷池一步,更不应该用资本主义市场经济的模式来限制和扼杀社会主义公有制所具有的独特优势。不注意发挥社会主义制度优越性所提供的发展经济的巨大潜力,我们将不可能以更快的速度超越资本主义,社会主义制度也将难以巩固和发展。

当前正在进行的宏观调控,由于坚持了科学发展观的思想指导,主要运用经济手段和法律手段,运用必要的行政手段,并发挥了国有经济的主导作用,取得了积极成效,实现了预期调控目标。经济运行中的不稳定、不健康因素得到抑制,经济与社会发展上的薄弱环节得到加强,经济总体上实现了平稳较快发展,科学发展观进一步得到贯彻,这一切为今后的经济社会发展打下了良好的基础。不过应当看到经济运行中的突出矛盾和问题尚未得到根本解决:农业增产和农民增收的基础并不稳固,农民继续增加收入的难度不小;固定资产投资在建规模仍然偏大,投资扩张动力仍强;煤、电、油、运的瓶颈约束依然存在,并未得到明显缓解;资源的约束也在进一步加剧,长期存在的高投入、高消耗、低效益的粗放式经营方式的转变仍是一个艰巨任务;成本推动型价格上涨的压力也在加大。这些问题的存在表明贯彻和落实科学发展观的任务还艰巨,为此必须强调要加强和改善宏观调控,加快和深入进行体制改革,完善社会主义市场经济体制,促进我国经济社会的快速、协调、可持续发展,以保证使全体社会成员的物质文化生活在现有物质生产条件下得到最大限度的满足,实现构建社会主义和谐社会的战略任务。